中国的渐进式改革

杨连宁 著

人民东方出版传媒
東方出版社

图书在版编目（CIP）数据

中国的渐进式改革 / 杨连宁 著. — 北京：东方出版社，2016.12
ISBN 978-7-5060-9404-7

Ⅰ. ①中…　Ⅱ. ①杨…　Ⅲ. ①改革开放—研究—中国　Ⅳ. ①D61

中国版本图书馆CIP数据核字（2016）第305726号

中国的渐进式改革
（ZHONGGUO DE JIANJINSHI GAIGE）

作　　者：杨连宁
责任编辑：郭　国
出　　版：东方出版社
发　　行：人民东方出版传媒有限公司
地　　址：北京市东城区东四十条113号
邮政编码：100007
印　　刷：北京京都六环印刷厂
版　　次：2017年1月第1版
印　　次：2017年1月第1次印刷
开　　本：710毫米×1000毫米　1/16
印　　张：15.25
字　　数：219千字
书　　号：ISBN 978-7-5060-9404-7
定　　价：39.00元
发行电话：（010）85924663　85924644　85924641

目 录

A篇 我们已经找到了新路，我们能跳出这周期率

泥足深陷的周期律 / 003

百代未遂的富强梦 / 010

梦碎在民贫民弱上 / 017

人治的“阿喀琉斯之踵” / 021

“民治、民有、民享”还是“官治、官有、官享”？ / 025

摔了跤的“超常规、跨越式” / 032

惹祸的官本位、权力本位 / 038

贪腐撩拨激进怒火 / 044

一个幽灵在游荡 / 051

安危之间，岂容行差踏错？ / 061

B篇 过犹不及，激进比保守更容易变馊

鸡蛋撞石墙也有涓滴效应 / 069

官民岂能恶性互动 / 076

争利益须先争权利 / 083

不为“红豆汤”出卖“长子权” / 092

想“均富”反倒被“均贫” / 099

为了穷人反倒害了穷人 / 106

路在何方？路在农民的“自我革命” / 113

C篇 化险为夷，拆除引爆火药桶的雷管

子弹乱飞了一个世纪 / 123
以暴易暴是一剂毒药 / 132
是什么让我曾经成为一个暴徒？ / 140
为什么说暴徒都是蠢汉？ / 151
绵延不绝的冷暴力 / 160
“学费”昂贵，不能一再虚掷 / 165
我们不能没有历史地活着 / 170
降解自己体内的历史残毒 / 175

D篇 戒急用忍，最深刻的变革也许最宁静

蜜蜂不会只在自家田里授粉 / 185
追求楼高车快不难，追求现代文明不易 / 190
当心绊倒在熟悉的路上 / 198
反腐败其实并不难 / 206
从分享公产权益入手，制约公权力 / 212
让政治色谱宽广一些 / 218
社会变革历来没有直通车 / 223
和平转型已不可逆转 / 229

后记：多余的话 / 237

A篇　我们已经找到了新路，我们能跳出这周期率

我们已经找到了新路，我们能跳出这周期率。这条新路，就是民主。只有让人民起来监督政府，政府才不敢松懈。只有人人起来负责，才不会人亡政息。

——毛泽东

泥足深陷的周期律

中国的历史从本质上看是没有历史的，它只是君主覆灭的一再重复而已，任何进步都不可能从中产生。

——黑格尔

只有终日被灰霾笼罩着，你才会格外珍惜新鲜空气，对吧？这就像历经过战乱的老人，全都格外珍惜太平日子一样。所以，当听到前任总理温家宝在2012年“两会”记者招待会上发出“没有政治体制改革的成功，‘文化大革命’这样的历史悲剧还有可能重新发生”的警告，我脊背一阵发凉；看到“重庆事件”重演了“文革”常见的“红得发紫、紫得发黑”的一幕，我的脊背又一阵发凉；等看到游行的青年打出“跪求政府开战”“宁可华夏遍地坟，也要杀光日本人。宁可大陆不长草，也要收复钓鱼岛”的横幅时，我的心里都拔凉拔凉的啦！拜赐这37年来的和平岁月，中国人好不容易过上了免于匮乏、免于恐惧的生活，难道有人喝得不止二两了，又想回到战乱年代去吗？

一个国家是民众由于对邻国的共同厌恶以及对自己历史的共同曲解而团结起来组成的。

——提摩许·加顿·艾什

遥想当年，酒鬼李白刚出道时，粉丝里有暗中跟他较劲的，把自己的名字都改成李赤了。赤者红也，我们就称李赤为红公子。1250年前的这位红公子喜欢极端体验，每当过腻了太平日子，就要找一点儿刺激。有一天与几位朋友结伴出城春游，落座在一户“农家乐”里准备吃饭；搭讪上一位女子还没说几句话呢，已有家室的红公子就已经跟人家订婚啦！朋友正在劝他，他起身去解手就一去不返了。忽听有人连声惊叫，大家慌忙循声奔去，只见红公子头在下，脚在上，倒插在粪桶里。他被拽了出来，浇了几桶冷水，终于活转了过来。大家以为他是被“厕鬼”拉下去的，可红公子却坚称是自己跳下去的，谁信呢？

然而不信也得信。吃完饭回城的半路上，大家又几次发现他不见了。几次找来找去，原来他又倒插在粪桶里。大家七手八脚地又把他拽了出来，然后，又然后……第四次就没有然后了。怎么救也救不活他，红公子的极限运动终于结束了。这事儿除了《酉阳杂俎》有记载之外，柳宗元写的《李赤传》也强调：“李赤之传不诬也。”所以，这事儿尽管听着不靠谱，我们也信。

王小波在世时用过这个典故，借以说明“太平年月与乱世的区别，比新鲜空气和臭屎的区别还要大”：“这些年我们过着太平日子，好比呼吸到了一点新鲜空气，没理由再把我们栽进臭屎里。我是中国的国民，我对这个国家的希望就是：希望这里永远是太平年月。不管海外的学人怎么说我们庸俗，丧失了左派的锐气，我这个见解终不肯改。”

中国人全都像饿死鬼投胎的。……中国人是灾民。……中国只有两个时代。一个是暂时坐稳了奴隶的朝代，一个是求做奴隶而不得的朝代。

——鲁迅

我发现王小波的见解，与汉唐文人“宁做太平犬，不做乱世人”的见解，穿越历史“庸俗”到一堆儿了。你看得出来，“宁做太平犬，不做乱世人”，不过是个两害相权取其轻的无奈选择罢了。谁都不难想见，即便是太平年月，当一条狗的滋味也不好受，跟做牛做马一样，都要为主人效犬马之劳。宁效犬马之劳也不去乱世做人，足以可见乱世的可怕，是能把人的出息都吓没的。

跟王小波同龄，我也是乱世的历险者与幸存者，至今痛并后怕着。所谓乱世，一般指社会冲突失控失序，升级为暴力对抗。社会争端不受政府控制，不依靠制度与法律解决，通常祸起于公权力不公与政府失信，也即俗话说的“官逼民反”；也有“文革”这样不寻常的，它不是官逼民反，而是“奉旨造反、动员造反”的，但仍旧没有例外：民反都起因于官。

中国历史上的乱世，据我所知，也无非就是“底层动员，造反夺权”那一套儿，或者跟我当红卫兵时像个暴徒，充当了马前卒一样。“暴力与骚乱事件的根源，在于无序的、非制度化的政治参与”（亨廷顿语）。嗜血嗜权的对抗与冲突会殃及每一个人，正是乱世可怕之所在，也是让我们这些亲历者创巨痛深的昨夜噩梦。

梁启超认为，中国人是人类历史上杀戮率最高的人种，应当称之为“戮民”。从人口历史曲线的波动，可以看出中国人口消灭的频仍。公元前 21 世纪的夏禹时代，中国有 1350 多万人，战国末年减至 1200 多万人。汉初人口回升为 3000 万，汉平帝元始二年达到过 5959 万人，三国之乱后再度锐减。明末清初的战乱，令 1661 年的人口仅为 2107 万，回升至康乾时代开始突破 1 亿。据梁启超、余天休统计，从秦统一到 1929 年的 2140 年间，国家规模的战乱发生过 160 次，累计时间有 896 年，平均每 3 年中就有 1 年战乱。攻伐征剿，杀戮不停。从公元前 206 年的西汉到 1908 年溥仪登基前，历代皇帝 208 人，平均寿命 38 岁，其中三分之一死于非命，父子相弑，兄弟阋于墙是家常便饭。上层都如此薄命，老百姓能不生灵涂炭？

所以说，曾经被浪费过生命的上百代人，能过上太平日子都属于劫后余生。对于年过六旬的我来说，劫后余生的太平日子也越过越少了；因而，谁还愿意再次充当“造反夺权”的炮灰，虚掷弥足珍贵的生命残值呢？

再说了，为了保护自己的智商与人格不被羞辱，我也不能两次跳进同一个坑里。为什么？因为英文有俗语说：你骗我一次是你的耻辱，你骗我两次就是我的耻辱了（Cheat me once – shame on you! Cheat me twice – shame on me）！这句话解释开了就是，我年轻时被骗是我二了，被你无耻地滥用了我的信任；倘若步入老年还二次被骗，不是自己真二还能是什么呢？

你也看出来了，不愿再次去乱世历险，全因我惜命胜过惜金——蝼蚁尚且贪生，世世代代殒命于乱世的中国人已如恒河沙数了，再添上些尾数似乎也轻如鸿毛，谁又愿意去充当大雁的毛呢？当然了，历史上中国人的深戒恐惧，绝不限于乱世的热暴力，太平日子也挨鞭子、挨板子，冷暴力之下也没有真正的安宁日子。正如黑格尔指出的，长期生活在官府的棍棒牢狱威胁之下，以恐怖作为统治手段的专制主义，同样造成中国人的惶恐与不安全感。但话说回来，汉唐就有了“宁做太平犬，不做乱世人”一说，表明对热暴力的深戒恐惧，对冷暴力的无奈承受，强汉盛唐时代就已经非常强烈了。奇怪吗？不奇怪。史实能够证明，汉唐两代的治乱相循，早已跟“新鲜空气和臭屎的区别”一样鲜明啦。

如今我们讲民族复兴，有着回溯历史盛世的含义。强汉盛唐，无疑是最令中国人追忆的。但说来你别不信，这两个朝代，其实没有今人从后视镜里看得那么光鲜：史上号称强盛的这两个朝代，战乱一点儿也不比太平年月少，热暴力一点儿也不比冷暴力少。冷冰冰的统计数据显示，这两个朝代动荡年份与承平年份的比例，大致也各占 50%——难怪汉唐时代就有了“宁做太平犬，不做乱世人”的无奈选择呢。这也就是说，即便是后人憧憬的强汉盛唐，仍旧是在“其兴也勃，其亡也忽”“兴，百姓苦；亡，百姓苦”的治乱周期里打滚的，更遑论各朝各代了。

历代王朝中兴时开疆拓土、横征暴敛、大兴土木，不免制造出“兴，百姓苦”；政权衰落时内战四起、抓兵拉伕、颠沛流离，又会制造出“亡，百姓苦”。有了这个治世与乱世盛衰交替的周期，才会有老百姓两害相权取其轻的无奈选择，中国也才有了一个巨大的历史百慕大漩涡与魔咒。

生命体带着行为闯入时间，历史也就发生了；在创造历史方面，中国人不但不遑多让，还屡屡伏尸百万、血流千里呢，然而黑格尔竟敢小看中国，说中国没有历史。这是怎么一回事儿？深究一下你发现，黑格尔说中国没有历史，是他看出了古代中国“有一部时间久得发霉的历史”，它周而复始、没有多大进步。因而，他说的没有历史，是指过往历史虽也惊心动魄，典籍也汗牛充栋，但实质上已经烂熟到顶，腐烂退化，亟待更新了。

除了“城头变幻大王旗”（鲁迅语），也即政权易手之外，历代的农民造反总是空开花不结果的。也就是说，虽然官民博弈每次都有输有赢，都要推倒重砌，但中国人打牌的规则总是老一套，始终没有更新——“在传统中国，农民革命通常是为重振某个覆灭王朝而斗争，力求恢复本质上大同小异的社会秩序”（摩尔语）。破多立少甚至有破无立的政权易手，怎么可能产生进步呢？

“百代皆行秦政制”。血缘宗法的君主制“家天下”，具有超稳定的整合修复能力，也具有超强的抗异拒变能力。因而，每一代打江山、坐江山的造反派，哪怕异族也罢，无一例外都服膺了这套制度文化。这些靠劫富济贫扯旗子、拉杆子的侠盗，又被招安进来坐上龙椅，成为龙的传人。成也萧何，败也萧何，“那些使一个文明兴起的原则/主义，往往就是使它衰亡的原则/主义”（汤因比语）。“中国的传统体制太合理了，以至它对于现代社会的应变力几乎等于零”（亨廷顿语）。及至近代，丧失了适应力更新力的这套规程模式，拖累中国龙像一条恐龙化石那样难以进化。以致我们不得不

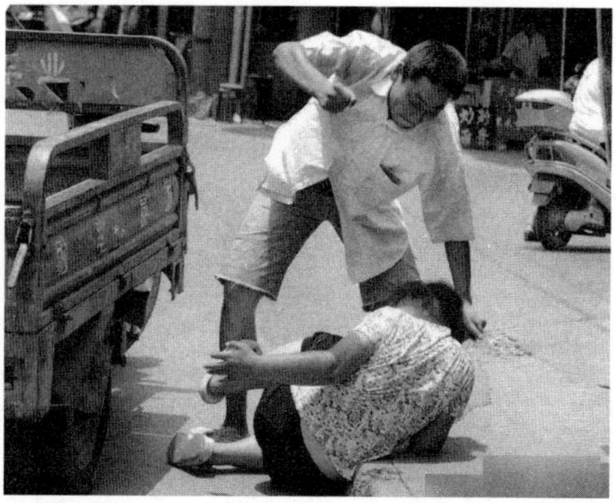

夫妻间也通行丛林法则吗？

承认，中国人沿袭的若干低等生存法则（譬如恃强凌弱的丛林山寨法则，氏族“土围子”法则、内亲外疏法则、主奴人身依附法则等），颇有土著民族史前野蛮的残留。

承认自己不开化不文明，是中国人迄今都难启齿的一桩事。我们自认为强汉盛唐的文明天下领先，遗传有“自国中心主义”的优越感，一向视周边的“东蛮”、“西夷”、“南戎”、“北狄”为有待归化的蛮族。当西方代表先进生产力、先进文化与全人类共同利益，成为引领地球文明的火车头之后，国门被打开，打破了自我感觉良好的自闭心理。被惩罚的中国人才开始意识到自己并不开化并不文明，决意“追欧揖美，旧邦新造”（孙中山语）。因而，由不认输、不服气驱动的民族复兴运动，成为贯穿中国近现代史的主旋律。“一贯的世界主义者变成了民族主义者，是理解近代中国人性格的一把钥匙”（黑格尔语）。

你有那么多人，你有那么一块大地方，资源那么丰富，又听说搞了社会主义，据说是有优越性，结果你搞了五六十年还不能超过美国。你像个什么样呢？那就要从地球上开除你球籍！

——毛泽东

已经像离不开空气那样，如今中国人离不开汽车火车飞机电视电脑手机浴盆马桶燃气炉，离不开法院超市银行卡网络游戏，也离不开黄校车与 PM2.5 的检测了。过惯了“交通基本靠飞机，通讯基本靠手机，看病基本靠西医，发言基本靠麦克，会议基本靠投影，文件基本靠电脑，管理基本靠探头，文凭基本靠 4 级，水平基本靠英语，呼吸基本靠空调，游戏基本靠网络，娱乐基本靠伟哥”的“全盘西化”日子，谁也不愿重返柴禾灶煮饭，土炕上睡觉，豆油点灯，牲畜圈里拉屎，井中汲水，河里洗澡，背着成串的铜钱步行 20 里赶集或骑驴进城，没有内衣内裤卫生纸，没有牙刷牙膏刮脸刀，没有纸币更没有银行卡的旧社会，重过“照明基本靠油，通讯基本靠吼，交通基本靠走，治安基本靠狗，取暖基本靠抖，自娱基本靠手，解闷基本靠烟，快乐基本靠酒”的“全盘中化”日子，对不对？但“洋装虽然穿在身，我心依然是中国心”，谁又能像胡适那样，“必须承认我们自己百事不如人。不但物质上不如人，机械上不如人，并且政治、社会、道德上都不如人”呢？

承认科技落后可以拜师学艺，承认政治、道德落后怎么办？与日本人“始惊、次醉、终狂”地以敌为师不一样，中国人一直觉得“以我为主”“中体西用”是个精明的选择，却忘了有个自我难以更新、难以进步的周期律在那里，大小进步都得学习西方。譬如，我们自诩中国人的家庭亲情比西方人浓厚，却不料“啃老”“坑老”也比西方浓厚，内亲外疏的不公平也比西方浓厚，“一人得道，鸡犬升天”的裙带风更比西方浓厚。怎么办？学不学西方人扔掉拐杖，让孩子自幼独立呢？又譬如，接送孩子的黄校车，检验空气品质的 PM2.5，都可以学习西方，那财权收缴到议会，约束政府的收税权与预算权，学不学西方呢？流浪收容的强制，精神疾病收治的强制，都可以学西方改成自愿救助，那么，户籍制度、劳教制度的废除呢？是见贤思齐还是急功近利？你发现我们陷入的这些纠结太多也太久了，一句话，我们能够秉持那种“渴不饮盗泉水，热不息恶木荫”（陆机语）的立场吗？

一个疲惫至极的人，有人牵来一匹马他还不骑，只因为马的颜色，不是他心爱的色彩。

——英谚

百代未遂的富强梦

人的自由度大小，才是一个国家盛衰的关键。

——袁伟时

进步已今非昔比，世人也刮目相看：中国这37年来的巨大进步，与过往历史不可同日而语。经济的成功起飞，是在“主导产权、控制命脉、垄断资源、占领上游、支配关键、掌握要素”的“政府经济特权和官商利益共同体的垄断”（杨小凯语）之下实现的。这表明一个权威治理体制，是“不发达国家追赶现代化的必要阶段，是传统与现代之间的必要过渡”（萧功秦语）。但时移势易，这种依靠权力配置资源与财富的体制，眼下已经走到了亟待变革的关口。

为什么？因为与看似“民富国穷”的西方国家相比，与那些藏富于民、藏富于企业而不是聚财于政府的现代国家相比，说中国当下“国富民穷、城富乡穷、官富民穷”也不过分——我国已跃居世界最大债权国、最大贸易顺差国、最大外汇储备国与经济规模第二大国了，不能说国不富；可国内人均工资与GNI（人均国民总收入）不但分别排名世界100位之后，而且，平均工资所占人均 GDP 水平仅为全球平均水平的 43%，GNI 则仅为全球平均水平的 40%，这不能说民不穷。

有人用“国企强则国强”的模式，挑战“民富则国强”的普遍法则，显然是有悖史实、有悖常识的强词夺理。民富则国强的，世界上比比皆是，而靠垄断国企富强起来的国家，古今中外还没有一个。为什么民富才能国强？因为任何经济体的财富创造，只能源自企业竞争力和大众“生产消费者”（奎恩语）。企业竞争力不强而国家强大，老百姓贫弱而国家富强的，谁听说过？离开微观细胞的活力，任何经济体都不可能强盛；迄今为止的世界史上，还没有一个国富却民穷的国家能够真正崛起的例子。

一切真正的危机的最根本的原因，总不外乎群众的贫困和他们的有限的消费。

——卡尔·马克思

谁都知道，在一个权力支配财富的体制下，决策错误造成的资源浪费比贪污更可怕。我们常说制度不好，好人也会做坏事，而好制度能防止坏人做坏事；大众对于贪腐的敏感，远远大于对制度性缺陷的敏感。其实，制度缺陷造成的资源错配与贫富不均，远比官员贪贿严重。譬如“我国钢铁产能过剩高达 2 亿吨，按照每吨产能投资 5000 元计，全国钢铁行业的投资浪费已达 1 万亿元之多了”（成思危语）。因而，在一个半管制、半市场，半人治、半法治，半垄断、半竞争，半短缺、半过剩的过渡体制之下，“政府经济特权”和“官商利益共同体的垄断”（杨小凯语），“通货膨胀被用于壮大国家资本”（刘易斯语），国家主导的投资完全压倒了民众主导的消费等现象，所造成有亲有疏的苦乐不均，远比贪腐严重。

陈志武说，现在害中国最有效的办法，就是鼓吹中国模式有多么好，让中国人飘飘然不思改进。世界上所有的富强国家，为什么都是藏富于民、藏富于企业而不是聚财于政府的？因为任何国家的富强，只能够建立在企业竞争力强大、大众消费能力强大之上。因而，国强只是民富的自然结果，离开民富去追求国强像是拔苗助长。拔苗助长的例子也不是没有，与我国一江之隔的那个邻国就是；他们把“要大炮，不要黄油”的军国主义改版为“没有糖果可以活下去，没有子弹一天也不能生存”的先军政治，实行吃不饱穿不暖的穷兵黩武主义。放眼望去，古今中外那些外强中干的纸老虎国家，根基脆弱的泥足巨人国家，都是这类例子。

就说世世代代梦想的“富国强兵”吧。虽然推出这个变法的商鞅本人，下场够吓人的，但中国两千多年以来，几乎没有哪个朝代不是以此为国策的，对吧？秦以后更迭过30个朝代，始皇帝之后更迭过231个皇帝，宗法专制制度上仍都是萧规曹随、大同小异的。富国强兵的大梦，一个朝代接着一个朝代地一直在做，为什么总也不得其门而入？答案明摆着，商鞅的“重农抑商、奖励耕战”，用取消经济自由的准军事化政制来追求富国强兵，能不碰壁吗？

“重农抑商”取消了市场自由，“奖励耕战”又鼓动了暴力攫掠，你不妨穿越一下，这个不要市场要暴力的政策导向，像不像来到了“文革”中？或者说，“文革”时取消市场又实行全民皆兵，像不像重演了“重农抑商、奖励耕战”？稍微穿越一下，你一眼就能看穿历史隧道里的铁幕：取消了经济自由又动辄穷兵黩武，正是历朝历代求富求强而不得的两大误区。穿越回来，你也能看穿现实，中国这些年与富强渐行渐近，是我们告别了全民皆兵，恢复了市场自由的结果，不是吗？

历史上富国强兵梦屡屡碰壁，是有统计数字佐证的：两千多年来貌似强盛的盛世，所占年份的比例连20%都不到，其余超过80%的年份，都是国弱兵败的凋敝朝代，败于骑猎游牧民族的频率越来越高。而且越到晚近，越是凋敝不堪，离富国强兵的梦想越远；譬如辽金夏、元蒙与满清各代，败绩史基本上就是一部被征服史，一连串败绩缀成了一根历史下降线。

及至近现代，则内战之频仍，对外依恃之重，杀伐之厉，饿殍之众，搜刮攫掠之广，颠沛流离之远，冤狱冤魂之多，出身歧视之深，以及主政者轮替之频繁，政令之朝令夕改，行政区划之变来变去等，更是历朝历代不能望其项背的。一条1820年至1950年的中国人均GDP走势曲线表明，这130年里人均GDP总体上是不升而降的，其中战乱最频仍的两个阶段，倒退最为明显。把近代中国的不幸与痛苦主要归咎于帝国主义的遁词虽然比比皆是，但费正清认为，“决定中国反应的主要因素存在于中国社会的内部，而不是它的外部。……在‘刺激—反应’的互动模式下，日本显得更具有竭力仿效西方并与西方竞争的能力，而中国儒教专制社会的结构造成了一种制度上的僵化和心理上的迟钝，它妨碍了成功的适应。”

首先承认我们的落后，老老实实承认落后就有希望。再就是善于学习。这次到日本来，就是要向日本请教。

——邓小平

那么，是什么内部因素导致帝制崩解后中国绵延了百年内乱内战呢？换言之，我们为中国成为亚洲第一个皇冠落地的国度而自豪的同时，有没有为推翻帝制后中国成为亚洲内战最惨烈、最长久的国度反省过呢？对于几乎覆盖整个20世纪的内乱内战，费正清说：“中国人为帝国解体后的国家重建，为旧秩序崩塌后的新秩序重建，付出了长达百年的惨痛代价。”

重新装修旧房子的经历，相信许多人都有。分期施工的办法保守一些，譬如先改造肮脏的卫浴间，更新油垢的厨房，再整修老旧的客厅，最后才动到卧室。革命的办法则简单得多，譬如扔掉全部老旧家具与家电，全屋腾空，毕其功于一役。2005年我借住在邻居家里闹过装修“革命”，把旧房子打成了废墟，重新布局。脱胎换骨的成本大大升高，但花钱多了收获不一定多。这就像中国人推翻帝制后急于求成，把旧居打成废墟重新配置利益与秩序。从“搬桌子”“开窗户”直至“掀屋顶”（鲁迅语），革命也是这样步

农民工的集装箱房子不怕拆

步升级的。

历史不可假设，假设是为了反思。假设清末不是异族统治，也就没有了“驱逐鞑虏、恢复中华”的反满革命，不是吗？假设君主立宪能够稳步实现，之后一连串放大升级的内乱、内战不都无从谈起了吗？“孙中山临终的认知是辛亥革命并未成功。当时的中国如果不经革命的剧变，而经由立宪运动逐步演化为宪政体制，即使有一虚君也胜于经历多少年的反复暴力革命”（许倬云语）。

改革者面临三大难题：既要挑战保守者，又要挑战革命者；既要比革命者更纯熟地驾驭社会势力，而且还更精确地控制社会变化；选择改革的形式，决定优先顺序，对于改革者比革命者更加艰巨。……把改革的项目分开，一个时期只推行一项改革，即渐进式的，枝节的，费边式的。

——萨缪尔·亨廷顿

可以这么说，两千多年彻底振弊起衰的历史拐点，其实是迟至1978年之后才开始的；重商主义取代了商鞅的“重农抑商”，转捩从挣脱准军事化的人民公社制度，争取经济自由开始。政府的放权让利解禁了市场，松绑了遍布各行各业的“班排连营”编制，中国人开始有了免于匮乏、免于恐惧的自由，历史才拐上了飞速进步的快车道，不是吗？

有人把改革开放前的计划管制经济，叫做“圈养”模式，也不离谱。你知道中国最早的官职，就叫做“牧”——牧民如羊，官吏像驱使牛羊那样驱使老百姓，老百姓就得效犬马之劳。“最野蛮的动物是暴君，最温驯的动物是奉承者”（毕阿斯语），假如笼子外的动物足够野蛮的话，笼子内的动物也就足够温驯，不是吗？延续了两千年笼养模式的中国，是不是只剩下了这两种动物？由此你不难想见，个人没了出息，人民没了创造力，一个靠吏治把人民禁锢起来的国家，一个官本位、权力本位的专制国家，追求富强为什么总也不得其门而入！

我国万事不进步，而独防民之术乃突进于先进国，此真可以痛哭也。

——梁启超

小狗长牙时需要磨牙，免不了啃个桌子腿什么的。我的邻居嫌小狗乱啃了她的东西，最近买来个小笼子，把散养的小狗又笼养了起来。一看到那只被笼养的小狗出门放风，我就心生悲戚。为什么？因为我眼睁睁地看到，原本散养的这只小狗一旦被关进笼内，不但性情大变，脾气变坏，连身体都缩小了、佝偻了。其实我也知道，小狗的这个逆向退化，仍旧符合适者生存的铁律。但更让我悲戚的事儿，不是笼养小狗，也不是残忍的笼里养鸟，而是给小狗戴枷！

这事儿你不信也得信。住别墅的一个邻居，为防止小狗从院墙铁栅栏里钻出钻进，竟然仿照林冲脖子上戴的木枷做了一副小版的，卡在自家小狗的脖子上——8 年前我遇上过这一幕，虽然没留下一张照片作证，但你也不会怀疑我撒谎。为什么？因为我们中国人在禁锢自由方面历来多有发明创造，你都屡见不鲜啦——原本应该无障碍的公共场所栏杆林立，小区啦酒店啦到处门禁严密，为秩序牺牲自由的管制比比皆是；譬如禁止报道啦，禁止上网啦，禁用手机啦，禁玩游戏啦，禁入女生宿舍啦，禁出校门啦，晚 10 点锁大门啦的各自为政的土政策，全都没有法律依据，也全都照干不误。类似给你划上停车线，再给你贴上罚款单的事儿，甚至类似逼良为娼后再来扫黄的事儿，你也碰上过吧？

富强梦的碰壁，正碰在这里：禁锢越多，秩序压倒了自由，人的创造力与想象力也就越少。正因为“百代皆行秦政制”，数千年全都奉行这种官本位、权力本位的制度，把人民关进笼子里，令到中国人的生存方式丧失了自我更新与自我进步的功能。“中国人主体未达到人格状态，最易于培植专制主义，只有主人与奴隶的关系；长期以来，宗教，道德，法律联在一起制造‘恐惧’，人或是生活在恐惧中，或是用恐惧来统治人。以‘恐惧’为主要范畴的专制主义，禁闭了人的意志与思维”（黑格尔语）。

很显然，“民可使由之，不可使知之”的“上智下愚”政策刻意训练出中国人的奴性，两千年日积月累的笼子禁锢，把冷暴力弄成了中国人自我克隆、自我繁殖的一种自虐生活方式。连家长也都习惯了从小就打骂训诫孩子，习惯了左不准右不行地发布禁令，而不是鼓励孩子去探索什么尝试什么。被关进笼子里的中国人成了“类人孩”（余世存语），发生了近亲退化、人格退化、

外人之讥评吾族，而实为吾人不能不俯首承认者，曰“好利无耻”，曰“老大病夫”，曰“不洁如豕”，曰“游民乞丐国”，曰“贿赂为华人通病”，曰“官吏国”，曰“豚尾客”，曰“黄金崇拜”，曰“工于诈伪”，曰“服权力不服公理”，曰“放纵卑劣”：凡此种种，无一而非亡国灭种之资格。

——陈独秀

余之从事革命，建主义为标的，定方略为历程。所谓主义，即三民主义；所谓方略，便是军政、训政和宪政三大历程。军政时期即“以党建国”时期，训政时期即“以党治国”时期，宪政时期即“还政于民”时期。不论军政、训政，其最终目的，都是要“还政于民”。

——孙中山

智商退化、能力退化甚至种群退化，退化出一种匍匐在权威脚下的“无限谄媚、无限雌伏”（王小波语）精神，无疑是热暴力与冷暴力交替施虐的结果。

那坐牢的人，坐到10年之后，他就把牢狱当做他的正当生活。一旦放他出来，他很不愿，因为要他自寻生活，他就没有办法。所以国家并要替他们设个收养所，去教训他。……这就是我用“训政”的意思。
——孙中山

奴在身者，其人可怜；奴在心者，其人可鄙。“哀其不幸，怒其不争”的这种奴性，成了中国实行宪政之前须经训政培训来过渡的理由。孙中山解释训政说：“本来政治主权是在人民，我们怎么好包揽去做呢？……需知现在人民有一种专制积威造下来的奴隶性，实在不容易改变。……人民还不晓得自己去站那主人的位置。我们现在没有别法，只好用些强迫手段，追着他来做主人，教他来练习练习。这就是我用‘训政’的意思。”他所说的强迫人民去做主人，是说干部训政不是越俎代庖，更不能反仆为主，而是要训练人民学习自由，学习民主，学会自治，培育公民社会。

温家宝2003年在哈佛大学演讲时，概括改革开放的结论说，“中国所有这些进步，归根到底来自于中国人民基于自由的创造”——如若以此来反观历史的话，中国过往不能进步的结论，就可以概括为人民不能自由创造，对不对？人民没有把权力关在笼子里，反倒被权力关进了笼子，能有多大出息，怎么自由创造？对不？权力把人民关起来之后，自己在笼子外面恣意妄为，能不催生暴力，能不发生破坏吗？

梦碎在民贫民弱上

> 如果人民害怕政府，就是暴政！如果政府害怕人民，就是自由！
>
> ——托马斯·杰弗逊

大清帝国统治了300年，也堪比强汉盛唐了。期间文治武功备受褒扬的“康乾盛世”，似乎达到了鼎盛状态。但1792年远道而来的马格尔尼使团，一眼就看出了这个纸老虎的外强中干：“中国人没有信仰，如果说有的话，那就是做官，做官便譬如他们的宗教”，“事实上，中国只有统治者和被统治者”，“所有的富人几乎都是权力所有者。也就是说，中国人的财富积累主要是靠权力来豪夺”。

马格尔尼看到，“中国官员对于吃饭真是过于奢侈了。老百姓都面有菜色，但政府高官中却不乏胖人，这些达官贵人们生活中的主要内容就是吃”。“所看到的房子只有大富之家和贫寒人家，却没有其他国家能看到的富有和赤贫之间的中等人家。中国有一句名言：‘富者甲第连云，贫者无立锥之地’，但这句话在其他国家并不适用”。这位考察了俄罗斯又来考察中国的旁观者，颠覆了马可·波罗的盛况描绘，得出了自己的结论：“中华帝国只是一艘破烂不堪的旧船”。

“像个一推就倒的泥足巨人”的比喻，出自副团使的儿子斯当东的日记。这个少年还被乾隆皇帝抱在膝上，逗他玩过呢。1840年春季，英国国会连续两个多月开会，听证与辩论要否出兵中国。最后以271票对262票的微弱9票，通过了出兵议案。那个48年前的访华少年，这时已是年逾六旬的议员斯当东了。你猜他会投反对票吧？没有，他投了推倒泥足巨人的赞同票！

中国人生活在暴政下，生活在随时被竹板鞭打的恐怖中。他们禁闭妇女，逼她们缠小脚，杀婴。中国人的社会关系，建立在愚蠢的形式主义（礼仪）基础上。中国人不从事体育，缺乏有益的消遣，没命地赌博。中国人无法接受科学，对起码的技术一窍不通。他们像家禽那样叽叽喳喳叫着，而不会像人那样说话。中国人没有个性，恒久不变的制度，使任何进步无法实现。这个民族不进则退，像个一推就倒的泥足巨人。

——斯当东日记

“一推就倒的泥足巨人”，不过是“其兴也勃，其亡也忽”的别称罢了。史家所说的兴亡，判断标准从来不是民生，而是帝王将相的文治武功。这些只为国计，不为民生的文治武功，都是以强化赋敛能力、管制能力为目标的。因而，把国家的求富求强，建立在民生的积贫积弱之上，具有因果逻辑。几千年来，乡村积贫积弱的历史缩影，就是老农驱赶着老牛土里刨食的形象；城镇积贫积弱的历史缩影，就是负重的佝偻挑夫、板爷儿，水陆码头上的“棒棒军”与沿街乞讨的逃荒人家形象。那么，国富兵强的历史缩影何在呢？你看到今人能够挖掘出来的，无非是兵马俑阵那副全民皆兵、冠盖云集的形象——全民皆兵与全民皆穷之间的因果逻辑，不是显而易见吗？

显然，是国计并不惠及民生的专制政治架构，而不是统治者的佞而不贤、愚而不智铸就了一个泥足深陷的周期律——打牌人总按那个牌理出牌，就总是只输不赢——这个谁也跳不出去的周期律，显示出传统的富国强兵与现代的民富国强其实是两码事儿，两者之间有着本质区别。

传统国家都是“信仰与屈从的共同体”“灌输与压制的共同体”（韦尔斯语），也即官本位、权力本位国家，中国更是个类家族结构的父权主义国家：官职是自上而下单向授受的，治理是以少数文化精英管理文盲大众的。这样一个中央集权的官僚统治体系，在中国很早就发育成熟了，成熟得都烂熟了。因此，富国强兵的文治武功，总是意味着官府对社会的更严控制、更多赋敛、更多侵权。也因此，旧时代的富国强兵，其实是官府权力的扩张与国家财富的膨胀，并不是民权提升与民生改善。这种依靠政府扩权、与民争利产生的国家强大，完全建立在“官治、官有、官享”的基础上，因而，也是建立在压制与盘剥老百姓之上的，不是吗？

正因为专制王朝的富国强兵，总是建立在老百姓的积贫积弱上，“其兴也勃，其亡也忽”就有了必然性，就不奇怪。强加在社会头上的上层建筑，头重脚轻，建立在脆弱的民生基础上。地基如一盘散沙，上层建筑就不牢靠，国家就是个纸老虎，就像个“一推就倒的泥足巨人”。为什么？因为“建在沙子上的房屋会倒，岩石上的房子才能长久屹立”（《圣经》语）。

黎民百姓心中充满了恐惧感、奴役感和奉承心态，而统治者和他们的听差们则充满了自信、自负和骄傲自大感。这两种心态都是社会生活的毒素。

——路德维希·冯·米塞斯

现代国家的富强则完全不同。以民为本的现代国家，是“公民意愿与契约的共同体”（韦尔斯语），是“民治、民有、民享”的民主国家。国家的富强，是建立在公民权利保障、公民富足与公民社会强大的基础上的。国家强大的“隐蔽的主题”（斯密语），是指国家保障社会安全、保护人民自由创造的功能强大，国家提供公共产品与公益服务的功能强大，而不是指国家压制与榨取能力的强大。

如此这般，犹如庞大的上层建筑是从基岩上生长出来的，那些建立在民富、民强基础上的民主国家，大都是些根基坚固，持久强盛的国家。因此，民主国家不是纸老虎，不是“一推就倒的泥足巨人”，不会“其兴也勃，其亡也忽”。也因此，没有了“兴，百姓苦；亡，百姓苦”“宁做太平犬，不做乱世人”的无奈选择，个人变得有了出息，人民变得有了创造力，国家才会长盛不衰——我年轻时懵懂无知，唱着“敌人一天天烂下去，我们一天天好起来”的语录歌，以为欧美国家早已“日薄西山，气息奄奄”了。你知道时至今日，还有不少年轻人梦想西方已经颓然衰败了，已经一蹶不振了，中国才会有出头之日——原本是自己历史的周期律，我们误以为它会“放之四海而皆准”呢。

说到周期律，谁都知道“中国改朝换代主要倚重农民造反”（吴思语）。农民造反之所以叫做以暴抗暴，以暴易暴，显然是抗争不诉诸暴力就无法展开的结果。历朝历代之所以无法吸纳与消弭暴力失序的负能量，在于官僚制度偏袒豪强阶层而不能兼容农民利益，致使越是积贫积弱，越要诉诸暴力。因水旱天灾而流离失所的灾民一旦被网罗去“吃兵饷”，天灾也就变成人祸了。

贫穷与革命之间，为什么会有因果逻辑？因为不能免于匮乏，便不能免于恐惧。基本人权的网底破了，兜不住民生底线了，“流民成为威力巨大的火药桶”（摩尔语），把历朝历代炸成了“数十个帝国生老病死的帝国废墟”（吴思语）。由此可见，治乱相循之所以周而复始，原地打转，根源在于越穷越革命上。越穷越革命的内在逻辑，就是匮乏产生恐惧，缺吃少穿，一无所有的人只能绝地求生，困兽犹斗。官吏滥权侵夺了民权，官吏压榨侵害了民生，官民冲突总要弄到鱼死网破的境地，再来从头收拾残局。

帝国中兴，老百姓备受横征暴敛之苦；帝国衰亡，老百姓又备受避乱逃难之苦。因而，历朝历代“其兴也勃，其亡也忽”的谜底并不神秘，谜底就在官权被滥用，民权与民生备受挤压上——你发现所谓谜底，不过是个明面上的历史常识：官民冲突屡屡失控，导致社会频频震荡，这谁不知道？因而，常识无须发现，只需经常复习。常识需要复习，是因为常识总被遗忘，教训不被吸取。黑格尔之所以敢说中国没有历史，是他发现中国历史难有进步的谜底在这里：“历史的教训，就是人们从不吸取历史的教训”！

冲突缓解了还是加剧了？

人治的“阿喀琉斯之踵”

> 要把权力关进制度的笼子里，任何人都没有法律之外的绝对权力。
>
> ——习近平

凡是人，不管他是官是民，都会趋利避害地追求利益最大化，这是个政治学、经济学常识。政治制度上的分权与制衡，选举与轮替，监督与弹劾，就是为了遏制公共权力被滥用后背离公共利益的。布坎南早就指出，“人就是人，不能说一个人当了总理或部长就会改变自己的经济人本性，不能说同一个人在经济上是利己主义者，到了政治上就变成克己奉公的利他主义者了”。

> 不少地方和单位，都有家长式的人物，他们的权力不受限制，别人都要惟命是从，甚至形成对他们的人身依附关系。
>
> ——邓小平

官员追求个人威望、任职业绩的最大化，仅就政治人与经济人利益追求的一致性而言，这么做不一定犯错。犯错会犯在哪里呢？犯在政治人的利益最大化不符合甚至损害公众利益，还在于集权的个人在施政中有可能恣意妄为，所受到的制度束缚少到近乎没有。也就是说，公众对于谁来当政掌权，他会采取什么政策，不但没有决定权，甚至没有参与权与知情权。

邓小平曾总结说，“权力过分集中于个人”的党和国家领导制度的最大教训，就是“一个国家的命运建立在一两个人的声望上面，是很不健康的，是很危险的。不出事没问题，一出事就不可收拾”。

“秦人不暇自哀，而后人哀之。后人哀之而不鉴之，亦使后人复哀后人也”（杜牧语）——中国历史就是这样，总是令人深可蹉叹，深可悲戚。回眸两千来年的30次朝代更迭，虽然走错了房间，也就这么一路走了过来：内乱出自倾轧，贪腐出自滥权。倾轧与滥权，都肇始于集权产生的特权。什么叫特权？按照韦伯的定义，特权属于“缺乏法治的权力”。权力被滥用的定义，则是指权力与生俱来的利己、异化与难以控制的自我膨胀，不但得不到法律与制度的矫正，反倒被掌控它的官吏们放大了。

所谓正确的政体，就是以公共利益为依归的政体。
——亚里士多德

中国人熟知“人之初，性本善”，却不知道“权之初，性本恶”——权力本是人类的死穴与软肋（阿喀琉斯之踵），有着拜官拜权、傍官傍权传统的中国人，却习惯于羁縻、绥靖与骄纵这头怪兽（利维坦），数千年来深受其害也就不奇怪了。至今仍有人想靠“常修为政之德，常怀律己之心，常思贪欲之害”去制约特权，矫正人性，显然太过幼稚，仍是在效仿古人。“古者刑不上大夫，以励廉耻也”（孟森语），就是不靠法治只靠廉耻去约束官员；然而治吏治了两千年，除了逆转人性、培育伪君子之外，权力并未被关进笼子里。中国那句“慈不将兵，义不掌财”的古话，说的正是权力不仁不义的本性。官吏滥权与贪腐之所以难以克服，是由于权力集中于个人之后，必然抬升成不受制约的特权——所谓特权，就是权力的利己、异化与不可控被升高、被放大——权大法小，官贵民贱，官富民穷，国强民弱，使得历代谋求的富国强兵成为建立在沙滩上的高楼——“眼见他起高楼，眼见他宴宾客，眼见他楼塌了”（孔尚任语）。

斯大林严重破坏社会主义法制，毛泽东同志就说过，这样的事情在英、法、美这样的西方国家也不可能发生。他虽然认识到这一点，但是由于没有在实际上解决领导制度问题以及其他一些原因，仍然导致了“文化大革命”的十年浩劫。
——邓小平

成也萧何，败也萧何。你看到人治作为数千年官僚集权治理的制度传承，既是专制制度以不变应万变的核心硬件，形成了超稳定的抗异拒变性能；又是这个系统周期性死机 / 修复 / 重启的病毒软件，造成了生命财产、资源环境的周期性毁损。“缺乏法治的权力”也即人治，作为中国人的“阿喀琉斯之踵”，深陷在历史泥沼里难以自拔。

历朝历代，官吏的滥权与贪腐，成为民变与民乱的源头。难道做不到从源头上根绝滥权贪腐吗？做不到。为什么做不到？因为集权与特权是人治的核心构件，是吏治制度的坚硬内核，你敲不碎也打不烂。也就是说，人治就是靠集权与特权运转的，取消了集权与特权，也就等于取消了人治，因而你做不到。既然人治只能靠集权与特权运转，作为这个制度无法修复的基因缺陷，权力被滥用，权力之恶被放大，也就成了一个谁都跳不出去的历史漩涡与魔咒啦。

集权必定滥权。为什么？因为集权集的就是资源与财富支配权。为什么做官能成为每一代中国人的宗教信仰？因为“有权就有一切”，有权就能调动资源，支配财富。这里我要问你：中国人为什么信奉“万般皆下品，惟有读书高”？假如你的回答是我们求知心切，那就要么是你幼稚，要么是你滑头啦！韦伯早已看出中国人“学而优则仕”的原委，你听听他怎么说。

权力会败坏良知，麻木心灵，使人失去对环境的理解力。……权力必然导致腐败，绝对的权力导致绝对腐败。

——阿克顿勋爵

韦伯看出中国人偏好读书，是源于中国的政治资本主义。什么叫政治资本主义？就是权力的资本化，依靠权力而不依靠市场去配置资源，掌控财富。对此，韦伯的解释有逻辑递进，你可以不认同，但你不得不认同他的逻辑的环环相扣：缺乏法治的权力充满随意性——随意性使得任何投资的回报都不可预期——当官是最有保障的谋利手段——最划算的投资就是供孩子读书做官或买官——热衷于官职的城市有城没有市——没有市场功能的社会导致赢利性行为无法实现——经济的停滞反过来强化了缺乏法治的权力。

韦伯这一连串逻辑推导下来，你发现什么了？你发现“万般皆下品，惟有读书高”变成了“百业皆难富，唯有官发财”——“争当人上人”之所以能成为世世代代孜孜以求的价值理想，在于“人上人”就是做官，做个吃人的人。上海新天地景区里有个“福禄寿”

喷泉，陪亲友去逛时我总要解释一番：福指多子多福，寿指长命百岁，都是指向生命的。那生命的价值呢？总不能为活着而活着吧？唯独指向生命价值的一个“禄”字，暴露出中国人唯一的价值追求：活着就要当官，靠别人供养最滋润。鲁迅所谓“翻开历史一查，满本写着两个字都是‘吃人’”，就是这个意思。

“权贵资本主义”（Crony capitalism）又叫裙带资本主义、关系资本主义、朋党资本主义、密友资本主义。它是针对亚洲(如菲律宾、印尼等）的执政权贵阶层的贪污腐败而提出的，指的是“因血亲、姻亲和密友关系而获得政治、经济上的利益，以及政治领导人对效忠者、追随者给予特别的庇护、提拔和奖赏。”

——庄礼伟

高官厚禄之所以被信仰为生命的价值，是因为“当官不发财，请我都不来”不仅仅是个潜规则。权力成为社会资源与财富的唯一指挥棒、唯一杠杆之后，“缺乏法治的权力”就变成了生财魔杖。针对东亚（菲律宾、印尼等）的执政权贵阶层的贪污腐败，庄礼伟解释了一种叫做裙带资本主义、关系资本主义、朋党资本主义、密友资本主义的现象，指的是“因血亲、姻亲和密友关系而获得政治、经济上的利益，以及政治领导人对效忠者、追随者给予特别的庇护、提拔和奖赏”的现象。

权力与金钱的关系剪不断、理还乱，以致你身边至今存在一个离权力越近越富，离权力越远越穷的格局。背靠“政府经济特权”和“官商利益共同体的垄断”（杨小凯语），权力的魔杖仍旧魔力无比，权力资本化的坚固链条仍旧缠绕在社会身上。这条弱肉强食的食物链之所以能自古延续至今，是因为深厚而强大的人治传统难以克服，像一堵高大坚固的历史石墙，撞碎过上百代人鸡蛋般脆弱的富强梦。

“民治、民有、民享”还是“官治、官有、官享”？

> “自由民主的中国”将是这样一个国家，它的各级政府直至中央政府都是由普遍、平等、无记名的选举所产生，并向选举它们的人民负责。它将实现孙中山先生的三民主义，林肯的民有、民治、民享的原则与罗斯福的四大自由。
>
> ——毛泽东 1945 年 9 月
>
> 答路透社记者甘贝尔问

“县官不如现管”这句老话，说出了掌权才是当官的本质。一个小科长掌控的人财物，可能胜过一个省军级干部；这个省军级干部可能调不动一台车，报不了一张餐饮发票，而一个小科长却可能贪贿过亿（如辽宁抚顺市国土资源局顺城分局局长罗亚平）。所以，当过干部的人都能体会到，有职无权是一桩很没劲儿的差事。也因此，集权与特权在中国，有着“闻着臭吃着香”的臭豆腐特性：人人讨厌别人吃，人人喜欢自己吃。

中国人几千年来泥足深陷在这个沼泽里，根源何在呢？根源就在中国人宽容了、放任了权力的自利性。集权与特权是利己的，取消集权与特权则于己不利。人治延续了“官治、官有、官享”，法治才能保障“民治、民有、民享”，怎么办？你是选择利己还是利他，是选择利官还是利民？这些选择，最终都会指向根本的制度选择：你是转而选择法治，还是延续人治？

被骄纵的官员

答案不言自明，维护宗法血缘、亲缘价值的至高无上，是历朝历代的答案。每当面临选择时，“肥水不落外人田”的原则，成了保底的底线。不由分说，统治阶层历来都会依照保亲不保疏，保内不保外，保己不保人，保族不保国，保权不保民的原则，做出于己有利的选择，放弃于己不利的选择。奇怪吗？一点儿也不奇怪：“以我之大私为天下大公”，是所有专制国家的本质。这个本质，决定了公权力的私有化，也决定了权力的自利本性会被绥靖、被骄纵、被放大。

然而，正是这个“官治、官有、官享”而非“民治、民有、民享”的选择，把统治者置于一个左右为难的两难上——人治犹如人体，一直患有糖尿病并发肝炎的两难：肝炎急需营养，糖尿病又忌讳营养——统治需要集权与特权，集权与特权又危害着统治。因而，官吏既是支撑统治机体的五脏六腑，又是败坏这个机体的心腹大患；官吏既是自家亲人，又是自己的对手与敌人。人治就这样一步一步地发生变异，变成了一个靠不住又离不了的病人，变成了一头利己又害己的双面怪兽。

你知道治民全凭治吏，但治吏要比治民高难惊险多了——治民容易治吏难，正是人治的漩涡与魔咒之所在。论惩治贪官，恐怕没人能超出朱元璋的扒皮揎草与“文革”的群众运动，尽管两者相隔了600年。朱元璋肃贪曾屡败屡肃，以致洪武十九年（1386年），全国13个省从府到县很少有官员能够做到满任，大部分都被杀被囚。但朱元璋仍不手软并诉诸群众，诏令百姓可以“旁入公门”扭送贪官进京：“我想杀贪官污吏，没有想到早上杀完，晚上你们又犯，那就不要怪我了，今后贪污受贿的，不必以六十两为限，全部杀掉！”于是，当年同批发榜派官364人，皆为进士监生，一年后被杀6人，戴死罪、徒流罪者358人——或杀或囚或流，364人无一幸免，可谓天网恢恢，疏而不漏吧？

然而600年后，历史发生了一幕惊人穿越：“文革”发动群众整肃干部也不遑多让。仅截至1984年底，全国平反纠正了300万干部的冤假错案，你也可见惨烈历史之一斑了。为什么“冤狱遍于国中”（胡耀邦语）？因为干部被整肃得最普遍、最严酷的那些年，与今天相比反倒是干部特权较少、贪贿较轻的时期。贪贿较轻却整肃较重，冤假错案不多才怪！而干部特权更甚、贪贿更多的今天，反倒变成了疏漏较多，整肃较轻，不是吗？仅仅由这一悖反，你也不难理解“决策错误比贪贿更可怕、更具危害性”（高希均语）的道理了。

你记得“大鸣、大放、大字报、大辩论”的“四大”之前，已有过“清工分，清账目，清财物，清仓库”的“四清”。刚刚被整得“卖裤子退赔”的干部们，不间歇地又被“文革”整得人人挨斗，个个脱皮。一时间干部们心惊胆战，干部子弟皆以当工人、当农民为幸，没人敢再当干部。1971年工厂政治处从车间里抽调我以工代干，去当宣传干事，我推诿了3个月才勉强服从。这情节你可能不信，只有过来人才信。

中国人历史上习惯于只反贪官不反皇帝，可以看做是只办贪官不改制度的另类版本。“文革”前夕，姚文元有过清官比贪官还坏一说，邪乎得很，说的是清官粉饰了专制制度，误导人们只反贪官不改制度。前边说过，人治制度基因上出了错，导致“缺乏法治的权力”水银泻地般无处不在，无事不管，时时处处都可以“设租”与“寻租”，权力的水银泻地也就变成了贪贿的水银泻地。

这就如当下，在赢家通吃之下，特权独占，食利自肥还有什么奇怪吗？市场资源与财富在不公开、不受限、不问责的官员审批权下、决策权下、笔下、公章下颇有自由裁量权，就如同“将一个赤裸裸的美女放在我床上，要我不想入非非，难乎其难矣！”（张五常语）再说了，那些信奉只要“不装错兜，不上错床”就什么都敢干的官员，在体制性腐败之下浪费纳税人的钱，一定是个比个人贪腐更大的数字吧？还是前边说过的，“决策错误比贪贿更可怕，更具危害性”。这也就是说，在制度性缺陷面前，就像王立军与文强没有区别一样，清官与贪官之间也没有根本界限——清官两手不沾钱，只给老婆孩子双手搂钱提供保护伞，你能拿他怎么办？

中国专制两千多年至现在阴魂不散，为什么？我们做了一个假设，皇帝是大公无私的，所有当官的都是贤臣，都是为人民服务的，所以我们才有这样的灾难。我们假设如果皇帝是理性的，会谋私利，官员是理性的人，会贪污腐化，就会有一种新的体制。

——张维迎

为什么中国人历来只反贪官不反皇帝？因为在宗法专制制度设计上，皇帝无须贪腐，而官吏则抵挡不住贪腐。先看皇帝。皇帝以天下为家。皇家的无上特权通行无阻，是由于通行着“一大二公”与“一平（平均主义）二调（无偿调拨）”的产权制度：“普天之下，莫非王土，率土之滨，莫非王臣”。皇亲国戚们安享着普天之下的资源与财富供奉，既不受限，也不问责。但为要保证特权永享而不被颠覆，又不得不自我受限，自我问责。因而，作为集权顶层的皇亲国戚们没必要化公为私，是由于他们已经以私充公了。集权顶层之所以能够秉公办事，是由于家天下的制度安排之下，公家的公事已经是私家的私事啦。

把公家的公事当成私家的私事，正是专制制度的本质：“使天下人不得自私，不得自利，以我之大私为天下大公”，是黄宗羲所揭露的帝制内核。个人的进退荣辱，置于国家、民族的兴衰祸福之上，才是权力不受制约的最大弊害。对于一个真正的政治家来说，其目的不是保卫自己的权力和地位，而是推进国家的进步和民主。检验任何个人、党派执政为公还是为私，有着最简便的测试剂，就是看他是否宣称非我莫属，舍我其谁。凡是宣称替天行道，当仁不让的，就已露出了破绽。只有抱有功成身退，随时让贤，成功不必在我心态的，才叫执政为公。所以，不靠制约权力只靠选贤任能，是解决不了公权私有的。

官吏则不同。官吏给皇上打工，是皇家的管家仆人，皇权的代理者。高官厚禄的特权独享，作为明规则，是皇权用来收买人才卖身投靠，为自己尽忠效命的奖赏。而官吏们不得不在明规则之外偷奸耍滑、巧取豪夺，则是由于他们被安排在克己奉公的制度假设与人性假设上。名义上只许你恪尽职守，不许你中饱私囊，却没有分权制衡的可操作规则，道义就不敌利益。大公无私的明规则做不到，公权私用的潜规则就大行其道。谁都不难理解，打工者的化公为私之所以屡禁不止，其实是有样学样，是仿效皇亲国戚们的以私充公。你做初一，我做十五，皇权能够以私充公，公事私办，那么，中下层官员就能够以公携私，私事公办——在特权分享与利益分肥上，你吃肉我啃骨头，你啃骨头我喝汤的潜规则，至今也践行不悖。

你已经看出来了，公权力与私权利云泥不分，能够在宗法专制里大搞糨糊，根源在于公产与私产也是沆瀣不分的。前边说过，公权力与私权利可以串并短路，公产与私产可以首尾互吞，导致权力的自利天性如鱼得水，游刃有余，就因为公权可以褫夺或敲诈私产。因而，只要私产可以充公，公权可以私用，就会有公产兼并私产、官产吞食民产的发生。

为什么反腐肃贪像打田鼠游戏似的打个没完，但总也斩不尽杀不绝？因为贪腐有制度化温床。为什么反贪像一把马桶刷子那样，极易越刷越脏？因为权力私有背后有财产公有的制度后盾，财产公有充当了权力私有的经济基础。古今中外，概莫能外，集权政治只能建立在国有经济之上。洛克说，财产不能公有，权力不能私有，说的就是财产公有必然导致权力私有。其实，“普天之下，莫非王土，率土之滨，莫非王臣”这个命题，正表明中国人比洛克更早发现了财产公有则权力私有的必然逻辑——资源与财富可以国有化，臣民就可以奴仆化，这是一个硬币的正反两面。

权力资本化之所以能在中国沿袭至今，谜底就在这个公权可以敲诈私产上，谜底也在私有财产既不神圣又可以侵犯上。

总之，集权与特权是中国社会所有弊害的“阿喀琉斯之踵”，“来自政府权力的过界侵犯,构成对中国社会与经济的最大威胁”（周其仁语）。“民治、民有、民享”与“官治、官有、官享”这两者，原本是水火不容，二者必居其一的。这两者非此即彼、泾渭分明的根基，在于公权力与私权利的划界，公产与私产的划界，应当是井水不犯河水的。你是你的，我是我的，从发生学上，私有权是公民政府的真正起源。

一个民主、民治与民享的政府，必在世界上永远立于不败之地。
——亚伯拉罕・林肯

问你个脑筋急转弯的问题：小狗为什么不在沙漠里尿尿？正确答案不是它没水喝，而是沙漠里没有电线杆。小狗尿尿为什么要找地标？正确答案不是它尿得高，而是它要为私属领地划界。小狗用尿尿来界定领地私属，人类用公权力来捍卫私有财产，本质上没有什么区别。从发生学上，没有私权利也就没有公权力。因而，正是私权利之母，生育出了公权力之子。但羽翼丰满的公权力回过头来侵占与剥夺私权利，“民治、民有、民享”被集权与特权变成了“官治、官有、官享”，既是一个公权力侵夺了私权利的颠倒，也像一个子弑父、儿奸母的反噬。

假如党政不分、政经一体（政府公司主义），政企不分、官商一体（国企寡头垄断）的体制仍旧存在的话，那就仍旧会提供权力攫掠与官吏贪腐的便利与诱惑。官场向市场伸手有求，市场亦向官场伸手有求，两者中间没有法治隔离或制度缓冲，恶果就是一端制造出贪官，另一端制造出奸商，并使两者沆瀣一气，共存共荣。民间所谓“当官靠后台硬，挣钱靠人进贡”，指的正是这一乱象。国企的特权独占，如今已成为市场公害。对国企的有样学样，带动了民企甚至外企也跟着傍官傍权，以致“中国的企业不是改进技术，造出更好的捕鼠笼来捕捉更多的老鼠，而是向官府谋取捕鼠专利”（费正清语）。国内企业热衷于挖浮财不甘于办实业，盛行质次价高的强迫交易，正是权力搅市场的恶果。

维权 PK 维稳

人治的病兆发作在市场上，病灶却在政治体制上，在干部集权制度上。利益被牺牲，权利被剥夺，公平感丧失，成了社会群体之间紧张与冲突的根源。穷人郁闷，富人也郁闷；老百姓郁闷，官员也郁闷；老年人郁闷，年轻人也郁闷；白领郁闷，蓝领也郁闷；平民郁闷，知识分子也郁闷。有报道北京市 2013 年公共安全预算支出高达 32.8 亿元，不能不构成增长模式昂贵的制度成本与道德成本。

我国政治体制存在的问题主要是：基本民主制度不健全，公共权力缺乏有效制约，公众参与管道不畅，特权现象严重，政治透明度低，行政成本过高，维稳模式错误，“人治”情况严重，权力关系失调，公民社会发育不全。

——俞可平

总之，“我们的时代面临的不是经济方面的挑战，而是制度和政治方面的挑战”（布坎南语）。就说干部训政吧，如前所述，这原本是个干部带领民众演练民主，学习自治的过渡性安排，迄今已延续了将近一个世纪，也该与时俱进了。给人治体制动手术，首先应当向干部集权开刀。

虽然邓小平说过，我们这个体制“有个最大的优越性，就是干一件事情，一下决心，一做出决议，就立即执行，不受牵扯”，但他也看透了这个体制的“总病根”。因而，他主张的党和国家领导制度改革，手术刀首先应当划向“权力不宜过分集中”。你要保障“民治、民有、民享”，只能选择法治，告别干部训政体制；你要延续人治，则必然延续“官治、官有、官享”，选择越晚，你的纠结也就越大。也因此，怎样把权力关进笼子里，给权力涂上防腐剂，用法治取代人治，跳出这个兴衰治乱的历史周期律，早已成为民族复兴必交的一份答卷了。

摔了跤的“超常规、跨越式”

> 我们根本否定“文化大革命”，但应该说“文化大革命”也有一“功”，它提供了反面教训。没有“文化大革命”的反面教训，就不可能制定十一届三中全会以来的思想、政治、组织路线和一系列政策。
>
> ——邓小平

民族复兴的半途中，革命领袖们曾以大气魄、大手笔试答过这份试卷。1949 年，壮年毛泽东离开西柏坡“进京赶考”，临行前他对周恩来说，我们“决不当李自成，我们都希望考个好成绩”。他的信心，来自 5 年前他已未雨绸缪：“近日（1944 年）我们印了郭沫若论李自成（《甲申三百年祭》）的文章，也是叫同志们引为鉴戒。”

因而，当1945 年发生著名的“窑洞对”时，面对黄炎培质疑“一部历史，‘政怠宦成’的也有，‘人亡政息’的也有，‘求荣取辱’的也有，总之没有能跳出这周期率”；面对黄的期许“中共诸君从过去到现在，我略略了解的了，就是希望找出一条新路，来跳出这周期率的支配”，毛泽东当时自信满满地回应了黄：“我们已经找到了新路，我们能跳出这周期率。这条新路，就是民主。只有让人民起来监督政府，政府才不敢松懈。只有人人起来负责，才不会人亡政息。”

然而到了晚年，毛泽东对身后的中国反倒没有了信心，不但预言“卫星上天，红旗落地”，还断言历史跳不出“天下大乱，达到天下大治”的周期率——显然，领袖们交出的建设与革命的答卷都不及格。为什么？因为“大跃进”重演了“求荣取辱”，“无产阶级专政下的继续革命”重演了“人亡政息”。表面上“新生事物雨后春笋般茁壮成长”的“文革”，骨子里其实复辟了不少封建主义的东西，也重演了“政怠宦成”——你看，原本“超常规、跨越式”的大气魄、大手笔，其实并未跳出周期律，不幸又被黄炎培一一言中了。

柳传志最近说：“共产党代表先进文化，应该勇于纠正错误。为什么不能以史为鉴，为什么现在不能够把‘文革’的真实面目抛出来给人们看？它会损害谁的利益？历史一旦被完全展示给人们看，那么薄熙来事件就不一定会发生。”你知道毛泽东在世时就已遭遇了失败，只是不甘于失败，不甘于认错罢了，虽然七千人大会上他做过几句检讨。我老爹当市委书记时大炼钢铁，忙得睡在办公室里。这边大炼钢铁，那边大闹饥荒，沙枣叶、盐篙籽、苤蓝、蔓菁都是充饥之物，四个儿女嗷嗷待哺，逼得我老妈从吃干的到吃稀的，从舔碗到喝汤，人日渐消瘦。终于，她由严重的营养不良引发浮肿，引发急性肝炎，住进了医院——高干家里尚且如此，老百姓能不更惨？因而，老爹说他们参加七千人大会，就是“白天出气，晚上看戏”。毛泽东临终前说自己：“未盖棺，也可论定了”，总结了自己一生做了两件事，却独独未提“大跃进”这件大事。由此可见，他是不甘失败也不甘认错的。

然而数据却无情。1958 年至 1978 年这 20 年间，我国人均国民收入是零增长的，其中农民收入是负增长。“文革”前后的 16 年里，职工工资则分文没涨，以致 1977 年给 40% 的职工涨一级工资时，仅仅 5、6 元钱的增资就闹得鱼死网破，各地绝食的、自杀的远不是个例。上述 20 年间，全国基建投资的 6000 亿中只有 1/3 形成了产能，其余 2/3 都浪费于决策与设计错误了。其中仅搬迁重建、靠山钻洞的三线建设，至少浪费了 2050 亿。

看来，“抓革命，促生产”只是空喊口号，抓了革命，误了生产，政治运动伤害了经济发展，造成了经济停滞、受损与倒退。显然，这是拿革命当作火车头去拉动历史进步，去打破历史周期律时摔了跤，出了错。错在哪里呢？还是错在人治的“长官意志”上。“政怠宦成”也罢，“人亡政息”也罢，“求荣取辱”也罢，如前所述，都是周期律的顽强表现。“缺乏法治的权力”一旦滥用起来，必然伤害到社会。“文革”伤人无数，伤到了史无前例又波澜壮阔的程度，几乎全民至今都痛并后怕着，不是吗？

“文化大革命”是一场由领导者错误发动，被反革命集团利用，给党、国家和各族人民带来严重灾难的内乱。
——中共中央决议

如今谁都知道，一场所谓“充分发扬人民群众的革命首创精神”的群众运动，其实是群众“被运动”、被愚弄、被伤害的运动。倾轧内讧，派性权争与武斗内乱之中，人人不是被伤及皮肉，就是被触及灵魂，全民族没有一个人能够幸免于难。“文革”那 10 年里，不但没有产生什么科技创新、财富积累、文化硕果等正能量，反倒是科研被禁、财富被毁、文化被焚的负能量汪洋恣肆——10 年浩劫，“不是也不可能是任何意义上的社会进步”（中央决议语），哪儿会有什么创造与进步呢？没有任何创造与进步的一场胡折腾，不是一头又栽回历史漩涡里了么？

以革命的名义胡折腾，不能不说是中国人的一大创造！我们这些“文革”的亲历者，总说自己当年是晕头转向的，对吧？那就对了！晕头转向，正表明你像一头拉磨的驴，虽然被鞭策着走个不停，但总在原地打转。亲历者又都品尝到了嗜血嗜权的难忍滋味吧？那也对了！嗜血嗜权，正表明那是豆萁相煎，手足互残，是一场同胞之间的自相残杀——干部整群众，群众整干部；干部整干部，群众整群众，所谓革命，几乎成了一架绞肉机，亲历者谁能忘记呢？用整肃和更换干部的办法反腐肃贪，像是愚公移山的无效劳作：除非你把人治这座高山峻岭摊平为法治的宽敞大道，否则，移来移去地移到哪里，人治它仍是一座山，总会横亘在半路上，阻挡中国通往现代化。对不对？

挨过斗的任仲夷力倡政治改革

回首一场“革命内部的革命”（费正清语），其实是一连串革命在自我强化、自我放大中发生了亢进，发生了异化，嬗变为自己的反面。为什么？因为“革命不仅会吃掉自己的孩子，还会吃掉自己的父母”（普列汉诺夫语）。革命吃掉自己的孩子，我们惨历过，但什么叫革命吃掉自己的父母？你可能有疑问。答案其实很简单，吃掉自己孩子的革命，必然会吃掉自己的父母。什么意思？就是革命一旦发生异化，一定会吃掉孕育自己的自由、民主、平等理想，代之以专制与奴役。本义为自由、解放的革命，异化成了反面的专制与奴役。因而，尽管打着革命的旗号并徒具革命的外表，但“文革”绝不是什么真正的革命。

作为领袖，毛泽东颇具“卡里斯马”魅力，雄才大略也深孚众望，曾被歌颂为“人民大救星”。劳苦大众的期盼与愿景，在当年亢奋的翻身解放感与输诚报恩心驱使之下，也曾空前高涨，并与领袖的万丈雄心产生过“史无前例、波澜壮阔”的激荡互动。先是经济“大跃进”，后是“政治大革命”；一连串运动取代了太平日子，无数宝贵资源被滥用了，激情甚至众多生命也被虚掷在一连串运动里了。

然而“所有的革命都会滥用社会正义与公平”（亚里士多德语），“革命”最大的教训，在于离开法律与制度去寻求公平正义，不依赖程序正义去追求内容与结果正义，往往种下龙种却收获了跳蚤。仅看表面，“文革”似乎也是毛泽东在践行他的窑洞承诺：“只有让人民起来监督政府，政府才不敢松懈。只有人人起来负责，才不会人亡政息”，然而结果却闯了祸：“无序的、非制度化的政治参与则一定使国家动荡不已”（亨廷顿语）。

毛泽东的这个跟头摔在哪里呢？摔在他的“超常规、跨越式”，超出并跨越制度化的“大鸣、大放、大字报、大辩论”参政上！按理说，“人民的大规模参政是现代国家与传统国家的最大区别”（亨廷顿语），但人民大规模参政的“文革”，却在中国变成一场内乱与浩劫。为什么？因为“人类可以有秩序而没有自由，但他们不能有自由而没有秩序”（亨廷顿语）。只有大众参政而没有制度化程序，形同于有自由而没有秩序，形同于徒手攀岩，赤膊上阵，必然要摔跤。扩大参政却没有制度化的参政程序，极易使国家丧失稳定，陷入混乱与破坏的泥沼。因而，“文革”的教训告诉我们，制度建设应当先于参政的扩大，参政水平不能超越制度化水平。

权威和秩序只是维护人类眼前的现时利益——自由则是要维护人类永恒的精神利益。
——阿克顿勋爵

亨廷顿发现，在政治参与和制度化这两个变量中，制度化更为关键、更为重要：“参政水平超出制度化水平的社会是不稳定的，因为体系缺乏有效的规程来接纳广泛参政的社会力量”。“文革”先于制度化扩大了群众参政，导致中国社会“打倒一切，全面内战”，一度混乱失序。为了维稳，管制体制又从“干部训政”倒退回到“军人摄政”（“三支两军”），播下了用“大民主”整饬干部训政的龙种，收获的却是倒退回军人摄政的跳蚤，得不偿失。

“文革”以毛泽东动员造反开始，以邓小平铁腕整顿、恢复秩序结束，留下发动容易修复难的历史教训：打破秩序只用了两年（1966年文斗至1967年武斗），重整秩序则用了10年以上（自1968年开始“清理阶级队伍”至1978年开始“清理三种人”）。毛不得不起用邓小平主持整顿，也是为了维稳。从整顿铁路到整顿军队，当年是把清除派性、重建秩序作为维稳目标的。时至今日，我们仍可以追问一句：在制度建设仍旧落后于参政扩大的当今中国，秩序一旦崩解，坛坛罐罐一旦被打碎，重整秩序需要付出几倍于颠覆秩序的成本？

毛泽东生前已经意识到他的“文革”摔了跤，出了错：“赞成的不多，反对的不少”，“究竟如何？只有天知道”——这些话他曾不止一次地说到过。对于“文革”，晚年毛泽东虽然不甘失败、不甘认错，竭尽余力加以维护，说那是“是完全必要的，是非常及时的”，但实际上他已满怀挫折感，对自己跳出周期律没有了信心。实践是检验历史的唯一标准，毛泽东晚年的跳跃，变成了高难而惊险的试错。留给后人的历史教训，恰恰就在他离开了法律与制度跑去徒手攀岩，当了移山的愚公，摔倒在“超常规、跨越式”的惊险跳跃上。

现在还拥护“文革”的有三种人：

第一，是投机分子，唯恐天下不乱；第二，在“文革”中受过苦、挨过打，年龄很大的一些老同志，可能极左也是他们的信念；第三，则是无知，不知道严重后果。

——柳传志

许多人习惯了夸大其辞的自我表扬，把“文革”后37年来中国社会“拼经济”的大进步，解释为发展仍旧可以“超常规、跨越式”，其实不然。历史是会将功补过的，“没有哪一次巨大的历史灾难，不是以历史的进步为补偿的。”（恩格斯语）中国社会因“文革”禁锢而停滞，因内乱而衰退之后，转折进入一个类似20世纪20年代美国的“非常时代”的加速进步，本质上仍是历史在悔过纠错，在将功补过。对此，你既可以理解为社会受伤后的应激修复，也可以理解为历史缺课后的加倍补偿。但经济起飞再快，也不能理解为社会进步可以另辟蹊径，可以弯道直超，可以撑竿跳高，可以一飞冲天。更何况，离开改革的整体推进而单打独斗“拼经济”，“跛足改革”已经导致中国社会严重失衡啦。

惹祸的官本位、权力本位

> 我们今天所反对的特权，就是政治上经济上在法律和制度之外的权利。搞特权，这是封建主义残余影响尚未肃清的表现。旧中国留给我们的，封建专制传统比较多，民主法制传统很少。
>
> ——邓小平

前边说过，“文革”把干部们整肃得人人挨斗，个个蜕皮，一时不敢再当干部，连干部子弟都一度避之不及；可如今呢？干部子弟当工人、当农民的还有吗？别说井下挖煤的，工地上盖楼的没有干部子弟，你能从工厂的流水线上或餐馆酒店的服务生里给我找出个把干部子弟来，也得花你一番工夫，还不一定有收获呢。当年被整得家破人亡的干部不在少数，如今也有贪官被惩治得家破人亡，但正如朱元璋的扒皮揎草也无法阻遏“有人漏夜赶科场”一样，“文革”把不少干部整得家破人亡，也无法阻遏如今中国人要前仆后继地当官。

死在沙滩上的前浪与汹涌而至的后浪比，早已是小巫见大巫啦。历朝历代的反腐肃贪功败垂成，屡败屡肃并屡肃屡败地一路走来，官吏是越来越清廉还是越来越贪婪了？我不说你也知道。“中国人创造了什么产业？我想来想去可能只有一个产业是中国人创造的，这就是‘腐败产业’”（张维迎语）。于是，一边是对“我爸是李刚”的嘲讽与鄙夷，一边仍旧是千军万马奔赴“国考”。假如我问你：大学生为什么要骆驼穿针眼似的争考公务员？你若回答我，那是他们争着抢着要为人民服务呢，表明你是个颇有幽默感的人，对不对？至于一点儿也没有幽默感的答案，我们还是听听许小年怎么说吧。

为什么你们要挤到国税系统和海关去？因为寻租的潜力决定了大学生的选择方向。青年才俊们准备好了用腐败来实现自己的人生目标。

——许小年

干部训政的实质，是权力的自我合法化与自我合理化。什么叫权力的自我合法化、自我合理化？就是官员自我授权，自诩高明，自封正确，自我表扬地行使公共权力，也就是“法无定规，权随人变”。因而，这种熟门熟路的精英治理传统，不是用分权制衡去解决官僚集权，而是用软件替代硬件，用道德情操去解决制度缺陷。几千年下来，就是靠“正心诚意修身”去规范权力，用德治去替代法治的。

当下的干部训政体制，仍未跳出这个窠臼。上级任命制与等级授职制之下，自上而下地赋予一元化权力给干部，产生干部决定论就是必然的。然而干部决定论论来论去，人的道德质素即“修身齐家”，成了治国平天下的关键，薄熙来也就成了个身不修、家不齐的典型。干部上任前，都有诫勉谈话，要求干部“常修从政之德，常怀律己之心，常思贪欲之害，常戒非分之想”，做一个道德超人。这类约束与监督，无异于靠坐怀不乱去抗拒美女诱惑。

为什么37年来社会巨变，当官的信仰仍旧巍然屹立，能够以不变应万变？一场革命化接着一场商业化，“文革”是夺权潮，“文革”之后是赚钱潮，潮来潮去的你也看得出来，完全是反向涤荡的两股子劲儿，却撼不动中国人对于当官与掌权的不懈追求。财政部最新数据显示，近几年财政供养人口每年猛增约250万人，截止到2012年底全国已经超过6000万人吃国库了。你看，两千年来国富民穷、官富民穷、城富乡穷，并且前者是建立在后者之上的历史痼疾，不是魅影仍在吗？

以其昏昏，焉能使人昭昭

你走遍西方每个城镇，见到最恢弘的建筑是教堂，表明人家敬重信仰与道德。你走遍日本各地，看到最堂皇的建筑是学校，表明人家敬重知识与技能；而我国每个城镇最宏伟的建筑，十有八九是政府大楼，其次是银行，表明我们看重权力与金钱。听牛刀说，有超过一半的省级党政要员的老婆，都挂职在当地银行。你看，一家两制，老公掌权，老婆掌钱，权力与金钱不是勾肩搭背、共枕同眠的吗？

难道真的撼山易，撼官本位、权力本位难吗？没错。固守干部训政制度不变，也就是坚持人治制度不动摇。官本位、权力本位之所以摇撼不动，在于它是一块“别人闻着臭，自己吃着香”的臭豆腐，合乎中国人的舌尖与胃口，也已丧失了自我更新与自我进步的机能。你知道中国人的官本位、权力本位，绝不仅仅限于政治体制，更是一种深入骨髓的价值体系甚至人格基因，一种总有临床症状的病原菌。也可以说，每一个中国人都是官本位、权力本位的带菌者。专制的猛虎不但伺伏在每个人的身边，还蛰伏在每个人的内心深处呢。

你知道所谓民主，不过是指知情权与选择权。我们不妨先行试点，在“我的私事我做主”的生育上率先自由民主试试：假如你对腹中胎儿的性别有了知情权，对中止还是继续妊娠也有了选择权，那么下列三项里，你认为中国人选中第几项的比重最高呢：①中止女胎；②只妊娠男胎；③男女双全——显然，男女双全的多生甚至滥生，会重新成为多数中国人的选择。也显然，中国会重返人口爆炸的灾难——你看，自由民主的合理程序，却不一定会产生合理的结果——再譬如，在一个盛产义和团情结与劫富济贫情结的国度里，假设一人一票选总统，谁敢说不会选出个对外大搞民族主义，对内大搞平均主义的主儿呢？

接着假设。假设中国人习惯于选择与人攀比，出人头地，当个“人上人”的官儿；又习惯于选择自我中心的自闭性思维，习惯于自以为是而不习惯自以为非地检讨与反省自己，那么，你试想一下吧，在一个人人又想当官又刚愎自用的国度里，每个人不是离民主很远，离专制都很近么？之所以说专制深入了中国人的骨髓，是说人人不但喜欢当官，还喜欢自以为是。热衷于当官又刚愎自用，不正是孕育专制主义的温床么？

正像我不想做奴隶一样，我也不愿做主人，这就是我的民主思想。任何与此不同的东西，都绝对不是民主。

——亚伯拉罕·林肯

当然了，最难撼动的还不是价值观与思维方式，而是当官掌权具有无人能比的世俗利益。别墅、专车与特供，是叶利钦揭露前苏共高官特权待遇的3大标志，也是他所说“权力无节制利己化”的标志：“如果你爬到了党的权力金字塔的顶尖，则可以享受一切——你进入了共产主义……就连我这个政治局候补委员这样的级别，都配有3个厨师、3个服务员、1个清洁女工，还有1个花匠。”（叶利钦语）勃列日涅夫曾承认这些消费“靠工资谁也生活不了”，而不少中国官员承认的“工资总也不动，老婆总也不用，吃喝总有人请，烟酒总有人送”的特权现象，原因就在于官贵民贱、官肥民瘦在中国更有历史渊源，更有潜规则，也更有制度真空与体制袒护。

不肯公开财产的官都是贪官。

——普京

俄罗斯的制度反腐，已经走到了立法禁止官员拥有国外账户与财产的程度。而中国呢，一部官员财产公开法案拖延了25年仍未出台，更别说禁止官员转移财产到海外了，你连动议还没听到吧？官员财产不见阳光的这25年，恰恰是官员灰色收入从暗流涌动到汹涌澎湃的25年。法治空白对于官员灰色收入的宽大无边，几乎到了隔岸观潮的程度。两千年的周期律早已反复证明，离开制度改革，只反贪官不改制度是没有出路的。

如今不要说“靠工资谁也生活不了”了，靠工资谁也不可能送子女出国留学吧？可多数高官子女不都留学了吗？靠工资谁也不可能拥有几处房产吧？可多数高官不都拥有几处房产吗？靠工资谁也不可能豪奢消费、穿戴名牌吧？但多数高官不都豪奢消费、穿戴名牌吗？法律与制度网开一面，宽容甚至放纵了官员以权敛财，助推了官贵民贱、官肥民瘦的大行其道。久居鲍鱼之肆而不闻其臭，全社会对于孝敬上司、送礼收礼已经见怪不怪了，对于权钱交易、回扣分肥也已习以为常了；对于官员在职谋取学历文聘见怪不怪了，对于官二代满盆满钵赚钱也习以为常了；对于高官隐瞒转移财产见怪不怪了，对于贪腐越查越多，贪官越办越多也习以为常了，不是吗？

阳光法案的不见阳光，比不见阳光的灰色收入更可怕。我国的灰色收入被养痈遗患，如今已尾大不掉到了富可敌国的程度。说灰色收入富可敌国，从我国奇特的GDP数字上就不难发现：政府财政收入占GDP的30%左右，城乡居民收入总额占GDP只有20%多。这两者相加刚超过52%，刚超过财富蛋糕的一半。蛋糕缺了48%这一大块，不奇怪吗？将近一半的蛋糕不明不白地被谁切走了呢？除了被非税也非统计的灰色收入切走了，还能跑到哪里去呢？问题是，被灰色收入切走的这一半蛋糕，总量天大海大，大到不是几万亿，也不是十几万亿，可怕不可怕？

我只希望在我卸任以后，全国人民能说一句，他是一个清官，不是贪官。如果他们再慷慨一点，说朱镕基还是办了一点实事，我就谢天谢地了。

——朱镕基

如今官场里人满为患，如同一个塞满不洁之鸟的笼子。一位前中纪委官员回忆说，中纪委刚成立的20世纪80年代，反贪是端着枪满天空找鸟来打的——我所知当年打下江西的倪献策、安徽的黄璜等省部级官员的受贿数额，照今天的案底都够得上冤案——这位纪检官员说，打鸟打了20多年，如今闭着眼睛朝天上随便放一枪，都会掉下几只鸟来——零星的中枪，已经无力阻吓铺天盖地的乌鸦与麻雀啦！

想来确实可怕，中国人不但习惯了灰霾天气，也开始习惯了一个盛行灰色收入的社会。我相信，无论是对于贪贿行为的容忍度，还是对于贪贿行为的参与度，中国人一定都是领先世界的。

宽容贪贿的一个标志，就是有人公开主张无力肃贪，不如赦贪——最近有学者主张以党的十八大为时界赦免贪腐。贪腐正铺天盖地呢，运动反贪的老办法不敢用，制度反贪的新步子迈不开，因而全社会对贪贿成风正无力招架呢，网络力量也才刚刚上阵增援，学者这边就先主张大赦天下了，这不就是主张无力肃贪，不如赦贪吗？这个羁縻、绥靖的宽大为怀，奉行着什么逻辑？逻辑是：既然打不赢贪腐，不如咱们收兵回营、放人家一马！既然贪腐不投降，不如反贪阵营自己先缴械投降吧！

“我们唯一应当恐惧的，就是恐惧本身”（罗斯福语）。贪腐不可怕，反贪肃贪的不战而降才可怕，对不对？久居鲍鱼之肆不可怕，嗅觉失灵、良知混沌才可怕，对不对？全民道德水准严重下降，必然导致蝇营狗苟的实利主义大行其道；这种功利主义的、被动应付的实用理性，必然产生不诚实的机智。毋庸讳言，肃贪不如赦贪就是这样一种小聪明，大糊涂。我们不但不知耻于道德原罪，还随意拿相对主义的理由来为贪腐开脱与辩解，中国人能够这样不辨真伪、不分是非、不明善恶、不识美丑、不知荣辱地生活么？说穿了，主张赦贪，不就是主张纵贪吗？

中国重返市场经济 37 年来，不但那个官本位、权力本位的人治体制仍旧巍然屹立，“官治、官有、官享”的利益格局也依然坚冰难融。权力指挥棒仍旧占据着社会的中心舞台，社会各方利益的杠杆，仍旧要靠权力的阿基米德支点撬动。前边说的那个“百业皆难富，唯有官发财”的潜规则，仍旧通行无阻，因而，最轻松、最省力、最快捷、成本最低的发财致富捷径，仍旧还是当官掌权。桃李不言，下自成蹊，榜样的力量是无穷的。大学生们趋之若鹜地争当公务员，不过是政治人与经济人本性一致，都要谋求利益最大化罢了；只不过这个“当官才能发财”的人生奋斗，更具“红得发紫，紫得发黑”的中国特色罢了。

贪腐撩拨激进怒火

> 近年来，一些国家因长期积累的矛盾导致民怨载道、社会动荡、政权垮台，其中贪污腐败就是一个很重要的原因。
>
> ——习近平

我们的经济制度，沿袭了权力配置资源；我们的政治体制，沿袭了权大法小，官贵民贱；我们的分配制度，沿袭了生产者供养食利者，劳力者供养劳心者。市场不敌官场、权利不敌权力的特征，就是所谓的“屁股决定钱包”——你的身份、特权决定你的收入、待遇，而不是你的劳动、能力与贡献决定你的收入。国内高收入、高保障的官场生存与低收入、低保障的市场生存这两种活法，证明中国的市场化变革早已惨败于官本位的权力身份社会了，也证明贫富悬殊是私权利被公权力侵夺的结果。

“资源配置既不遵照效率原则，又不符合公平原则，而是遵照权力关系原则，才是收入差距恶化的根源”（陈志武语），因而“物必先腐，而后虫生。……反腐倡廉必须反对特权思想、特权现象”（习近平语）。集权与特权的根源，无疑是人治制度的“干部训政”。国民党的“干部训政”，曾导致国民党败走大陆。现行的“干部训政”体制也已延续近百年啦，贪腐也已到了生死存亡的关节点上。前边说过，作为宪政预备阶段的干部训政，原本是要干部带领民众演练民主，学习自治的。但练来练去地练了快一个世纪，民主总也不及格，毕不了业，上不了岗。相反，干部的越俎代庖、反仆为主反倒百炼成钢，浇筑成型了——人治成了法治的障碍，干部训政成了民主宪政的制度性障碍。

国内官员与老百姓的区别，像是辛勤觅食的工蜂与被供养的雄峰之间的区别。“想把官员变为企业家，有如把雄峰变成工蜂那么难”（尼克松语）。雄峰之所以难以变成工蜂，是因为靠别人养活与养活别人，在国内的两种活法是截然不同的。虽然说，一年一个麦子黄的农民，月月有个麦子黄的工人，天天有个麦子黄或3年一个麦子黄的商人我都干过，但我这一生说到底，只能分列出“靠别人养活——养活别人——靠别人养活”的三段式。这个三段式，可不是人人都有的“早晨四条腿，中午两条腿，晚上三条腿”的斯芬克斯之谜，而是“官场生存——市场生存——官场生存”的生存方式互换。

说是三段式，其实也不复杂，不过是我旱鸭子下海又爬上岸罢了。1992年下海时，我告别的是月薪248元的厅级工资。商海无边也是苦海无边，2006年我回头是岸，重获的厅级月薪已超过6000元了——其中工资不足50%，津贴补贴则超过50%。世界各国公务员的平均工资仅为最低工资的2倍，而中国公务员的平均工资是最低工资的6倍，为全世界最高（见刘植荣《世界工资研究报告与借鉴》）。即便如此，前边说过“靠工资谁也生活不了”，还说过“工资总也不动”吧？

你知道1992年弃官下海的，大都回头上岸了。与其中的熟人聊天，我会追问他们上岸的缘由，也为自己下台阶。一个朋友说：“有了比较啦，养活别人，还是不如靠别人养活舒服哇！”另一个则更坦率：“下海有什么好？你得提着钱低三下四地送人家。现在自己手不碰钱，老婆坐家里收钱！爽吧？”

弱权化生存的母亲

我之所以心悦诚服于吴思对“暴力赋敛集团”与“福利生产集团”的划分，是因为自己就脚踩过这两只船——官与民，治人与治于人，靠人养与养人，财政供养与供养财政，的确可以划分出两条船来。你也知道，在国内当官与当老百姓的这两类生存，不但是内外有别，苦乐不均两重天的，而且是有恭有倨、尊卑贵贱两重天的——你当老百姓不得不恭顺屈从，你当官又不得不恭上倨下——两种禀赋与气质分别来自哪里？来自生活在两条船上的两种人，全都出自同一个有权无权、有贵有贱、有亲有疏、有肥有瘦、有富有贫的二元的、双轨的制度安排，说到底，全都出自一个少数人特权化生存与大多数人弱权化生存的体制安排。

全民重商的20世纪80年代，一度曾商肥官瘦，拜官不如拜金。人们曾一度以为，随着市场接替权力成为资源配置主角，中国此后将进入一个市场强势、官场弱势，财富胜出、权力败北的淘金时代。谁料想市场根本不是权力的对手，几个回合下来，市场败北，权力胜出，市场重又沦为官场的后院果园，老板重又沦为官员的随从跟班。改革初期有个说法，把放权让利叫做放水养鱼，好像政府是个养殖户，放水养鱼是为了等到菊花黄、膏蟹肥的收获季节下手的。事实上，财政部的官员也是这么说的：“改革开放的前半段，放水养鱼，培养税源。1995年以后，放水养鱼就进入了收获期。”（贾康语）听他这么说，像是把市场当成了自己家的养殖网箱似的。

官本位、权力本位不甘人后地杀了个回马枪，后发赶超，后来居上，如今又故态复萌，高踞于整条市场食物链的最顶端。这个过程，表现在改革进程上，就是改革半途抛锚，不进则退，放水养鱼进入了收获季节，放权让利逆转为扩权争利。表现在资源与财富配置方式上，就是赢家通吃的权力高屋建瓴，势如破竹，很快便收复了失地，恢复了其战无不胜、所向披靡的自利本性。仅以我年轻时任过职的清水衙门，一个边远省份的团省委为例，历年累计的涉贪官员都涌现出七八个啦！一听到又有熟人栽了，老同事之间不是震惊与意外，而是惋惜与同情："家家买烧酒，不漏是好手"——谁漏了谁自认倒霉吧！

政府的"超经济赋敛"，导致权力比市场财富膨胀得更快，官肥民瘦、官富民穷的原生态如今已经全面恢复啦。有朋友常在官场走动，感慨于领导有源源不断的公款可调拨，有用不完的拍板权，更感慨于高官的消费早已鸟枪换炮、今非昔比了——从喝的酒、吃的菜、抽的烟到穿的鞋、戴的表、坐的车，从收的钱、陪的人、签的单到打的球、休的假、出的国等等，全都跟大众消费不可同日而语，跟美国或俄罗斯总统街头吃个汉堡，跟外国政要访华时小餐馆吃碗面、吃个包子，跟纽约市长坐地铁上班、伦敦市长骑自行车上班相比，更是不可同日而语。

腐化的基本形式是政治权力与财富的交换。
——萨缪尔·亨廷顿

国内目前的官商结合程度，似乎比拉美还紧密。以前讲的"拉美模式"、"东亚模式"、"西非模式"等，国内都与之相似。腐败成了发展的瓶颈，人治成了法治的障碍，是这类模式的共性。官本位赢家通吃，弄到民怨四起，权力本位"走别人的路，让别人无路可走"。资本社会化的国家，财富靠资本获取，权力资本化的国家，权力成了获取财富的源泉。两种不同的发财致富的路径，区别在于资本是社会化的，还是权力独占的？资本靠市场竞争来配置，财富就是物竞天择的，不可能按照权力结构来分配。资源与财富被权力截流、掌控之后，分配规则就成了按权分配：权力最大的人群财富最多，权力最集中的地方财富最多，财富的分布由权力的大小、与权力的亲疏远近决定。很明显，财富一旦被权力金字塔整合之后，离权力越近的越富，离权力越远的越穷，我们不就跌回到“国富民穷、官富民穷、城富乡穷”的历史陷阱里啦?

当下国内的“强政府，半市场，弱社会”生态，是个“三个世界、两种制度”格局：国企是第一世界，外企是第二世界，民企是第三世界。两种制度则是价格双轨制（竞争价格与垄断价格），两种企业制度（弱权企业与特权企业），两种交易制度（自由交易与强迫交易）。说到底，在一个半吊子市场上，权力搅市场总能搅出大毛病，大弊端。如今中国最缺的已经不是财富，而是发财致富的规则。发财不难，难在君子求财，取之有道上。也就是说，靠市场配置财富是取之有道的，靠权力配置财富则是取之无道的。

在一个政府是唯一的雇主的国家里，反抗就等于慢慢地饿死。“不劳动者不得食”这个旧的原则，已由“不服从者不得食”这个新的原则所代替。

——列夫·托洛茨基

为什么国内这个半吊子市场上，财富的获取倾向于取之无道？为什么巧取豪夺、非偷即抢、弱肉强食、同类相残的史前野蛮法则，至今仍大行其道？因为“政府经济特权”和“官商利益共同体的垄断”（杨小凯语）在通盘搅动。特权与垄断的实质是什么？是超经济的权力支配了经济。任何权力的实质都是暴力强制，因而，特权与垄断就是依恃暴力的强迫交易，是超市场、非市场和反市场的法则支配了市场。对此，你不妨听听托洛茨基怎么说。

你知道古来各国，谁都经商，只有资本主义来到世间，才彻底改变了人类攫取财富的游戏规则。换言之，资本主义的出世，是人类的一大创造，一大文明。什么创造？依赖和平的理性企业获利的创造，什么文明？不再依赖暴力掠夺的文明。也就是说，“金钱取代刀剑成了社会权力的第一杠杆”（恩格斯语），是人类培育出市场后的划时代进步。无论是一个人，一个家族，还是一个社团，一个企业，乃至一个民族，一个国家，围绕资源与财富的竞争，构成为人类活动的主轴。奉行取之无道的弱肉强食，还是奉行取之有道的自由竞争，可以划分当今地球人的进步层次。文明与野蛮的各项评价指标也很简单，都快数字化了，全在联合国各类组织的文件里，你可以自己去查。

按权分配，金钱围绕权力轴心运转，表明国内通行着弱肉强食的丛林山寨野蛮法则。老百姓钻头觅缝地搂钱，官员得寸进尺地揽权，正是资源财富竞争规则低级野蛮的标志。国内盛行的行政垄断、行业垄断和自然垄断，都是依恃暴力的强迫交易。自由竞争的逻辑，不是企业不盈则亏，而是企业要盈利就得造福社会；也不是每个人不敬业则失业，而是每个人要发财就要造福别人。垄断的逻辑则恰恰相反，奉行的是强盗劫财的逻辑，靠掠夺社会发财，靠掠夺别人致富。所以说，市场垄断对于市场自由的剥夺，仍旧是仗剑夺财，是特权剥夺人权。

权力过分集中是我国政治体制中各种弊端的总病根。……如果不坚决改革现行制度中的弊端，过去出现过的一些严重问题今后就有可能重新出现。

——邓小平

一旦“金钱取代刀剑成了社会权力的第一杠杆”，你发现财产私有与权力公有都变得顺理成章了。史前各个民族都经历过财产公有、权力私有的野蛮阶段，经历过刀剑支配社会财富的始祖阶段。前边说中国人残留有土著民族的史前野蛮，指的就是丛林法则、山大王法则、山寨“土围子”法则、人身依附法则等低等生存法则的大行其道。告别权力掌控资源财富的体制，也就是告别生存法则的倒退“返祖”，告别同类相残、弱肉强食的动物性原生态。集权向分权，特权向平权，垄断向竞争，人治向法治的转变，说到底，是中国人朝向摆脱野蛮的现代文明转变。

吴敬琏把这个社会形态的转型，叫做“过大关”。大关未过，改革抛锚在半路上、抛锚在半市场上。半吊子市场对于权力资本集团来说，成了“闻着臭吃着香”的臭豆腐。改革为什么抛锚？因为政府掌控市场核心资源坚冰难破，垄断国企独占市场核心利益坚冰难破，官员的权力资本化坚冰难破。政治改革之所以难以重启，难在改革已经错过了最好时机。“政府经济特权”和“官商利益共同体的垄断”已经进入历史上资源占有最广泛、财富最肥厚、利益负载最沉重、割肉补疮最疼痛的状态，中国也已进入一个贪欲横流、民怨四起、愤青遍地、冲突频发的高危期。杨佳

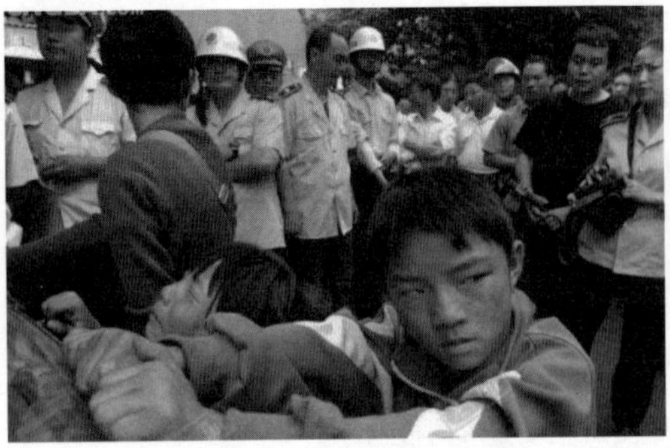
戾气侵入了孩子心中

杀警案发后，网上竟有人欢庆。一时我百思不得其解：钱包越来越鼓，房子越住越新，车子越开越大，旅游越走越远，中国人开始免于匮乏了；怎么会怨气越来越大，不满越来越多，敌意越来越甚，戾气越来越重，中国人又要重温恐惧吗？

动辄呐喊助威甚至掀车砸玻璃，每一次警民冲突后的狼藉现场，你都能嗅出“革命无罪，造反有理”的硝烟。激进主义思潮打着“同情弱者”“利益至上”“目的正义可以不择手段”的旗子，奉行一种“逢官必反”“逢民必帮”的民粹主义立场，颇像“文革”思潮的卷土重来。只讲利益不讲权利，只要结果不要程序，用“吃大户、分浮财”“均贫富、等贵贱”的“革命”手法反贪反腐，我们不又跌回到历史周期律里了？

“正义只属于公平”（罗尔斯语），而公平靠街头运动无法获取，只能靠法律制度获取。公民维权需要从利益优先转至权利优先，才能寻获一套普遍、公开、逻辑一致的可操作程序与规则，用来校正社会正义的天平，用来监督政府公平施政。放弃“公正文明的切蛋糕法”，只顾自己多切多分，一味主张权力财产再分配，你就不怕“打倒一切、全面内战”的历史重演吗？

一个幽灵在游荡

革命是改革的最大敌人——它使得进行一种明智而公正的改革成为不可能。

——阿克顿勋爵

“天惶惶，地惶惶，

我家有个夜哭郎。

过往君子念三遍，

一觉睡到大天亮。”

电线杆上的这种招贴你肯定见过，也知道这种巫魅的治病处方在中国源远流长。不去探究孩子夜啼症的病灶，不去排查“刺激—反射”的紊乱是怎样形成的，就把这种生理、心理的异常归结为魂魄丢了，拜托过往行人给孩子招回魂魄——这种治病招数，不是个巫婆神汉的手法么？然而墨菲定律我们躲不掉，也就是越不想遭遇的你越容易遭遇：一个令人惶恐的夜哭魂魄，如今又被中国人招回来啦！

一个幽灵，一个激进主义的幽灵起死回生，戴着“革命”的面具，游荡在一些中国人心里，也荡得我心拔凉拔凉的。说激进主义戴着“革命”面具，是说中国人习惯于把“造反夺权”那一套儿熟门熟路的周期律当成革命，实在是对真正意义上社会革命的误读、歪曲甚至是亵渎。“轻言造反，动辄夺权”的中国式“革命”总是有破无立，而真正的社会革命则是牵引人类文明进步的火车头。革命无疑是人民的基本权利，但桔子也能变成枳子。许多好东西移植进中国就发生了近亲退化，谁也没办法。中国人一直践行的“革命”它不争气，总是向农民造反靠拢，总是重复失控失序的暴力冲突。因而，“革命”它稀泥不上墙，你想提携它都提携不起来；它留在你我记忆里的，总是那样一副让人无法敬仰、无法爱戴的倒霉样子，可悲不？

把暴力压迫与暴力反抗混为一谈，是十足荒谬的。……但革命论还是站不住脚，革命最可憎的特征，是用恐怖手段压制少数。……革命已经变质，已经形成了一个左右全局的既得利益集团。

——巴林顿·摩尔

近一百年来，我相信至少有四代中国人在革命的刀山火海里摸爬滚打过来了。比起老革命来，作为小革命的我们“红卫兵”一代，只是赶上了个革命的尾巴。然而仅仅被老虎的尾巴扫了一下，就已“一朝被蛇咬，十年怕井绳”啦。所以，一看到“革命”的杯弓蛇影，我的第一反应就是肾上腺素应激陡增：怎么一回事嘛，伤疤刚结痂，余痛还未消呢，就又想重返“革命”，是想重吃二遍苦，重受二茬罪吗？是革命还没革够吗？那么健忘！

一直以来，不革命就不能进步的腐败，使得革命被神圣化。暴力革命，成了对拒绝和平演进的报复。革命顶替了和平演进，成了渐进失败的替代品。几代中国人对于革命路径的依赖和熟门熟道，早已到了不假思索，张口就有的地步。与同是历史传统深厚，又性格平和的民族比，中国人异乎寻常地偏爱革命。您不觉得这种非革命不能进步的看法颇为偏颇吗？

我在同属传统古国的英国与日本都呆过，知道革命在那些国度里是个贬义词。英国与日本这两个国家，能够分别代表东、西方古老文化地盘上，不靠革命靠改良成功现代化的样本。海德公园被称“伦敦的心脏”，我在公园里盘桓过一天；那里有个著名的“自由演讲者之角”。任何人都可以在这里自由登台演讲，从反对探测火星，讲到反对马岛战争；从支持男歌星艾顿·庄与男性结婚，讲到支持萨达姆继续独裁，言论的确自由。但自由表达也不是没有底线：不可人身攻击王室，不可谈及暴力革命，否则会遭警察拘捕。这两条底线，其实是一条底线，就是英国人不崇尚暴力。他们认为那是粗鲁的蠢人之举，有辱文明人的智慧与尊严。我在日本，也听到过日共的竞选演讲，为避免丢光选票，他们早已放弃了暴力革命的主张。由此可见，曾被中国人戴上光环的革命，在发达国家早已声名狼藉了。

当然了，眼下在国内，革命也罢，激进也罢，都是冲着现有利益格局的不公正、现有秩序的不合理来的。因而，都不是“狼来了”的“诈弹”，不是空穴来风。隐患险于明火，前边说人治的“阿喀琉斯之踵”，顽强的官本位、权力本位，撩拨起民愤的体制性腐败，就是激进幽灵死而复生的灵床。我们从越来越大的怨气、越来越多的不满、越来越甚的敌意与越来越重的戾气里，分明能嗅出一股火药味。因而，当没过几天太平日子的中国人听到“‘文化大革命’这样的历史悲剧还有可能重新发生”的预警时，能不心生恐惧吗？

为了拉拢人民，贵族们把无产阶级的乞食袋当做旗帜来挥舞。但是，每当人民跟着他们走的时候，都发现他们的臀部带有旧的封建纹章，于是就哈哈大笑，一哄而散。

——马克思、恩格斯

把精神安顿在懦弱与惶恐之上，是两千年匮乏与恐惧交织的结果。前边说过，王朝更迭的血流成河是热暴力，平时的循规蹈矩，见官要肃静回避，打官司要吃杀威棒是冷暴力，官民之间的防范与不信任日积月累，成了引爆冲突的雷管。假如内伤总也不愈，疼痛感积累到忍无可忍的时候，最能忍受的人也会发飙，最保守的农民也会变得激进，不是吗？

因而，我这里拿幽灵命名激进并不是贬义的，只是指它具有捉摸不定、防不胜防、令人惊悚的特性，就如红公子会被厕鬼拉走一样。遥想当年，陈胜吴广要拉杆子，先要装神弄鬼。那一幕你也知道：他们把帛书塞进鱼肚子里，让你误以为那是鱼受胎了，是鱼的爱情果实。他们又糊了个竹灯笼半夜里提着，到树丛草窠子里钻出钻进地飘忽不定，藏来藏去地学狐狸叫，你能不怕吗？

警车常被当成出气阀

中国人原本就有周期性玩炸药的习惯。一元复始，南北各地都要重复“震耳欲聋——乌烟瘴气——遍地狼藉”的过年三部曲。这个驱逐“年兽”也即“横扫一切牛鬼蛇神”的驱魔祛邪活动，颇有周期律的意味。大鸣大放的不可或缺，仅从原先禁放烟花爆竹的城市又走了回头路，不得不屈服于“没有年味、不像过年”的民意而解禁，就足以证明习俗的巨大惯性了。“积欲越久，解欲越狂”（弗洛伊德语），是个心理学法则。一年 365 天的打拼、疲惫与压抑，需要在松弛无度的休假期间，在亲子家庭内部宣泄一下。因而，一年一次的大鸣大放，演变成了宣泄情绪、释放压力的出气阀。你发现了吗？这个周期性解压阀里，不是暗藏着打破常规、摆脱秩序的心理需求吗？

从社会学角度我发现，过年期间交规松弛，城管放任，显然是一年里控制与监管最松弛、最休眠的唯一时段。但这个法纪松弛的唯一时段，反倒是一年里治安无虞、犯罪低发的唯一时段，这是怎么一回事儿？显然，是年关上添喜不添煞、为善不做恶的道德共识，在这个时段短暂地替代了法纪约束。这个社会学发现，对于“保持对各类违法犯罪的高压态势”，似乎放松一点管束，降低一点压力，社会秩序就会崩解、天下就会大乱的前提假设，无疑是个颠覆；因而，对于严刑峻法才能维稳的理念，也无疑是个挑战。

但是，你还是不得不信，“理智并不是生活的准则，习惯才是人类生活的伟大向导”（休谟语），习惯于用热暴力反抗冷暴力的中国人，理性化程度一向不高。一年一度的炮仗宣泄，对于人居环境明摆着是一场不小的劫难，但人们就是离不了这个习惯；就像人人知道嗜烟嗜酒有害健康，但烟民酒鬼仍有增无减一样。从过小年开始到破五，再到正月十五，每次大鸣大放都有鸡犬被惊吓而死，更有婴幼儿备受惊吓。因而每次玩过炸药，硝烟散去，我会格外期待次日清晨鸟儿能重启歌喉，庆幸自己劫后重生——就像当年我们重启歌喉高唱《祝酒歌》，庆贺自己告别“文革”，劫后重生一样。极富耐受性的中国人，一年一度点燃炸药极端体验一下，不能不令我联想到历史上间歇性喷发的农民造反。一年一度地用炸药横扫一次牛鬼蛇神，像是爆发了一场自我解放运动。

毛泽东发动了“文革”，强调革命是为了反对和平演变。邓小平发动了改革，强调改革挽救了国家挽救了党。中国人从“拼政治”转向“拼经济”，也由身心俱创转而腰缠万贯。颇像每个人都有个赚钱计划的美国“镀金年代”，中国人“生产出比以往任何年代都多的商品，赚到了比以往任何年代都多的钱”（马克·吐温语），原本应当小富即安了。因而，当听到有人为“革命”蹿样子的蹿样子，起哄的起哄时，一瓢冷水浇到头上，登时我就打起了激灵儿：难道被改革从“革命”里拯救出来的中国人，“革命”还没有革够吗？“文革”中挨批被斗的伤残老人还活着，创巨痛深的亲子家庭惨剧旧伤未愈。“革命”年月与太平日子的区别，仍旧如臭屎与新鲜空气的区别那么分明，难道我们真的失忆、健忘到了伤疤未愈已忘了痛，积习不改，旧疾复发，又要学红公子那样一头扎进粪坑？

我知道这不是真相。不是中国人腻歪了太平日子，不愿奔小康了，又追念起了“文革”，竟然想回头去找刺激。真相不是这样；不信，你可以随便问几个“文革”年代的过来人：“既然不满现状，是不是愿意回到过去？”十拿九稳地我有把握，记忆健全老人的回答都是一个声音：“NO”！用选择性记忆把那个时代涂抹成“人民群众当家做主，吃穿住行有保障，干部没特权”的样子，我们这些过来人万难认同。

过来人为什么不愿重返“革命”？太穷？过劳？紧张？挨整？答案可能很多。但说到底，过往年代的全部惶恐与不安全感，都是由于基本人权被剥夺太多：言论自由、信仰自由、免于匮乏的自由与免于恐惧的自由，均被过多剥夺。因而，对乱世的深戒恐惧，说到底是害怕丧失了基本人权。

但“革命”话语重又浮出水面，不是鬼魅重现也不是蹦极游戏，的确是中国社会重又遇上了严峻挑战——政治变革滞后于经济分化，陈旧而僵硬的体制性障碍，难以包容与整合愈演愈烈的利益冲突，难以吸纳日渐积蓄的社会负能量，以致维权与维稳都PK了起来，近身肉搏啦。一项网络调查结果显示，超过50%的被调查者对“贫富分化严重”（75.4%）、“权力不受制约”（59.4%）、“利益集团坐大”（52.8%）、“生态环境恶化”（52.6%）、“弱势群体利益受侵害”（50.3%）不满。因而，“多一点公众参与，少一点个人权威；多一点公平竞争，少一点垄断独占；多一点机会均等，少一点特权阶层；多一点财富分享，少一点贫富悬殊”（高希均语）的呼声日益高涨。可以说，革命的刺耳话语，是夹在呼唤政治改革主旋律里的变奏。

> 政治制度的发展落后于社会和经济的变化，这就是政治上的首要问题，……也是暴力与骚乱事件的根源。
>
> ——萨缪尔·亨廷顿

37年来“拼经济”成就斐然，中国达到五千年历史上最好的状态。权力集中与资本集中合二而一，在超强投资推动下，国内城镇面貌焕然一新，楼高车多得令人刮目。从金砖5国到列席8国集团，意味着中国经济由外围圈走进了世界经济的核心圈。因而，中国人的富强梦从未像今天这样触手可及，攀岩攀到接近推门而入，可以告别屡屡碰壁的历史了。然而优劣与共，利弊互生，权力集中与资本集中引致的权力资本化与资本权力化，已使低成本高增长的发展不可持续，更使得政治与社会冲突浮出水面。社会稳定悬剑临头，芒刺在背，维稳压倒改革，成了重中之重的头等大事。

“我们的时代面临的不是经济方面的挑战，而是制度和政治方面的挑战”（布坎南语）。挑战之所以严峻，在于其前所未有。温饱无虞之后，公民维权不再是匮乏造成的“缺吃少穿打扁担”，而是寻求分配公正与权利保障。这个政治改革必须配合经济改革的严峻性，邓小平早有预见："过去我们讲先发展起来，现在看，发展起来以后的问题不比不发展时少。"收入差距问题"发展下去总有一天会出问题"，"解决这个问题比解决发展起来的问题还困难。"

攀岩攀到历史最高峰时，也会变得最险峻：财富总量迅速膨胀了，贫富分化也急遽拉大了，但财富分配的不公平仍被沿袭着。资源消耗放大了，资产估值拔高了，但资源占有的不合理仍被维护着。市场竞争加剧了，利益分化加快了，但身份优先、特权优先仍被保留着。总之，你能感受到这个特权独占、食利自肥、弱肉强食的食物链脆弱易折，险象环生，临界断裂。

中国在短短十余年内已经完了从平均主义到贫富悬殊这一漫长的道路。

——刘亚洲

发展是硬道理，一度被简化成了增长是硬道理，形成了增长能够解决一切问题的迷思。其实，"经济增长本身不能成为目标，而应该把人的福利、人的权利、人的完善作为最终的目标"（加尔布雷斯语）。增长被当成了硬道理之后，以物为本的增长，变成了投资的高增长，污染的高增长，印钱购汇的高增长，债务违约的高增长，过剩产能的高增长，通胀的高增长，房价油价菜价门票的高增长，垄断暴利的高增长等等。你看到以物为本的发展一旦难以为继，水落石出，畸形的增长反倒暴露出分配不公、机会不公与权利不公，彰显出体制有重大缺陷，法治有重大缺失。总之，单打独斗"拼经济"已经拼入了险境，公平变得比增长更紧迫、更重要了。

国家的首要职责，不是发展经济，不是强大军事，而是维护社会的公平和正义，保障社会弱势群体不被淘汰！此为国之根本。

——马英九

政经合一、政企不分的经济增长，的确构成为一种模式，比如国家对于社会的"四重赋敛"，明摆着是个举世无双的模式。什么叫四重赋敛？四重，直说是四遍。赋敛，直说是收钱。四重赋敛，是说国家收了社会四遍钱。收税一遍，收费又是一遍；国企强迫交易一遍，土地与房产交易又是一遍。这四重赋敛，全是市场财富向政府的转移。前边说的"国富民穷、城富乡穷、官富民穷"，只是这个模式的表征；政府用掌控国企的方式转移、占有与收益原全民所有制的公产，以租佃（承包）给农民的方式垄断作为全民公产的土地，以扩展至资源、能源、原材料、交通、金融、保险、通讯、科技、网络、信息、医疗、教育、文化、新闻等全部生存空间的方式垄断民权民生的各个领域，才是这个“四重赋敛”的制度根基。

> 没有政治改革的成功，经济体制改革就不可能进行到底。社会上产生的新问题就不会从根本上得到解决，“文革”这样的历史悲剧还有可能重新发生。
>
> ——温家宝

邓小平临终前最忧虑贫富悬殊：“产生一批百万富翁，但顶多也不会达到人口的百分之一，而大量的人仍然摆脱不了贫穷”——是他最不愿见到的景象。功亏一篑，随着富强梦的触手可及，这个利益严重失衡的景象如今也触手可及了。37 年来市场规则改进了，官场规则却改进不大，产权、民生仍旧缺少法治保障。一个半管制、半市场、半人治、半法治的二元格局里，通行着垄断与非垄断两种资源配置方式，市场与超市场两套游戏规则，自由交易与强迫交易两类价格，供养财政与财政供养两类生存方式。很显然，这种有主有辅、有强有弱、有亲有疏、有肥有瘦、有贫有富的二元化体制，是一种权利侵夺，是一种制度偏袒，是一种不良秩序。这种官本位、权力本位继承了国贵民贱、官贵民贱、城贵乡贱的历史遗产，导致维权与维稳的拉锯战刀光剑影，人治与法治的近身肉搏胜败不分，群体性冲突事件此起彼伏，日渐激烈。

原先被民生温饱遮蔽了的民权保障，成了制度水桶上最短的那块板，也成了贪腐肥水流泄最多的一块短板。人民币 20 年超过美元 200 年的发钞量，为什么还闹钱荒？国内工资总额还不抵灰色收入的 1/2，钱都跑哪儿去了？随着“WTO 神话”的破灭，原指望向国际惯例靠拢的市场，反倒逆转为傍官傍权，向特权独占法则靠拢了。放权让利的改革逆转为扩权争利的倾轧，贫富分化严峻到了重新逼出“革命”话语的程度，正表明资源配置与财富分配上的不公平不合理，亟待制度变革，亟待政治改革。

比起对于“革命”的熟门熟路与路径依赖，人治才是中国人真正熟门熟路的路径依赖呢。因而，比起“革命”的危险性与颠覆性而言，离不了又靠不住的人治，才是更不可靠更不安全的。或者说，言论的激进主义并不危险，权力捞过界的过度侵权才构成真正的危险。“有大量财富的地方，必然有极大的不平等。……一个富人背后，必然有500个穷人”（斯密语）；那么同理，当政府与国企聚集起全民公产的天量海量财富之后，也必然同时聚集起天大海大的支配权与寻租权。一个专权独断的官员背后，也必然有500个被侵权者，正如所有贪腐案情所显示的那样。即便是在机关事业单位里，人权财权物权的独断也是这样：一把手擅权弄权之后，大批本来职责分明的层级下属，也会变得敷衍塞责，甚至无所事事、尸位素餐；更何况90年前考察中国的罗素早就发现，在一个有权就有钱的制度安排之下，“中国人爱钱财胜过爱权力”。

日本车也被当成了出气阀

因而，“革命”话语之所以杀了个回马枪，不过是改良与革命可以互为接力的政治学法则的表现。这个法则在中国，既得到过清末革命与改良赛跑的历史印证，也得到过毛泽东的“文革”取代了改革，邓小平的改革又终结了“文革”的历史印证。搬动桌子的改良都推不动时，“革命”就成了扬言要掀屋顶。因此，革命成了变革列车搁浅抛锚后的报警，也成了报警后又开来的拯救拖车。也因此，谁也不必对“革命”话语大惊小怪，过于当真，过度反应。为什么？因为扬言掀屋顶，不过是对不许搬桌子的叫板罢了。把“革命”当成熟门熟路的警报器与拯救车，不过是对于拒绝和平变革的警告与报复。所以，真正值得出一身冷汗的，不是激进主义话语多么危险，而是那些开车新手贴在车屁股上的贴士：“受惊急刹，上坡倒滑，起步熄火”——显然，驾驭政治改革不应当这样开车。

吴敬琏认为2003年关于突破体制性障碍的中央决议，并没有得到执行。改革为什么会搁浅与抛锚？改革为什么会鸡蛋般脆弱，碰碎在坚固的利益集团高墙底下？不就因为利益支配了理性，屁股决定了脑袋吗？我们说，改革已不再受观念牵制，而是被利害得失所牵制，也等于是在说，真正的幽灵不是激进主义，而是拒斥改革的既得利益链条。发出预警的不是“革命”的傩面具与凶言咒语，而是改革变成了口头革命，躺倒不干犯浑了。真正需要避险的不是“革命”，而是逼出“革命”话语的体制性障碍。真正需要探雷排险的，不是激进主义的威胁性与颠覆性，而是激活了这个幽灵的制度偏袒、权利不公、体制性腐败的威胁与颠覆。一句话，激进主义不可怕，孕育激进思潮的温床与种子才可怕。

安危之间，岂容行差踏错？

> 一切为了现代化……四个现代化实现不了，总有一天，我们大家全部完蛋。……中国一乱，是个什么局面？是一个内战的局面，不知要死多少人。难民成亿往外跑，怎么办？
>
> ——邓小平

谁都看得出来，全体中国人如今干的事儿，跟我们年轻时干的事儿根本没法相比，全然是两回事儿：年轻时我们没书可读，没学可上，没文凭可拿，没有职业可选择，没钱可赚，也没钱可借，更没有房子车子可买可租——眼下的高房价虽然招惹民愤，仍比不上住房没价格也没买卖，只靠权力分配的年代让人郁闷——如今中国人求学求职也罢，离乡背井去打工挣钱也罢，负债经营也罢，按揭买房买车也罢，能干的所有这些事儿，都是挣脱了制度笼子，获得了相对自由才实现的，也都建立在“持久性投资，持久性经营；持久性收入，持久性消费”（弗里德曼语）的共同预期之上。

如今中国人免于匮乏、免于恐惧的这些自由，这些果实，这些预期，全都用一根软绳悬挂在历史的万丈悬崖之上。像是攀岩者的那条命悬挂在那根软绳上，也像全部鸡蛋放在一个篮子里，风险变得无穷大。这根软绳，这筐鸡蛋不是别的，不过是大家一厢情愿的一个愿景：愿子孙万代今后永享太平年月，千万别学红公子，一头扎回乱世的粪坑里啦！

一个民族改弦易辙的真正勇气，来自它敢于认错悔过。有勇气喝下失败的苦酒，对于缺乏内省，习惯于文过饰非的中国人来说，简直太难得了。反省与检讨了“文革”“拼革命不拼经济”的大错特错之后，全民族开始了“挽回被耽误的历史损失”的发愤努力。有了这个噬脐莫及的自我批判与自我鞭挞，才会开启一个拼经济的进步时代。这个伟大的历史转折，全体亲历者感同身受：中国人鲤鱼跳龙门一样，跃出了乱世泥沼，跳入了和平岁月，才有了今天的一切！

稳定就是发展。当社会需要靠革命来推动现代化时，它必然是不稳定的，而任何不稳定都会使现代化蒙受损失。
——萨缪尔·亨廷顿

中国人这37年对于和平安定环境的依赖，既像对于空气那样须臾不离，又像对于空气那样习以为常、习焉不察，不懂珍惜。难道一定要弄到丢失了，我们才会倍感珍惜吗？一听到那些“不开战就不爱国”的好战叫嚣，我就能从头凉到脚。为什么？因为我大脑里的记忆触突被激活啦。

我被激活的记忆是：战端一开，具有“杀不着鬼子杀汉奸”光荣传统的中国人，首先会向求和反战的同胞开刀，对不对？原本愤懑不平的底层民众，随后会向“苛捐杂税”与“贪官污吏”开刀，对不对？那些在通胀与衰退下倒闭歇业、裁员失业的打工群体，接着会向老板与企业开刀，对不对？大刀没砍到鬼子头上之前，先就砍到了同胞头上，不是吗？敌情严重，恐慌情绪会令移民潮升级为难民潮，你眼见着各国使领馆门前与边境口岸前人山人海，对不对？你也眼见着本币兑美元会一泻千里，挤兑美元、黄金与存款人潮汹涌，囤粮、囤盐导致粮荒与粮价暴涨，逃离都市的避战返乡潮蔓延全国，抛售不动产令房价一落千丈，眼见着原本就很严峻的治安秩序崩解，刑事罪案洪水般爆发，流氓无产者的烧杀劫掠开始啦！为什么说治安原本严峻？因为仅在逃的刑事案犯全国就有30多万人。

从记忆回到现实吧：“没有安定的政治环境，什么事情都干不成”（邓小平语）。暴力冲突重启，谁还愿继续求学求职呢？谁还愿离乡背井去打工挣钱呢？谁还敢负债经营，谁还敢按揭买房买车？当所有建立在持久预期上的投资、经营、收入与消费活动，全都被暴力冲突击碎时，中国人难道要前功尽弃，跌回治乱相循的宿命里吗？

“人类可以有秩序而没有自由，但他们不能有自由而没有秩序”。一向以秩序压倒自由的中国社会，一向沿袭着不公正也不人道的秩序。这些权大法小、官贵民贱的秩序像是蛛网一样，大多是历史上被动积淀的，很少有现代制度“主动设计”的特点。战争或革命都是以恶抗恶的被动选择，都能顷刻瓦解旧秩序，却不能建立起新秩序。为什么？因为秩序与制度的构筑依赖每一代人的有限添加与不断积累，都是“以蜗牛般的速度缓行”（戈尔巴乔夫语）的，不可能一蹴而就。任何谋求制度与秩序突变、切换与飞跃的“毕其功于一役”，都会得不偿失。

旧秩序不正义，不合理，像个禁锢人的笼子，但一举打碎这个牢笼的失控、失序更危险。为什么？因为恶亏会发生恶补，久受拘禁者陌生于自由，就像一个久未进食的饿汉，暴食暴饮会危及性命一样。前边引述孙中山用训政作为预备宪政的必要性，说的就是平缓过渡的理由。政治学的原理是：一个穷社会是稳定的，一个富社会也是稳定的，唯独一个由穷变富的过渡社会最不稳定。为什么？因为贪腐撩拨起民愤，贫富分化则火上浇油。先富、快富、斗富的期望值吊起了人们的胃口，盘剥与倾轧又加剧了不满与挫折感。所有这些，都会令民怨、民愤、民怒前所未有地蔓延开来；同时，发展的过高目标、过快速度与过多许诺带来的突变、刺激、压力与脆弱易折性，也会前所未有地升高。所有这些，都会导致中国社会压强升高，内伤加剧，临界断裂。

临界状态的社会，刺破气球的一根针，压倒骆驼的一根草，都具有了常态下本不具有的引爆力，更何况战争或革命导致的秩序崩解呢？“兵者大凶”，那种动辄言战的好斗言论，实在令人齿冷。不仅齿冷，我还全身发冷。为什么？因为秩序一旦崩解，上升的中国就会逆转为跌落的中国，软绳断裂，攀岩者又跌回历史的万丈深渊去啦！

之所以说安危治乱像一念之差、一根软绳、一篮鸡蛋那么千钧一发，还由于中国人的性命前所未有地值钱（死亡赔偿已接近100万 / 人），身家估值前所未有地升高（房价虚高），身家性命像高速旋转的陀螺，全都维系在秩序的锥尖上。一场大地震能够毁了一切，政治大地震也同样。你知道全国每天仅意外死亡近万人所产生的无主账户，都成了银行的巨额“营业外收入”，你也知道犹太人至今还在追讨银行存款呢，更遑论近14亿中国人历年攒下的几十万亿积蓄？你知道国内迄今引进了几千亿美元的外商投资，每天有几百亿美元热钱进进出出，有超过100万人次出入境，谁能经受失序的恐慌？再说了，每天近万个航班飞在天上的那近90万人次，几千对列车开在路上的那几百万人次，连延误晚点都缺乏耐心，对“诈弹”的骚扰也难容忍，更遑论秩序的瓦解了！“美国200万失业人口就让美国政府十分焦急。但是，中国就业人口的压力是两亿人而不是200万人”（温家宝语）。一旦陷入混乱，仅浯泱浯泱的失业大军谁能抵挡？

一枚钉子可以影响一个马掌，一个马掌可以影响一匹马，一匹马可以影响一个战士，一个战士可以影响一次战斗，一次战斗可以影响一场战争，一场战争可以输掉一个国家。

——英 谚

你问我，为什么会对1978年开始的这个历史转捩寄予至高无上的期许？其实你也看出来了，这个转捩，可能是中国永远告别暴力历史，开启永久非暴力历史的拐点。每当人们遇上前景叵测、祸福莫辨的事儿时，常喜欢说的一句话是：上帝为你关闭一扇门后，也会为你打开另一扇门，对吧？圣彼得大教堂有一座名扬天下的赎罪门，每一代人（25年）只开启一次，我在这扇巨型铜门上摩挲过，也算赎过罪。对于我们这一代中国人而言，关闭暴力的千年罪恶之门，打开赎罪的、和解的、和平的千年之门，这一关一开就在自己手上——我们为什么不能把上述那根软绳，那个愿景牢牢掌握在自己手上呢？

关闭什么门，打开什么门的选择很复杂，很难做出吗？一点也不。暴力意味着破坏，非暴力才可以建设与创造——二选一的开关不过是一念之差、举手之劳，不过是在暴力与非暴力之间做出取舍罢了。非暴力的巨大进步就在身边，每个中国人不都亲历了吗：短短37年，尽管存在刻意追求炫耀性建设与炫耀性消费的因素，但无争的事实是，全国城镇都已楼高车快地旧貌换新颜啦，不是吗？往前看，一个“数千年来未有之大变局”、大进步，全部维系在和平岁月之上，维系在中国人免于匮乏、免于恐惧的自由创造之上。往后看，暴力破坏的历史陷阱仍在身后，退半步就可能栽进去：俱往历史之所以血流成河却进步不大，疼得死去活来却生不出个金娃娃，不就因为内斗、内战总是在破坏、在毁灭，而不是在建设、在创造吗？

一个国家从蛮荒时代上升到最富裕社会，只需具备三大要素：和平、轻税赋和一个公正廉明的政府。

——亚当·斯密

斯密指出的“和平、轻税赋和一个公正廉明的政府”这三大要素，既是一个国家兴盛的要素，也是这个国家落败的要素。怎么落败？就是把战乱、横征暴敛和贪腐不公这三个要素凑齐它，原本蒸蒸日上的中国就会掉头向下滑落，跌回历史的周期律里——反观当下，税费负担并不轻，贪腐与不公也够严重，三大要素三缺一，就差战乱一起，兵荒马乱啦！显然，作为三大要素之首，对外求和还是求战，国内安宁还是动乱，是决定中国成败盛衰的第一要素。

中国对世界最大的责任是改革自己的体制，给中国公民更多的自由，建立民主法治的社会。如果不能解决这个问题，从全世界和全人类共同角度来讲，始终是重大的忧患。

——张维迎

富强梦做了两千年，为什么一直不得其门而入？你发现那是由于中国人走错了房间，总是误入暴力破坏的房间。但其实，热暴力的破坏只是一时的，冷暴力营造的管制与禁锢、匮乏与恐惧，剥夺了中国人的创造权利与能力，才是深层成因。前边说到，中国过往进步不大，是由于权大法小、官贵民贱的人治体制造成了“国富民穷、城富乡穷、官富民穷”，民权不保导致民生不保，匮乏导致恐惧；利益失衡导致秩序失衡，不保民生导致不保稳定，维稳维不住了，不就跌落回治乱相循的周期律里了？

B篇 过犹不及，激进比保守更容易变馊

那些使和平变革变得不可能的人，只会使暴力革命变得不可避免。

——约翰·肯尼迪

鸡蛋撞石墙也有涓滴效应

> 所有法律，所有制度，都像一个梅子布丁。第一个人放入面粉，第二个人加入鸡蛋，第三个人放入糖，第四个人放入葡萄干。于是，我们就有了梅子布丁。
>
> ——伏尔泰

2003年，被强制收容的孙志刚死于非命，促成《城市生活无着的流浪乞讨人员救助管理办法》取代了《城市流浪乞讨人员收容遣送办法》；自愿救助取代了施行了53年的收容遣送，制度有了进步。2009年，抗议强拆的唐福珍自焚身亡，促成《国有土地上房屋征收与补偿条例》取代了《城市房屋拆迁管理条例》；制度有了改进，强制拆迁不再合法了。2011年，甘肃庆阳发生20死44伤的幼儿车祸，促成美国式的黄校车在国内崭露头角；对于未成年人的保护，也有了新的进步。你发现所有这些点点滴滴的制度进步，都能证明，“一个国家意外能获得许多成就，而事实上，这些成就不是任何人设计或计划的结果，而是人们行为必然的结果”（亚当·弗格森语）。

从8年前四川汉源征地冲突，到广东乌坎村的改选，从唐福珍在自家楼上自焚，到“上访村官”钱云会被轧死，生灵涂炭的维权事件此起彼伏。人的生命如此脆弱，一再撞碎在陈规陋制上，像是鸡蛋在撞击一堵高大坚固的石墙。“悲剧性的个案最终推动了制度的进步”（《人民日报》语），表明鸡蛋撞石墙也有正能量，鸡蛋既能发酵，又能滚雪球；只是制度改进终须生命来推动，社会进步的成本也太过昂贵了。

然而当年“反修防修”的“继续革命”，是不屑于这些“渐进式的，枝节的，费边式的”（亨廷顿语）进步的。当年把这些头痛医头、脚痛医脚的改进叫做修正主义，把推倒重砌，陡然切换叫做“革命”。前边说到，“革命”之所以碰壁在制度的墙壁上，是因为制度作为一个社会的行为习惯与游戏规则，无法摧毁，只能一块砖、一片瓦地更换修补，以维持整栋秩序大厦不至于崩塌。因而，制度变革滞后于科技、文化与生活方式的变革，也是在所难免的。而且，比起科技进步的日新月异，人类在制度更新上的迂缓，除了保守既有秩序之外，更有保守既得利益的原因。

所有的政府，实际上各种人类利益、每一种善和每一种富有成果的行动，都是建立在妥协和交易的基础之上。
——亚当·米奇尼克

对于制度变革上的因循守旧，鲁迅当年曾大发慨叹：“可惜中国太难改变了，即使搬动一张桌子，改装一个火炉，几乎也要血；而且即使有了血，也未必一定能搬动，能改装”。制度改进为什么那么艰涩？除了制度软件是些难以搅动的历史沉淀物，相对稳定成熟的原因之外，前边说到，既得利益群体会筑成一堵高大坚固的石墙，以捍卫已有的食物链条。也就是说，护食、护短、护犊子的利益食物链环环相扣，坚固得像一堵墙，那些改变既得利益的努力，则脆弱得像一只鸡蛋。在大多数人守卫的这堵石墙面前，少数人冲击它的方式，就如鸡蛋撞墙的自杀。

鸡蛋撞石墙，来自村上春树在耶路撒冷的演讲词：“在一堵高大坚实的墙和与之相撞的鸡蛋之间，我永远站在鸡蛋一边。”当然了，我也会站在鸡蛋一边。你追问我支持鸡蛋的理由，理由还是村上春树说的：“无论墙是多么正确，鸡蛋是多么错误，我都站在鸡蛋一边”——你发现这个理由不是理由，无非就是不问是非曲直，铁了心要站在弱者一边。

其实不是的，就拿唐福珍自焚抗拆的事儿说吧。你以为我一味同情弱者，你劝我明辨是非，说唐福珍已被定性为“暴力抗法”了，你同情她，无异于支持暴力抗法，站在她那一边，你不就站在“暴力抗法”一边了么？难道你不知道，站在她一边的丈夫、亲眷也被抓了吗？再说了，同情弱者谁不会呀？咱遇事总得论理吧，对不？理在谁那边，咱们站在谁那边才对呀。

对于你的劝告，我百分百赞成。说实话，我比你更喜欢论理，遇事总想掰扯个理儿出来。我从小执拗于此，为此不但丢了当官、发财的机会，还常常生气，忘记了尼采说的，“生气，就是拿别人的错误来折磨自己”。以我热衷于明辨是非的秉性，我要郑重地回答你：我之所以坚定地站在唐福珍一边，绝不是同情弱者，而是要以是论非！为什么？因为我一向喜欢认个死理儿，并不喜欢同情弱者。

换言之，我同情唐福珍，只是同情正义！你知道，我早就写过《别以为正义一定在老百姓一边》的帖子。什么意思？意思是正义应当在政府一边，纳税人养活政府，就是要它替自己主持正义的（所谓“当官不为民做主，不如回家卖红薯”即是）。政府本应主持公道，却跌落到了需要民众自己来给自己一个说法的地步，甚至是动手报复社会（如杨佳，如陈水总等）来给自己一个说法的地步，这事儿本身，就让人脸红耳赤，让人羞于辩驳。比如唐福珍一案，我要辩驳澄清的，恰恰是谁是暴力？谁在抗法？因为在我看来，“暴力抗法”的不是唐福珍，而是强拆逼死人命的执法城管。

什么叫暴力抗法？杨佳、陈水总那才叫暴力抗法。我百分百不赞成，理由也写过文章。至于唐福珍的自焚，分明是暴力逼迫下的软弱，怎么能叫暴力？至于说她抗法，那就更谈不上了。说唐福珍抗争不假，但那只能叫做抗暴。妇女自杀，在中国源远流长。有殉节的，有殉情的，唐福珍的自杀能叫做什么？我想来想去，

如此“暴力抗法”

只能叫做殉道——寻找公道无望而死。抗暴也罢，殉道也罢，她结束的只是自己的生命，她是被施暴者，而不是施暴者，不是明摆着吗？

至于什么才叫暴力，难道谁能看不出来？天主教的教义，笃信生命是上天赐予的，并不属于自己，每个人都无权处置自己的生命，也即无权自杀。可见信仰能够令人坚忍，但再坚强的人，也有经不住绝望与无助打击的时候。自杀就是经受不住打击的表现。因而，一定要说施暴，自杀者施暴的对象是自己，并未加害于别人。那么，真正的施暴者是谁呢？唐福珍一案里，施暴者是明摆着的，谁能视而不见？凌晨5时，大批手执盾牌、钢管的拆迁队伍砸门闯户打人，最终把唐福珍逼迫至自焚，假如这都不叫施暴，什么才叫施暴？前边说过，这是热暴力。还有冷暴力么？有。给以柔克刚、柔弱至只能自杀的唐福珍再扣上“暴力抗法”的罪名，就叫做冷暴力。

什么叫抗法？抗法就是违抗法条。违不违法？有罪无罪？我们不能以道义而论，只能用现行法律对号入座。中国《刑事诉讼法》第15条规定：被告人已经死亡的，“不追究刑事责任。已经追究的，应当撤销案件，或者不起诉，或者终止审理，或者宣告无罪”。比照此项法条，唐福珍既不是被告人，更不是犯罪嫌疑人，而且已经死亡，为什么还不依不饶，给死者戴上“暴力抗法”的罪名？仅此一点，不难看出谁在违法？谁在抗法？是唐福珍吗？显然不是。

2009年网上流传一段视频，是上海虹桥的潘蓉夫妇“暴力抗法”对垒暴力执法的一场恶战。这对夫妻在顶楼把自制燃烧瓶投向强拆自家底楼的推土机，保卫自己的家园不受侵犯。房主480平方米、市价超千万的4层楼，面积置换之后仅仅补偿差额款67

万元，就要被强拆了，潘蓉夫妇只能以鸡蛋碰石头。在你看来，这能叫“暴力抗法”吗？视频你看到了：攻碉堡般强攻下来，抓俘虏般关押起来。不剥夺人身权利，怎么能剥夺财产？而潘蓉夫妇如果不是从新西兰回国的，也不敢拿燃烧瓶抗拒强拆吧？这对夫妻要比软弱的唐福珍强悍得多，是不是认为私有财产神圣不可侵犯呢？

说回到墙与鸡蛋。不知你想过没有？为什么鸡蛋明知墙是撞不垮的也要撞，也要执意自杀？鸡蛋明知自己是在抗击墙壁，就像唐福珍明知自己是在对抗政府一样。鸡蛋的罪名，还用得着墙壁来给它定吗，用不着吧？我们从小都读过狼吃小羊需要理由的故事，因而我们知道，小羊不被狼吃也会老死，狼吃不着小羊还会饿死。我们知道食物链上，狼是高踞顶端的，是比小羊更稀缺、更珍贵、更受保护的动物。由此推论过来，你发现官民之间的权利不平等，才是狼可以吃羊的理由。因此，我们明白不能一味同情弱者的理由，就像明白政府必须靠纳税人供养一样。也因此，我们不会无原则地同情小羊，就像不愿看到羊群泛滥得破坏了草原生态一样。

如果有人能使你相信荒唐的事，那他也有能力使你犯下无良与不公的错误。

——伏尔泰

弱者一般向往正义与平等，强者则对此不屑一顾。

——亚里士多德

我也知道唐福珍、潘蓉她们是在对抗政府，也知道她们必败无疑。我之所以永远站在她们一边，是因为不忍强者给弱者定罪，来逃避自己的良心道德谴责。你逼死人了，还不放人一马，还说人罪有应得，这令我忍无可忍。老实说，我已步入老年，当年还拖着自杀者尸体上台批斗过。这类亵渎亡灵的造孽事，我干都干过，更别说见得多了。你一定听说过“畏罪自杀”这个词吧？我发现这个词的发明，其实是逼死人的人自己“畏罪”，害怕担责，才发明出来栽赃给自杀者的！

马克思的两个女儿和一个女婿都是自杀的，他抨击社会的冷酷，大意是说：如果连自杀都不同情，那么，这个社会恐怕就不是人住的地方了！眼下这个连自杀都要谴责、都要定罪的冷酷，不是也令人齿寒吗？这些官员，还有什么脸皮在老百姓面前侈谈和谐呢？

说来说去，你也明白了：国家公权力就是一堵高大坚实的墙，而公民私权利，就是与之相撞的鸡蛋。所以，不论是非曲直，我都会站在鸡蛋一边！为什么？因为公民纳税养活国家公权力，唯一的理由就是为了保护自己的私权利，而绝不是为了造出一堵墙来专供自己撞的。更不会花钱把墙砌得又高又结实，供自己去撞得粉身碎骨，对不？

一个理想的社会是，个人有选择的自由，而政府没有无视个人选择的自由。
——米尔顿·弗里德曼

中国的法律，至今还没有达到1868年日本明治维新的首要誓条："万机决于公论"——法治决于民主的程度。按理说，国家机器为维持社会秩序，不但可以而且应当依法使用暴力。问题的症结在于，想要暴力不被政府滥用，法律就必须服从公意。在强拆强征之类最易发生侵权的领域，你要问什么叫做公意，不妨去街头问问行人就知道了：谁会认为唐福珍自杀叫做"暴力抗法"？谁会认为潘蓉夫妇用燃烧瓶保卫自家不被强拆叫做"暴力抗法"？为什么？不就是因为石墙太过高大坚固，鸡蛋太过脆弱易碎吗？正因为官民之间的权利强弱对比不成比例，所以，我才会无须理由地永远站在鸡蛋一边。这个无须理由的理由，你该理解了吧？

国内某些官员，至今仍在信奉"国家是不受法律约束的暴力"的法盲教条。甚至还有学生仍在背诵这类法盲教条。以致某些执法者，至今仍在信奉严刑峻法治刁民的教条，可怕不？一些城管执法时惯用的，至今还是冷酷无情的反人道暴力手段。因而，本应维护秩序的执法者，往往成了引发冲突、颠覆秩序的肇事者，不是你街头常见的一幕吗？仅从民怨沸腾的城管暴力执法，你不觉得各地各自为政的城管条例早已漏洞百出、亟待修订改进了吗？

你知道国内许多领域，多年来一直依靠行政部门自己制定的《暂行条例》、《暂行办法》一类规制执法。前边说到那几项付出了生命代价的制度进步，仍旧只是“条例、办法”的改进，仍不足以确立起立法的进步。行政法规往往政出多门并互有抵牾，并不符合立法与执法、行政分立的常理，更不合于法治决于民主的原则。由此可见，我国的法治建设才刚刚入门。假如一堵年久失修的墙体本身缺乏法治框架的支撑，表面上的高大坚固也难掩它内里的酥脆松动，那么，鸡蛋的频频碰撞，不是会促使它修缮更新吗?

官民岂能恶性互动

正义则是支撑整个大厦的顶梁柱。倘若这顶梁柱被折断，人类社会这一庞大的组织，……顷刻间便会土崩瓦解。

——亚当·斯密

马路上喷黑烟的“墨斗鱼”，你发现其中私家车不多，公共汽车反倒不少。为什么公共汽车反倒危害公众健康？因为公共汽车有特权，对它的排污监管比对私家车宽松。这就如同对公权力网开一面，它就会侵害私权利一样。

因私权利被侵害而上访、请愿、抗议，原本是受到法律保护的公民权利，但在国内却深戒恐惧，截访、围堵、抓人引发的官民冲突此起彼伏。领导干部的维稳学习班，党校里一期接着一期在办，应对突发事件的专门机构与联动响应机制，也越来越健全了，但本应良性互动的官民关系，却时常发生恶变，变成酿出人命的暴力事件，为什么？说来话长。

2004 年夏天，在白金汉宫侧门，我亲眼看着示威的十多个英国民众与警察扭做一团，被以“违警罪”悉数抓走——假如国内也有“违警罪”的话，被捕者也会增加。示威者被抓你在西方电视里常见：被捕者高喊口号，但束手就擒于一只白色尼龙细带，绝不反抗。为什么心不服口不服但肢体伏法？因为被捕者知道，警察依法抓自己是对破坏秩序的执法，并不是要镇压游行示威；因而，民众对官员有抗议却没仇恨。

你知道国内不是这样。国内罢工、封门、堵路甚至抬尸请愿，都是交涉无果、耐心尽失后的抗争。被逼无奈还要被抓，能不火上浇油，能不激起民愤吗？试想，走上街头原本已经是他无路可走的绝望之举，你又围堵抓捕，他能不悲愤莫名，以死相拼？敌意与仇恨，由贪渎不公引发，又被野蛮打压激化，是人治不同于法治的区别。

同是表达抗议，同是被打、被抓，在西方社会，是习以为常的官民博弈游戏，是政治感冒的发作，像是街头喜剧在常演，而在国内却激化为冲突悲剧。国内的请愿是平日冷漠与愤懑的厚积薄发，抗议是没有退路的孤注一掷。结局往往是官民两败俱伤、满盘皆输，是难抚平的伤痛和复发的隐患。同是维权，同是抗争，中外怎么会如此不同？

有网友发问：中国老百姓为什么信访不信法？算是问到了实质。为什么？因为问到了官民相互依赖又相互排斥的特点，也就问到了人治的内在矛盾。公民维权与政府维持秩序，原本应当在法律与制度轨道上良性互动，怎么像是一对离不了又见不得的捆绑夫妻？还能浮现出反叛与降服，甚至造反与镇压的魅影？

其中原委，不仅有历史遗传，还有陈旧理念的作祟。所谓陈旧理念，是说党校的学习并未与时俱进，一些官员仍未告别“国家是阶级统治的工具”的教条。官民关系被解释为统治阶级与被统治阶级的关系，是典型的阶级斗争的陈腐政治理念。假如官员用这种理念维稳，维稳就容易蜕变为降服与镇压；假如民众也用这种理念维权，维权则容易蜕变成起事或反叛。但维权与维稳不能良性互动，更多还是人治必然治人的陈旧体制在起作用。人治体制之下，“官贪民刁”（龙永图语）的说法并不是空穴来风。

为什么？因为“政府的恶劣可以从臣民的相应的恶劣中找到理由和解释”（黑格尔语），官与民之间两千年遗传的互相猜疑、互不信任是明摆着的。

按理说，对于各级政府门前上访的、告状的、静坐的、请愿的渐成常态，人们不但不必害怕，反而应当高兴才对。为什么？因为民意能充分表达，权利能随时伸张，对于社会的长治久安是福不是祸，对不对？官与民之间通过公权力与私权利的平等对话、谈判与博弈，各得其所并相安无事，体现了法律面前人人平等，也是从官本位社会到民本位社会，从官贵民贱的身份社会、权力社会到职业社会、权利社会的进步。

民主是自主和自我赋予的，不需要权威的钦定。寻求扩展公民自由和人权的斗争，追求的是权利而不是权力，出发点是社会而不是国家。

——亚当·米奇尼克

因而，中国民众告别“民不与官斗”的千年敬畏，由“千人之诺诺”变为“一士之谔谔”，开始像西方民众那样，理直气壮地依法示威、大声抗议，尖锐问责、大胆批评官员，不啻是个值得庆幸的历史性进步；然而解剖每一起群情激愤、民意沸腾的冲突事件，你总能看出“妒官”“仇官”的病兆，总能挖出“畏官”“贿官”的病灶。这些你在西方社会看不到的病态，都是中国人的历史遗传。

1987年秋，从习惯于歌颂领袖、敬畏领导的本土初到日本，我曾讶异于日本学生对政治人物的大不敬：“谁当首相，还不都是政客们争来争去？其实，谁当不都一样？都不是超人，能有什么大的变化？”在几所大学座谈时，我听到日本学生们有不满、有批评，但没有敌意、没有嫉恨，国内则不然。国内凡是畅所欲言的私下场合，对官员的不满与嫉恨共生，批评与敌意同长，大家是耳熟能详的：从中你既能听出私怨与偏见，也能听出对为官的同乡、同学、同事的不忿也不服，甚至能听出“嫉人福，幸人祸”的魅心。1992年下海的干部，都有不得不掏出买路钱去贿买拦路设卡官员的经历，也都有老百姓对于当官的表面上敬神、实际上哄鬼的体验。破财免灾的说法，最能代表敬神即怕鬼的实质。

譬如你刚去某官员家里送礼还一脸恭敬呢，出了门就恼羞成怒：“花我钱的不得好死！”——不是活脱脱一幅官贪民刁的真实写照吗？

为什么会有“官贪民刁”的恶性互动？因为官民同根，谱系一家嘛。所谓官，不就是信奉“有权不用，过期作废”的老百姓吗？所谓民，不过是渴望“一朝权在手，便把令来行”的候任官员罢了。中国古有“富不为官”一说，潜台词就是“贫则当官”——出身越是卑贱的草根一族，越是执迷于当官掌权，鸡毛上天。近代以来取消了科举，做官也没了障碍，靠血亲、人脉、小圈子与人身依附飞黄腾达的，比比皆是。但凡一个人，只要你精于人情，老于世故，孜孜以求又能卖身投靠，“向上爬”并不难。“向上爬”作为老百姓普遍的人生目标，支持了“一朝有职级，终身有身份”的“能上不能下”潜规则，也支持了“一阔脸就变”“富易妻，贵易友”的潜规则。国内这种官贵民贱、权大法小的常态，与西方官员“上得厅堂，下得厨房”的常态，不是大相径庭吗？

国内的“官治、官有、官享”状态，是官民奉行同一个价值观与行为规则的结果，也是官民暴露出同一类人格缺陷的结果。“中国通”司徒雷登认为，“罗素把贪婪、怯懦和冷漠列为中国人最坏的缺点。与各国人民中存在的带有普遍性的恶行和弱点对照起来，我倒要把互相忌妒、互相猜疑这两点作为更具代表性的中国人的特点”（《在华50年》）。你不得不承认，司徒雷登概括的“互相忌妒、互相猜疑”，的确点到了本民族劣根性的穴位上。

习惯于同根相煎了

这就是说，贪婪、懦弱与冷漠，以及更具中国特色的相互妒忌与猜疑，官与民之间谁都没有专利，谁都不能幸免。

也就是说，不独官员，老百姓也贪婪，也冷漠，对不对？不独老百姓，官员也懦弱，也猜忌，对不对？略略翻检一下历史，你发现官民之间源于相互猜忌产生的手足相残、同根相煎，早已是个习惯性动作啦。

在华生活了22年的另一个“中国通”史密斯发现，官方常会猜疑“所有的团体都想秘密谋反”，民间则是“没有什么能比一个人死的蹊跷，更能引起中国人强烈的猜疑了”。一百多年过去了，“官疑民反，民疑官欺”的这一类官民之间的互不信任，化解了吗？淡化了吗？没有吧？

你发现官民相互之间的不信任、猜疑甚至诈欺，早已成了中国社会的慢性病，成了民族道德溃败的主要病兆：医患之间缺乏信任，处处要签免责条款。师生之间缺乏信任，课后很少沟通交流。邻居之间缺乏信任，不敢托付任何家事。买卖双方缺乏信任，违约条款多过交易条款。陌生人之间缺乏信任，问个路都得有所选择。假如官员妒忌了民企老板的炫富显贵，不去横征暴敛，也会敲诈索贿吧？反过来，假如民企老板艳羡了官员的威风凛凛，能不用一掷千金的豪车别墅去攀富比贵吗？总之，官民之间缺乏信任，误解就接二连三，冲突也遍地开花。“不惮以最坏的恶意来推测中国人”的鲁迅，之所以要用“最坏的恶意”这个词，就是指中国人“一人不进庙，两人不窥井”的心魔。

与时常抨击官场病的朋友辩论，我时常提醒他反躬自省，官场的毛病绝不是官员独有的，都是老百姓的毛病被携带进去的。也就是说，我们有理由因为官强民弱而抨击强者，宽宥弱者，却没有认定道德上民良官劣的理由——凡苛求于官的，老百姓也可以反求诸己，凡抨击官员的，平民也应当自我检讨。

譬如你批评某些官员喜欢“有大不说小，有好不说坏”地自我表扬，喜欢文过饰非、隐恶扬善地浮夸成绩，规避问题，都没错；但你也不妨反省一下，包括自己在内的身边亲友，哪个不喜欢这一套呢？譬如你批评某些官员习惯于巧舌如簧，强词夺理，习惯于维护其一贯正确，很难低头认错，也没错；但你也可以反求诸己，包括自己在内的普通人，哪个不犯这类毛病呢？你批评某些官员揽功诿过，滚刀肉似的耍滑头，老百姓里不也盛产这类德行吗？你批评某些官员言而无信，口惠而实不至，老百姓里不也不乏这类人物吗？你批评官员刚愎自用，一意孤行，不能虚怀若谷，从善如流，那么试问，老百姓里又有几个人“大肚能容”，听得进去不同意见呢？

所以说，官员身上的毛病，原版往往都在老百姓那里。发作于官场的病兆，病灶原本就在民间。你不仁我不义，良民“不良”与为官不善，这一对恶性互动的难兄难弟，不过是历史恶习的双胞胎罢了。柏杨的《丑陋的中国人》，把中国人同室操戈的内讧、内斗与内耗称之为“窝里斗”，点出了争斗双方同执一套理念，同奉一套价值，同走一条路径的特质。也就是说，“窝里斗”是“兄弟阋于墙”的亲缘家族扩展到单位、社团、政党、国家的。家族内为什么会发生“兄弟阋于墙”？为什么中国人的内部争食总是比外部觅食激烈？为什么总是把分蛋糕弄得比做大蛋糕重要？为什么总是热衷于权力财产再分配的游戏？奇怪吗？也不奇怪。

中国就有这么一群奇怪的人，本身是最底阶层，利益每天都在被损害，却具有统治阶级的意识。在动物世界里找这么弱智的东西都几乎不可能。

——林语堂

“窝里斗”的原因固然复杂，但如前所述，传统的生存方式挫伤了中国自我更新与自我进步的能力，内部争食代替了外部觅食，“窝里斗”就成了一种谋生方式。也就是说，中国人显然是外攻乏力，才转而同室操戈的。空耗人生智慧与精力在内斗上，无疑是钻进了蚁虫争食的怪圈：越是内部争食，越是无暇外顾；越是无暇外顾，内部资源就越匮乏，也就加剧了“窝里斗”——从一个家族到一个利益体，再到一个族群，你发现利益双方的恶性互动，不过是一种逆向的生存竞争，一种低级野蛮的游戏规则罢了。

对于此起彼伏的官民冲突，不能各打五十大板，必须从政治体制上寻根溯源：广义的官民对立与恶性互动，本质上仍是一个民族的内斗，一个国家的内争、一个社会分裂的表现，性质不能说不严重。人治必然治人。作为公共秩序与公民权利的维护者，官员本应支持、协助公民维权的实现，实际上却常常站到了侵夺、打压民权的对立面上。因而，相互猜忌、互不信任与互有敌意，根源还在于人治制度。

两千年来官民相视如寇仇，遗传了“官贪民刁”的恶性互动。中外对比，同是示威请愿，国内怎么会多出那么多嫉恨？同是维权与维持秩序，国内为什么会弄到鱼死网破？中国人信访不信法的发问，已经揭示了谜底：社会群体之间的利益冲突，不能依靠制度与法律解决，还是由于权大法小，人治胜过了法治。

因而，弥合冲突，医治内伤，绝不是平息了突发事件，安抚了闹事群体就能解决的。跳出官民对立与冲突的周期律，必须推进政治改革，变人治为法治。

争利益须先争权利

> 美国国务卿奥尔布赖特最近访问中国时，我告诉她一句话。我说："我参加争取和保障人权运动的历史比你早得多。"她说："是吗？"表示她不同意我的意见。我就说："不是吗？我比你大10岁，当我冒着生命危险同国民党政权作斗争，参加争取中国的民主、自由、人权运动的时候，你还在上中学呢。"
>
> ——朱镕基

每次发生维权与维稳的冲突，双方都是公说公有理，婆说婆有理的。虽然满地狼藉的现场能透出"革命无罪，造反有理"的硝烟味，也能重现"文革"年代文斗变成武斗的影子，但谁都知道，冲突都是由于各自利益不能让渡，各自立场不能妥协的结果。

我问朋友："官民冲突中，我们为什么总是同情民众？"

他答："因为官、民之间权利、地位不对称嘛，一般人都会同情弱者。"

我又问："既然同情弱者是人之常情，为什么当官的不同情弱者？"

他答："因为当官的有他的利益，他的立场嘛。"

"那就是说，同情弱者也不是人之常情，也是由各自利益和立场决定的？"我跟进。

"对！各有各的理。地位决定立场、屁股决定脑袋嘛。"他的解答已进入了我的埋伏圈。

“你同情老百姓是因为你不是官？”

“对，我站在老百姓一边。”

“跟当官的一样，你也是利益决定了立场？”我的问题开始锐利了。

他有点急了：“利益决定立场不对吗？我有正义感！”

“你已经说官说官有理，民说民有理了，已经没有公理了，哪还有正义？”

“大多数人都是弱者，正义在大多数人一边嘛。”

“正义在大多数人一边吗？不见得。按理说，政府不是应当主持正义吗？”我跟他抬杠。

他终于发怒了：“你到底站在哪一边说话？”

国家打着更大的共同体或共同利益的旗号，来获得自己的特殊利益，这是一个古老而又糟糕的传统。

——提摩许·加顿·艾什

显然，“你到底站在哪一边说话”，不打自招地说出中国人功利主义的利益优先的正义观。这种以各自身份地位划分立场，以各自利益划分立场的公平观，表明我们计较的其实不是不公平，而是自己是不是受益。这种打着正义旗号谋取各自利益的公平观，使官与民同陷一个误区，同执一个偏见，因而各自自诩公平，各执一端，谁也说服不了谁。可见，官说官有理，民说民有理的根源，在于这个功利主义（利益优先）的公平观是个并不中立、各有偏见的公平观，是个并不公平的公平观。你也可以看出了，争取利益的自封公平，只是个虚假的公平。

真正的公平不能自封。真正的公平是什么？是“在摆脱自身种种偏见之后，大家一致同意的社会契约，就是公平。公平就是没有偏见”（罗尔斯语）。官民之间怎样才能摆脱自身的种种偏见呢？你看到“官官相护”的强者是有偏见的，弱者同情弱者的“民民相护”也是有偏见的，因而，只要你是生活在社会中的一个人，你就会由于自己的家庭、阶层、地位、利益和个人偏好而带有偏见，每个人都不能说自己是公平的。老百姓不能自诩公正，官员也不能自诩公正。那怎么办？天下还有没有不偏不倚的公平？

有，我们常说的起点公平就是。然而起点公平说来容易却不容易做到，为什么？因为任何起点都不公平：一个出生在富豪家庭的孩子与一个出生在贫民家庭的孩子之间，起点怎能公平？可见生活中没有真正的公平，真正的公平只能存在于罗尔斯假设的“原初境况”（original position）里。什么叫“原初境况”？就是罗尔斯的惊世名言：“无知才能公平”——人人无知才会人人无偏见。一个人对于自己的出身家庭、地位阶层、才干偏好一无所知，他才能毫无偏见。所有人在这个“无知之幕”（veil of ignorance）背后一致公认的社会契约，肯定是公正无私的，是真正的公平。显然，罗尔斯对于社会成员“原始的平等地位”的这个假设，从根本上颠覆了功利主义利益至上的正义观。

真正的伦理准则是把人人同等看待。
——伯特兰·罗素

拿公平作为正义的内涵，恐怕谁都不会反对。可它假设的“原初境况”上哪儿去找？现实社会中哪有这种不食人间烟火、不带偏见的中立人？我们到哪里去寻找这样的乌托邦？到哪里去拜谒这样的救世主？莫非要请太空人来替地球人仲裁公平吗？

没错，循着人治思维，我们只能请太空人。只有放弃人治，转而寻求法治，寻求权利公平，我们才能找到度量衡。罗尔斯的正义论绝不是乌托邦，也不是救世主，不过是引领我们从“利益至上”转至“权利至上”，从而寻获一套普遍、公开、逻辑一致的可操作的程序规则，用来校正公众利益的天平，用来监督政府公平施政。

正如你赞同正义在民众一边，你也一定赞同罗尔斯的革命性结论：“以公平为制度规则的首要价值”——“任何制度，无论它多么强大、具有多么深入的支配力，只要它不公平、不正义，就应该变革”。与此相应的是“以真实为思维的首要价值”——“任何思想，无论它多么普及、多么深入人心，只要它不真实、虚假，就应该扬弃”。

然而，只要你赞同罗尔斯视公平为正义的理念，你就被他革了命，放弃了你原先利益至上的正义观。从此，正义也就变得不但不在民众一边，反而应当在官方一边。为什么？因为公平不在任何单边利益者手中，只有政府才能中立而无偏见地代表社会契约。正义不在民众一边，是因为民众早已透过选票与缴税，将主持公平的权力授予了政府（当然是有限授权，表现在民众保有监督、弹劾和更换政府的权力）。可见，正义本应掌握在被授权协调多边利益的官员手里，掌握在执行中立无偏见社会契约的政府手里。换言之，权为民所授的现代政府存在的唯一理由，就因为它是“意愿与契约的共同体”（韦尔斯语），是公平正义的守护神。民主政治的法理就是如此，谁也无法回避。然而上述法理，只能在宪政规则中实现：公民以选票（一致同意或多数同意）选择公众利益的维护者（政党、政府、官吏）来执掌公共天平，决定了正义不一定在大多数人手里，却应当在政府手里——主持正义本来就是政府的天职，是政府存在的唯一理由。

我们产生改革的思想，不仅是受实用的利益和想法的影响，而且是出于良心不安的召唤。
——戈尔巴乔夫

然而“习惯是人类生活的伟大向导”（休谟语）。中国人习惯于训政不习惯宪政，习惯于人治不习惯法治，习惯秩序压倒公正的精英治理，似乎也习惯了自寻公平，自诩公平，不习惯找政府找官员去寻获公平，其实不然。上访、请愿甚至下跪、求情，都是老百姓期许政府能主持正义，寄望公平掌握在官员手里的。问题在于，集权体制下的干部训政，使得授权者无权可授，也就无权制约与监督权力。宪政架构的缺失，导致掌权者（官吏、政党、政府）自身利益常常偏离公众利益，甚至以集团、个人利益冒充或损害公共利益。集权产生的特权，又使官员常因滥用职权而由公共利益的守护者，变成了单边利益的维护者，甚至变成引发官民冲突的肇事者，或变成肇事者的保护伞。

假如政府的公权力被官员滥用，假如官员丧失了被授权仲裁公正的资格，其贪渎滥权就会极大地颠覆社会的天平，利益的偏见一旦战胜了权利的天平，哪里还有不偏不倚的正义？如果公权力总是不公平，长此以往，势必会强化“正义在民众一边”的思维定势，培育出“逢官必反”、“逢民必帮”甚至“革命无罪，造反有理”的群体心理习惯。要不，怎么街头常常发生老百姓一边倒地同情弱者，不问青红皂白地呐喊、助威甚至掀车、砸玻璃呢？

现实就是这么冰冷。被授权主持正义的公权力，因屡屡渎职而深陷“制度性信任危机”（罗尔斯语）。老百姓指望政府为自己做主的期许屡屡落空之后，无奈地自寻公平，奋起维权，把被官员丢弃的正义旗子捡回到自己手中挥舞，正是群体性事件频发的根源。原本由老百姓托付出去，受托后执掌在政府手中的天平，怎么能杀个回马枪，又杀回到老百姓手里了？这个公权力不公，正义返回到私权利手中的倒流现象，才是我们应该穷追猛打的真问题。先前我追问朋友的那一连串小问题，引蛇出洞，引出的正是公权力不公，私权利不私这个政治体制上的大问题！

高擎“共同富裕”大旗的社会，高擎的都是“最大多数人的最大幸福”（边沁语）即“利益优先”的大旗。“最大多数人的最大幸福”是功利主义公平观的首要价值。与罗尔斯权利优先的公平观不同，利益至上的公平观永远钟情于大多数。不但倾向于正义在大多数人一边，还衍生出“群众运动天然合理”的理念。发源于休谟、亚当·斯密、边沁、密尔等人的利益优先原则，之所以在罗尔斯的挑战之下不堪一击，在于他们的实质正义缺乏程序正义配合，总会形成对于少数人权利、弱者权利的剥夺。譬如中国人习惯于只讲利益不讲权利，只争利益不争权利，经常喂出“升米恩，斗米仇”的胃口，也经常重犯“好心办坏事”的错误。激烈的维权冲突一桩接着一桩，平息事态的规则也出台了一条又一条，但难以积累出规则与制度的整体进步。显而易见，国内维权冲突难以助益法治进步的根源之一，在于利益压倒了权利，眼前利益战胜了长久利益。老百姓一旦把维权当成了谋利，官员也就把维稳当成了花钱买平安。用钱化解的冲突，还会为钱再起。维权与维稳就退化为利益决定立场，屁股决定脑袋的上了瘾的低级游戏。

维权始于利益分配不公，终结于利益的再分配，本身正当合理，并无不妥。问题是财富蛋糕怎么切分？掌刀者多切了怎么办？官员中饱私囊怎么解决？惯用的吃大户、分浮财，权力财产再分配的办法显然不灵了。譬如广东乌坎村民主改选、实验自治之后，新任村书记林祖恋一班人陷入了“月已落而日未升”的无所适从、无所归依的困境。权力走马换将容易，规则制度的更新却不容易。无论亲疏贵贱，打造“一套普遍、公开、逻辑一致的程序规则”实现村民的权利平等，难住了这些新上台的干部。假如没有权利公平的新制度，干部照吃照贪，群众也会照批照斗，“过七八年再来一次”的权力财产再分配还会重演，民主自治的实验不就失败了吗？回望历史，中国这种官、民利益的拉锯战已经拉了两千年，每一次“农民起义”都梦碎在“均贫富”的空想上，证明争取利益的“均贫富”是一厢情愿的偏见，争取权利的“等贵贱”，才是寻求公平正义的治本之道。

财产不像上帝的法那样神圣，一旦被接受，……混乱和暴政就开始了。

——约翰·亚当斯

人类早已有了成熟的公平规则，也早已跳出了权力财产再分配的周期循环，中国人还能继续空想、继续偏见下去吗？“一群人分蛋糕的切法要诀”早已有了普世法则，手起刀落那么简单的功夫，我们却总是假装手腕抖，假装看不准，假装切不均，操刀的官员也就总是近水楼台先得月地多吃多占。

甭管那个蛋糕有多大或仅有多小吧，只要是一群人要平分它，公正文明的切法其实是明摆着的，一点儿也不复杂，不过就是要管住那个操刀人，不能让他占了便宜罢了。既然人人动刀切给自己是绝对切不匀的，只能委托给一个人，就像委托政府给大家切蛋糕一样。既然只有一只手去切蛋糕，一群人去管一只手还管不住吗？

对此你要发问了：人同此心，心同此理，哪只手不都想给他自己多切点吗？我们怎么管得住当官的多吃多占呢？对此我的回答是：没错，既然哪只手都想给自己多切点，那我们一群人共同遵守一条规则不就 OK 了？你问这条要诀是什么？就是：不准许任何切完蛋糕的手马上下手，限定他先去洗手，等大家全都取走了各自的蛋糕后，他只能最后去拿大家拿剩下的那块蛋糕，不就完事大吉啦？

没有规矩，不成方圆。有了规则，圆圆的蛋糕就会切得又齐又匀啦——你发现无论哪只手从此都会变得小心翼翼，尽力把每一块蛋糕都切均匀了，不至于最后剩给自己的那块最小——把这个规则程序推导过来，就是要先下手为强，把公权力关进笼子里，让它“后天下之乐而乐”。可见，法治规则并不复杂，关键在于我们学不学，试不试，用不用。无论“最大多数人的最大幸福”听着多么合理，无论人治习惯“多么强大、具有多么深入的支配力”，也无论“同情弱者”占据了多么有利的道德高地、无论“跟着大多数人走”多么安全无虞，都无法达致真正的公平。只有法治取代人治的政治改革，才能赋予政府执掌社会公平的全部合法性与合理性。

一切科学技术都以善为目的，政治学更是如此。政治上的善就是公正，公正就是全体公民的共同利益。

——亚里士多德

出于其“原始平等地位”假设，罗尔斯推演出了“任何人不应因家庭、地位、阶层、机遇不同而得利或吃亏”的正义双原则。第一个原则：所有人拥有彼此相容的平等权利；第二个原则又分为两条：①经济不平等应当最大限度地照顾弱者；②权利、地位、机会均等方面人人平权。这个公平双原则一点儿也不复杂，就是两句话：其一，权利人人平等；其二，事实不平等时照顾弱者利益以弥补平等。这个争取权利公平的原则，显然比争取利益公平更可行、更靠谱。为什么？因为“人人生而平等却又无时无刻不在不平等中”，怎么办？权利平等作为起点平等，应当全力争取；

那么，利益不平等的事实怎么改变？只能予以弥补。弱势受到强势保护，正是权利优先原则的体现。比如街道上辟出公交专用车道，或黄校车与救护车实行路权优先，都是用权利优先弥补事实不平等的例子。

一声号角，起跑线上万马脱缰，风驰电掣地搭帐篷竞赛开始了！当年在美国俄克拉荷马州的荒原上，新移民用这种规则跑马占地，不能说起点不公平。但起点公平也会结出贫富分化的果实。当时就有没马的人，是骑着自行车甚至跑步去占地的，起点上就已经不如马快的先到先得了，不是吗？1889年4月22日中午之前，俄州的加斯里还是空无一人的荒滩呢，太阳落山时已有1.5万人住进了帐篷，第二天就选出了市长，建起了500座小木屋。之后5个月内，一座新城镇崛起了：街道、公园、桥梁、电灯、旅店、3家百货店和50个酒吧都建了起来。你看，同一时间、占有了同样面积土地的移民，各显其能地创造出了上述奇迹，不是出于每个人才干特长的差异吗？这些人际差异能不产生贫富分化吗？

你知道穷人、妇女、黑人争取财产权、选举权的非暴力抗争，在西方走过漫长历程。罗尔斯把这种非暴力抗争界定为“一种公开的、非暴力的、既是按照良心又是政治性的对抗法律的行为，其目的是为了使政府的法律或政策发生一种改变”，“但又不要求非暴力反抗行为违反那个正遭到抗议的同一法律”，“另外，非暴力反抗不能单独地建立在集团的或自我利益的基础上。相反，它求助于那个构成政治秩序基础的大家共有的正义观”。也就是说，非暴力抗争不是推翻大多数人的既得利益，而是在照顾大多数人利益的前提下，争取少数弱势的权利保护。

真正的社会公平只能依赖宪政民主来实现。当政府高举起公平正义的大旗后，民众维权就不能重返“逢官必反”“逢民必护”的立场。争取权利平等的非暴力维权斗争，是与侵犯人权的违法行为的斗争，是与贪渎滥权的官员的斗争，是护法者与违法者的斗争，而不是老百姓与政府的斗争，更不是“被统治阶级与统治阶级”的斗争。正如罗尔斯所言，正义只属于公平。正义在民众一边时，一定是由于民众代表了公共利益。正义不在官方时，也一定是由于官员背叛了公众利益。因而，为最大多数人的最大利益而争取权利，不但不会背离公众利益，反倒是在最大限度地弥补公众利益。

站稳非暴力的和平立场，朝着告别人治，监督政府施政，限制公权力，扩大私权利，扩大社会自治的方向努力，摈弃“逢官必反”、“逢民必帮”、“正义在老百姓一边”、“目的正义可以不择手段”的惯性思维，推进法治取代人治的政治改革进程，才是我们以权利公平保障利益公平的不二法门。

不为“红豆汤”出卖“长子权”

人民的生命权，平等权，自由权，财产权和追求幸福权不可让渡。

——1776 年《美国独立宣言》

权利之所以优先于利益，是因为“穷人千百年来之所以穷，在于穷人的权利得不到保护，甚至性命也没有保障”（亚当·斯密语）。就说国内当下的国富民穷、官富民穷、城富乡穷吧，利益不公首先是由于权利不公，而不是由于物不阜而民不丰。轻视权利，是一种见物不见人的偏见，认为物阜即会民丰，财富增长了，老百姓就富裕了，“安得广厦千万间”就能“大庇天下寒士俱欢颜”，其实不然。粮食丰收了，农民却因强征强购而忍饥挨饿，我都亲历过；恰如目前，遍地盖楼盖得遍地“鬼城”了，买不起房子的老百姓反倒更多了，不是吗？利益优先的偏见，把做大财富蛋糕当成硬道理，却把切蛋糕当成了软道理。前边说过，之所以产生国富民穷、官富民穷、城富乡穷的利益不公，首先是因为存在国贵民贱，官贵民贱，城贵乡贱的权利不公，不是吗？

“盖楼的，住草房；种粮的，吃秕糠；编席的，睡光床；织布的，没衣裳”的古谣，你一定听说过，说的就是先有权利，才有利益，权利优先于利益的硬道理。任何利益的分配，首先都是权利的分配。免于匮乏、免于榨取、免于攫掠、免于恐惧作为人的基本权利，与人的利益保障是密不可分的。因此，穷人要脱贫致富，总要从争取权利开始。也因此，解决贫富不公的硬道理，不是利益上的“均贫富”，而是权利上的“等贵贱”，也即实现公民权利的法律面前人人平等。

生命权、平等权、自由权、财产权和追求幸福权，都属于人的基本权利。试问，《独立宣言》确定的这五项私权利能不能移交、托付给政府？《独立宣言》仅有1500字，却在当年反复修改了80次。按照“风能进，雨能进，英王不能进”的私权利神圣原则，反复讨论与质证的最终结论，确定为每个人的上述五项基本权利不可让渡。游览美国的人一般必游华盛顿，必要拜谒华盛顿、杰弗逊与林肯。这几位立国制度的建筑师前后接力，把五项基本人权不可侵犯、不可转让的制度设计，从图纸变成为坚固的石墙。

中国人常常纳闷：校园枪击案在美国频发，但禁枪的动议却从来没有人提起。为什么？因为美国宪法第二修正案规定，人民拥有武器的自由权利不可侵犯，武器是美国人民用以反抗暴政的唯一手段，谁都无权剥夺。也就是说，在政府公权力面前，美国人民只缴税不缴枪，代表了私权利永不缴械，永不投降，代表了“生命权，平等权，自由权，财产权和追求幸福权不可让渡”，必须人人持枪，永远自卫。

从上次弗州大学枪击33人到这次康州小学枪击28人，是枪支重创了美国人吗？没有。美国长枪协会那句脍炙人口的名言是：“枪不会杀人，人才会杀人！”那么，不禁枪可以防控人吧？按照我们的直线思维，美国应该从严防控每个人吧？也没有。美国不禁枪也不控人，举国降半旗致哀时，白宫发言人强调“现在不宜讨论枪支控制问题”，更不会像国内那样，把防控刀枪甚至防控人的问题马上摆上日程！

难以解决人际仇杀的国内，一般是用“刀枪会杀人”的思维去禁枪、控刀的。一次我走出航班等候行李，一群人眼巴巴盼望的传送带上，最先闪亮登场的竟然是一把小小的菜刀！菜刀不是杀人的，但控刀把菜刀当成了杀人凶器。从围观者的不安眼神里，你分明看到大家都被心理暗示了。靠“三把刀”（菜刀、裁剪刀、剃头刀）闯美国的中国穷人，能理解国内当下草木皆兵到连水果刀都控，但不一定理解美国为什么不禁枪。3亿美国人持有2.8亿支枪，每年有3万人死于枪下，仅次于死于车祸的4万人。但是，宁可承受校园枪声的悲痛，美国人也不会因小失大地禁枪。为什么？就因为枪是美国人捍卫私权利的最后武器，是美国人民拒绝政府滥用公权力的自卫法宝。

为了保卫如此珍贵的天赋权利，任何人都会毫不犹豫地使用武力，但武力应该是最后的选择。

——乔治·华盛顿

刚才说到，早年靠“三把刀”闯荡生涯的中国刀客，是白手起家闯美国的；那么，“文革”后最早移民美国的官二代，则是靠啃老啃到了美国的避难客。他们当年住在刚买下的大别墅里仍旧惊魂未定，老跟美国人说起前几年造反派怎么上门来抄家抓人的事。然而说者动情，听者懵懂，美国人不禁反问：有人闯进你家打砸抢，那你还等什么？快开枪呀！美国人不知道中国人持枪是大罪，更无法想象，中国一旦人人持枪，警力增加百倍也不够。

国内民众持枪是大罪，也代表了国内私权利在公权力面前，早都缴械投降了。前边说美国人的缴税不缴枪，代表了私权利绝不向公权力投降，人人持枪自我守护着。因而，基本主权始终握在人民自己手里，交出去的衍生权又有契约合同，这正是美国宪政制度的核心。公民委托给政府的权力，形成了官民之间的契约吗？不是。洛克认为，公民授权不是人民跟政府之间的约定，“而是自由人之间相互订立的”。为什么不跟政府订？因为政府不是与人民主权对等的独立主体，而是人民选择的代理人。因而，政府没有资格跟人民讨价还价地争权夺利。

人民作为主权拥有者，他们之间相互订立的契约很简单，就是“把政府关进笼子里”（小布什语）。为什么？因为政府是人民的公仆。那么，主人会怎么确立违约法则呢？就是人民有权炒政府的鱿鱼：“政府一旦滥用权力（比如说独裁），或者无力保护人民（比如说不作为），人民可循着正常途径要求变革。如果走正常途径还解决不了问题，人民就可以废除和更换政府。”（见《独立宣言》）你看，炒鱿鱼权，就是革命的权利，也是人民“不可让渡”、绝不交出的最后那个主权，相当于猫教老虎时留下的最后一手防身术、保命术。人民拥有武器的权利不可侵犯，武器是美国人民用以反抗暴政的最后手段，就是出自这样一个制度设计。美国人为什么不禁枪，这下子你该明白了吧？

没有剑的契约不过是一句空话。

——托马斯·霍布斯

我国宪法也载明了“一切权力属于人民”。但老百姓一旦失去基本权利，利益就会得不到保障。人民一旦无权选择，必定是因为交出了自己的全部权利。对此你可能要问：人民不交出全部权利行不行？不行。人民如果恋栈，把住自己的全部权利一点也不交出去，就等于不要政府。先哲们探讨也试验过无政府主义，没人提供公共产品与公共服务的日子，没法过。怎么办？不得不交就只交出衍生权，留下基本权。不能交出基本权利，就是不能把自己的终身托付给政府，把政府当成主人，自己甘当奴仆。我当“红卫兵”那阵子，奉行“一生交给组织安排”，就是把自己的终身托付出去了。结果呢？结果不说你也知道。

“管得最少的政府是最好的政府”。因而，“能放进浴缸那样大小的政府就够了”（潘恩语）。这是在说，公权力越小越好，必须加以限制；私权利越大越好，必须加以扩张。既然政府越小越好，你就不能多交权。多交了会被滥用，就像国内现在这样扩权争利，政府越变越大。交出了基本权利，就等于你托付了终身，而托付了终身，无异于你是在骄纵权力，在怂恿政府滥权，不是吗？中国人头脑

权利能靠下跪来争取吗？

幼稚，宁信清官好皇帝，却不信西方人的预警：“权力凶猛，要牢牢关进笼内。”不知年轻一代是否明白，你们的父辈为什么对当年的历史讳莫如深？我们当年悉数交权之后，赤手空拳地挨斗挨整，不堪回首哇。不是人老了健忘，是我们羞得说不出口！

痛定思痛。回顾中国的人权进步史，中国人最大的收获在哪里呢？最大的收获还不是已经取得的进步，而是取得进步的经验教训。这个经验教训不是别的，就是从今以后，任何情况下，都不能学《圣经》中的以扫，“为了一碗红豆汤，出卖了自己的长子权”（列宁语）。

以扫与雅格虽是双胞胎，但先出生的以扫有长子权，将来不仅可以领导家族，还能得到父母的大部分遗产。以扫也比弟弟勤快，不像雅格是个宅男，总是窝在家里。外出打猎的以扫饿得要死，回家后要喝弟弟熬的红豆汤。乘人之危，蓄谋已久的弟弟就开口啦：喝汤可以，你得把长子权转让给我！饿昏了头的以扫喝汤心切，当时一点头也就答应啦——从此一失足成千古恨，以扫永载史册，成为人类因小失大，为了利益丢了权利的光辉榜样，几千年来总是被后人戳脊梁骨，拿他说事儿。

长子权在西方之所以重要，在于长子有家族首领权与财产继承权。也就是说，出让权利就等于出让了利益。其实你也知道，人民不但不是政府的长子，还是政府的衣食父母，怎么会连长子权都转让出去了呢？以前曾有人争论“政府和人民谁养育了谁？”对此你不妨问一问，你们到底是在争论啥？如果争论的是政府与人民谁是妈妈，谁生下谁，答案很简单：“人民是妈，政府是人民生下的儿子”，对不对？要是争论谁养活了谁，答案就更简单了：“人民不但自己养活了自己，还另外养活着政府”，不是吗？

之前我还听过一个说法，说历史选择了什么或选择了谁，我认为答案也不复杂。历史是人民创造的，历史相对于人民这个主体，只是个被动客体（还记得黑格尔说中国人分不清主体、客体吗）。所以，说历史选择了什么选择了谁，其实是说人民选择了什么选择了谁，对不对？为什么？因为一切权力属于人民，一切选择也就属于人民。人民具有选择的全部权利，首先是由于最基本的五项权利在自己手上。人民一旦失去了选择权，首先也是因为自己交出了最基本的权利，对不对？一个两手空空的人，能有什么选择呢？

父母替孩子做主选择什么，在中国人身上很普遍，譬如学钢琴。我敢打赌，国内有无数钢琴，已在它们各自家里沉睡多年了，可惜。要不，二手琴价为什么一直上不去呢？大师级的穆特和马友友都认为，激活休眠盒中多年的提琴，很费功夫。激活沉睡的钢琴也一样，常弹我知道：那木头原本都是活物，睡久了苏醒是需要时间的，就如民众的民主意识一样。无数钢琴睡大觉，是因为当年家长替孩子做的选择被孩子废弃了。

经常有人问到我一个令人不安的问题：一个如此高压的政权真的会给予我们民主吗？而回答只能是：民主，正如自由、正义以及其他社会政治权利一样，不是“给予”的，而是通过勇敢、坚定及献身挣来的。

——昂山素季

这就像妈妈要女儿学医，女儿却喜欢干导游；爸爸想儿子考公务员，儿子却开了车一样，当年政府曾强迫老百姓走消灭商品交换和八级工资制的五七道路，好是好，可善于经商的人民，就喜欢做生意，喜欢发家致富。政府替人民选择了无神论，不搞迷信，好也好，可习惯了祈福求财的老百姓，假如没有个神龛护佑，他的小店都不敢开张，哪怕有只招财猫在店里招手也行。

因而，事理逻辑看来是这样的：不是谁的选择好不好，而是不让当事人自主选择不好——民主的原理一点儿也不复杂，就这么简简单单。哲学家说：“不是自主选择就一定选择得合理，而是这种选择方式合理”——合理在哪儿呢？合理在谁的事情谁做主，越俎代庖是不行的。这也就是说，程序正义比内容正义更重要，权利公平比利益公平更重要。程序与权利的公平，就是法律制度的公平。法律面前人人平等了，事实上的不平等谁也都能理解，都能接受。假如法律制度本身不平等，派生出的人际不公就人人不满，个个不忿，不是吗？

其实，为了红豆汤而不得不出卖长子权的历史教训，根源还在于公权力对于红豆汤的垄断。父辈们被“大锅饭”管住了嘴，是被先统购再统销的计划管制经济收缴了基本权利的。年轻一代听不懂什么叫“先统购再统销”，我不得不解释一下。“先统购再统销”，就是各家各户的劳动产出全部上缴，再靠上级分配给你吃；你发现这样一来，就已经“不是不劳动者不得食，而是不服从者不得食”（托洛茨基语）了。政府管住了你的嘴，官民关系就倒置成了父母官养活子民，不是吗？

像孩子总想长大一样，中国人应当从臣民成长为公民。公民跟臣民的区别，也像孩子跟成年人的区别一样：公民要的是自由，臣民要的是庇护；公民要自主，臣民只要索取；公民要权利与责任，臣民只要实惠；公民要尊严，臣民只要钱财；公民要的是公平，臣民要的是偏袒；公民认为管得最少的政府是好政府，臣民认为管得最多的政府才是好政府；公民永远不会出卖自己的良知与人权，臣民被人卖了还帮人数钱呢，不是吗？

子女与父母关系的拐点，往往从孩子自食其力那一刻开始，官民关系的拐点也是如此。如今有了市场自由，经济关系已经拨云见日，见到了人民养活政府的真实状态。为什么？因为市场界定了人身自由权、财产权、追求幸福权等私权利的不容剥夺，也界定了公权力不能越界侵犯。纳税人意识高涨，公民就得靠维权保障自身利益。王朔说他没钱就没安全感，有钱才有安全感，说明安全感仍旧稀缺，需要花钱才能买到。不得不花钱去买安全感，证明了民生不保的根源，仍旧在于民权不保。老百姓过于弱势，对其权利的侵害与剥夺就频频发生。权力越不受制约，对老百姓的合法侵害与剥夺就越猖獗。而特权侵犯人权越猖獗，贫富悬殊就越严重。可见，公权力之所以能够侵害私权利，在于法律制度本身存在缺陷。

想“均富”反倒被“均贫”

> 一个社会当财富集中在少数人手里，那么注定它是不公平的，这个社会也是不稳定的。……如果说把做大社会财富这个“蛋糕”看作是政府的责任，那么，把社会财富这个“蛋糕”分好，那就是政府的良知。
>
> ——温家宝

我常猜想，“朱门酒肉臭，路有冻死骨”说的正是腊月年关：节令滴水成冰，仍不如冰箱保鲜，家里贮肉过多，就会变质，这是说酒肉臭；至于说冻死骨，冻僵的尸体我拖动过，像拖木头般硬朗有声，不过那是革命年代的自杀者；不像香港每年入冬，都冻死贫病交加者，还是在高于零上的气温下。这么解读痛贬贫富悬殊的名句，与此诗激起的“民愤”比，显得我很冷血。当然了，我是故意这么说的，是为了从贫富对比中，揭露中国人讳疾忌医的一种心理疾患。什么心理疾患？以偏见与嫉妒看待贫富不均的“傅立叶变态心理综合征”（米塞斯语）。

我说唐代“朱门酒肉臭”是因为没有冰箱，跟说周扒皮、黄世仁、南霸天、刘文彩也享用不上今天平民享用的席梦思、坐便器、气垫鞋，是一个意思。什么意思？是说我们对富人的嫉恨应当稀释呢，还是说奢侈品是个历史进步概念？没错，我说的兼有两者：1993 年我花 6.5 万买了块砖头，不如现今拾荒人的手机好用。

30年前，县委书记坐“帆布篷”，地委书记才坐“两头平”。如今，工薪族买车也不一定非买“两头平”了。今天的大众必需品，以前曾是“朱门”奢侈品；当年握个大哥大令人艳羡，我才会不惜血本买块砖头。今天平民用着燃气灶、暖气片和淋浴器，是当年高干家里也没有的奢侈品。因而，我坚信今日的“豪门奢侈”，必是明天稀松平常的大众消费。所以，你不必不忿别人订婚送轿车，或出国度蜜月，其实那也是你的梦。经济的增长，全民福利的阶梯提高，不但归功于奢侈先行的带动，而且，简直就是靠贫富不均驱动的。

阐述人际差异驱动社会进步的道理，米塞斯的原话是：“人类的进步大都是通过以下方式实现的：即从一小部分人偏离大多数人的思想和生活习惯开始，直到他们的行为最终得到大多数人的认同和接受，从而形成了人的观念和生活方式的更新。”市场竞争催化了贫富分化，残酷地挑战了中国人“天下大同”的理想。一个习惯于追求趋同，攀比旁人，靠他律而不靠内省的民族，一个“见不得别人的米汤比自己家的稠”（陕西民谚）的民族，一个“不患寡而患不均”的民族，患有人类共有的“傅立叶变态心理综合征”，奇怪吗？一点儿都不奇怪嘛。

当别人挨饿的时候，你吃肉还是别叭嗒嘴的好。

——网友

“当某人的处境比他好一些时，他便产生一种憎恨心理，宁肯自己蒙受损失也要给对方造成损害。不明白改善自己生活的根本途径，不是设法让好过自己的同胞倒霉遭殃”（米塞斯语）。人类都犯的这个毛病，中国人怎能免疫？但是，如果仅是“气人有、笑人无”的劣根性，只是村头三姑六婆们嚼嚼舌头，这毛病的危害还不大；怕就怕用“革命”等恢弘叙事，把“气人有”层层包装起来，发动成了妒火中烧的劫富济贫，后果就可怕得很。

“打倒帝国主义、打倒地主、打倒资本家”的口号，当年是不是被简单地理解为对外打倒富国、对内打倒富人呢？“工人阶级、贫下中农、中、小资产阶级的联盟”的口号，是不是被当成了穷人与准穷人抱团呢？“天下为公，共同富裕”的口号，会不会跑偏为大锅饭与财产归大堆呢？历史真相已被尘封，但每打开历史，看到包装纸里不过是三姑六婆的“气人有、笑人无”，不过是“他们寄希望于搞革命能使他们所嫉妒的富人倒霉”（米塞斯语），想想看，作为过来人，我们能够没有滑稽感、幻灭感吗？

每当想到当年自己曾无比自豪、无上荣光地投身的“革命”，对于升斗小民而言，最终不过是“气人有”的小人心理大发作，不过是让好过自己的同胞倒霉遭殃，我就黯然神伤，不但怀疑自己的智商，怀疑自己的道德，还怀疑我们中国人自甘堕落。怎么讲？就是通过周期性的“革命”和准革命，不断把社会向下拉齐而不是向上看齐。人人往下出溜，最后难免汇齐在低洼处，酿制出“酱缸文化”（柏杨语）。

物质只能带来快乐，思想才能带来安宁。
——巴鲁赫·斯宾诺莎

当然了，谁都不能把真正的社会革命，归结为穷汉掠夺富户的盲动。但打开包装纸，我们能够捡拾到的历史残果，常常就这么干瘪，正如米塞斯所说的：“革命之所以变成人们解脱尘世间痛苦的一剂仙药，是因为‘为穷人的主义’许诺物质福利可以满足穷人全部的幸福和满足，受苦受难的人会过上好日子。而其实，人们内在的、心灵的富足感不可能来自于外部世界。”

传统中国，没有印度式种姓制度，没有世袭贵族制度，家道式微与发家致富像跷跷板一样此起彼伏。除了守土务农的，仕宦、商贾阶层流变不居，哪里有什么稳定的阶级划分呢？用阶级划分与阶级斗争动员起来的革命，真的是基于严重的贫富不公吗？穷人的翻身解放感里，有多少真正的物质福利提升？从历史的后视镜里，我们看到“解放”了的“工人阶级”“翻身农奴”“贫下中农”，并没有由贫变富，他们“把自己的期望当作一种安慰”，翻身解放感主要是精神上的。包装的历史一旦被撕开，也能证实米塞斯的论断：“人的幸福和满足并不取决于食物、衣物和住房，而主要取决于人们内心的追求与渴望。”也就是说，尽管权力、财产在不同人群之间再次分配了，尽管社会付出无法估量的生命、道德代价，但“革命”并未带来实质性的福利提升，远远不如汽车与高速公路、电脑与互联网等技术进步对于我们生活的改善。

就以我辞世多年的父亲为例。他当年一支驳壳枪、一匹白马在陕北的红白拉锯区带领游击队打游击。身背炒面袋子，在青石板上烙饼吃，落下了严重的胃溃疡。一次他突围后，人逃脱了却丢了马，那匹白马就被牵回家乡去游街，边游边喊：“杨六（父亲排行老六）让打死了，他的马让缴获了，这就是！”20世纪60年代，父亲当市委书记时大学焦裕禄，时常穿着袖肘上、膝盖上打补丁的衣服，吃饭常是一碗臊子面。革命了一辈子，老父亲退休后，只能坐着子女蹬的三轮车进菜市场买豆腐。作为省部级高干的老革命，他辞世后，也只占有骨灰架上的一个小格，房无一间，地无一垄，存款缴过党费，子女只领取了八千元抚恤金而已。

一场心灵的解放，反证出革命“可以使某些人变得富有或贫穷，但它永远不能使人幸福，永远不能满足他们最内在、最深层次的追求与渴望。”为什么？因为“每个人最大的、最为痛心的经历”，绝不会由贫富悬殊带来，而是由不断努力改善自己的物质境况的天性带来，由“这个人类无法规避的命运”带来。带来什么？带来内心最深处的挫败感：“无法实现的主观想象、计划的既定任务、年轻时梦想的虚荣被自身的不足、力量的弱小、数以千计的困难和阻碍撞碎了！”——米塞斯认为这是最典型的人类命运，任由什么社会革命也改变不了，多么完美的制度也解决不了。它压根就与物质福利无关，完全是人类心灵的痛苦。

房子、车子、金子、女子、孩子，国内如今人人追求“五子登科”。米塞斯把财富叫做“身体的文明”，并坚信经济高速发展使“每个人都将得到这种身体文明，而幸福、满意、内心的平衡、平和这类我称之为‘心灵的文明’，则不像衣食足、礼仪兴那么简单”，“物质的需求起于必需，止于必需”（德谟克利特语）。脱贫致富是天赋人权，但“对财富正当地获取，清醒地使用，愉快地施舍并能知足地放弃”（培根语），才是健康的财富观。贫穷肯定是不幸的，但有钱不一定就幸福，金钱更不能包办人生。彩票大奖的中奖人都是意外暴富的，但一项调查显示，超过50%的中奖人的幸福感，都是兔子的尾巴。那种以赚钱为轴心，把生活的全部内容简化为想办法挣钱和找理由花钱的幸福观，不啻是拜金主义与“见物不见人”的庸俗唯物主义，也是人被物化、被矮化、被金钱异化、被动物化之后的病态渴求。

“革命”虚掷的生命、资源、机遇已太多了，更浪费了几代人的时间。反省“革命”能令人猛醒：既然“人改善自己物质境遇的欲求是消灭不了的”，那么，整肃富人，不就等于封堵了致富之路吗？“要是封锁了这条路，人就只有一个办法了：压制并掠夺别人，使自己致富而使他人变穷”——米塞斯的这些预警，足以让我们惊出一身冷汗。37年前那个普遍匮乏、普遍恐惧的生存状态，之所以能以“革命”的名义在中国登堂入室，不就是由于压制了大众的致富本能与天性，逼迫每个人转向丛林山寨式的弱肉强食吗？“八亿人口，不斗行吗？”说的没错。只要不允许每个人合法致富，八亿人口能不发生同类相残吗？

信仰不能当饭吃，所以不重要。民主不能当饭吃，所以不重要。自由不能当饭吃，所以不重要。道德不能当饭吃，所以不重要。对于中国人来讲，不能当饭吃的都不重要。我们信奉了猪的生活原则，于是乎我们也得到了猪的命运——迟早给别人当饭吃。

——王朔

中国人对于“天下大同”“天下为公”的追求，对于反差异化、反贫富不均的追求，曾经得到过来自西方的指引：傅立叶、马克思勾画出了“物质财富充分涌流至按需分配”、“劳动由负担变成生活第一需要的乐趣”的蓝图，使得“均贫富、等贵贱”的自古理想，得到了“从空想到科学”的提升。于是，中国人一度曾一心想夺天堂之门而入。然而地上没有天堂，愚人迈向童话般天堂的脚步，必定跌入地狱。凡是内战或饥荒，死的最多的全是穷人。穷人并未被富人伤害，而是被“自己的幻觉与安慰”，被“为穷人的主义”所害。这才是穷人的历史性悲哀，悲哀到了历史的骨髓里。

周扒皮、黄世仁、南霸天、刘文彩们，你发现他们招致的深仇大恨，并不是由于富裕本身，而是由于为富不仁。也就是说，真正招人恨的不是谁致富有术，而是他为富不仁。这几个小说人物的剥削、强奸、皮鞭、牢狱等劣行，看上去不像是财主的所为，更像是官吏的所为。哈耶克认为，再骄横的富人，也不如滥权的官僚对穷人的伤害严重。他们的故事还能说明，最能激发穷人仇恨的，往往不是物质匮乏、福利低下，而是人道伤害、人格挫辱。这又能说明，人的幸福或不幸，满足或痛苦，主要取决于人道保障与人格尊严，并不主要取决于贫富不均。

受到最频繁抨击的是收入和财产分配的不合理这一事实，它导致了严重的贫富不均问题。一方面有一掷千金的富豪，另一方面还有一贫如洗的穷人。

——米塞斯

我们面前的失衡，与米塞斯所处的资本原始积累时代一样：轰轰烈烈的市场化、工业化、都市化的好处，必然为先富起来的人群获得。官吏以特权与富商结合，两者共同占据了食物链的上端。中下层劳动者，处于食物链的中下端，因贫富不均产生的被剥夺感、挫败感弥漫于整个社会，为革命烈火准备了充足的干柴。

你发现中国又一次走到了历史的十字路口。以为改革开放会实现均富的理想幻灭了，认为重返“均贫富”才能救中国的说法又登场了。解决收入与财产不平等的号召一呼百应，召集起了浩浩荡荡的队伍，人人摩拳擦掌，个个跃跃欲试。与此同时，那些质疑全民均富，主张保护富人的声音却微弱得多。坚信只要打破垄断特权，财富就会最大限度地扩散给大众的人，坚信每个中国人终将享有“身体文明”的人也不多。

能不产生被剥夺感与挫败感吗?

中国人钻进“庸俗唯物主义”胡同里太久了，坚信物阜而民丰，衣食足而礼义兴的人太多了。也就是说，我们坚信身体文明了，心灵也就文明了。恩格斯曾赞颂马克思像达尔文发现自然界规律那样发现了人类社会的规律：人们必须首先吃、喝、住、穿，然后才能怎样。中国人用自己特有的实用主义、功利主义的传统价值观，曲解了这种物质决定论，打造出来中国式的“唯物主义者”，其实都是些“拜物教”徒。

多年以来，用财富包办幸福的“见物不见人”的哲学通行无阻。“宁可坐在宝马里哭，也不坐在自行车上笑”、“结婚不买房，就是要流氓”之类拜物教信条大行其道，把身体文明置于心灵文明之上，导致“触动利益往往比触及灵魂还难”（李克强语）。迈克尔·杰克逊有首《有谁在乎我们？》唱出了对金钱淹没人性的愤怒。他抨击社会“见风使舵、投机倒把、人人都变坏了；人面兽心、行尸走肉，人格一钱不值了”。他抨击的“把良心出卖给了魔鬼”的道德沦丧，不是中国人应当警醒的吗？

贪婪就是这样一种判断：金钱是至高无上的，必须不择手段地获得它。

——斯多葛哲人

再来一次“均贫富”，富人注定会痛苦，但穷人能幸福吗？不会。精神不是物质，精神是独立的一元。穷人会困顿于缺钱，但钱多不一定幸福。“物质带来快乐，思想带来安宁”（斯宾诺莎语）。物欲令人躁动，信仰才能令人沉静下来。如若不信，你可以去叩问那些富豪，他们幸福吗？未必。任何人内心最深处的渴求与奢望，永远不可能全由财富填充。贫穷肯定不幸，但富裕不一定幸福。为什么？因为幸福感有赖于信仰坚定、内心平衡，有赖于全方位的愿满欲平。

贫富悬殊在国内确已失衡了，但再失衡，也没有中国人物质、精神这二元失衡得厉害。中国人追求盆满钵满，追求财富叠加到过剩，甚至故意浪费，莫过于每年过大年的时候。奖金、福利、送礼收礼、年货、花饰样样都愿满欲平，为什么幸福感反倒稀薄，内心反倒更加失衡？为什么？还不是因为中国人的互为攀比过年时最盛？笛卡尔追求“我思故我在”，而大多数中国人不但只追求“我吃故我在”，还格外在意“谁家的米汤比自己家的稠”、“见不得别人家的米汤稠得起皮”。因而，多数人总想重走“均贫富”的老路，也不奇怪。只是想“均富”反倒被“均贫”的我们两代人，种下的全是“均富”的龙种，收获的却全是“均贫”的跳蚤，不惨吗？

之所以感到不幸福，是因为你追求的不是幸福，而是比别人幸福。

——格言

为了穷人反倒害了穷人

> 穷人变富的根本原因，在于建立了保护私有财产的权威。……贫富不均与保护私有财产权，才是政府最初产生的真正原因。……政府的建立是为了保护财产，实际上是保护富人防范穷人，保护有产者防范无产者的。
>
> ——亚当·斯密

为了穷人反倒害了穷人的失败尝试，在全球已有200年历史了。我所说的“为了穷人”，是指动员穷人造反翻身的“来自下层的革命”，而不是指英国圈地运动式、美国废奴式、德国俾斯麦式、日本明治政府式“来自上层的革命”。而巴黎公社式、俄国十月式、中国农民起义式革命虽然和前者一样，都叫做革命，但由于策源于上层还是策源于下层的不同，成败也各有不同。来自上层的革命，大多是一个工业化、城市化、中产化、理性化的社会进步过程，最终造福了穷人。而来自下层的革命则往往是瞎折腾，不但没有真正帮到穷人，反而耽误了穷人脱贫致富。

摩尔认为：“没有证据表明什么地方的人民群众向往工业社会的来临，倒有大量证据表明人民并没有这种愿望。归根结底，一切形式的工业化，都是一种上层革命，是少数人的冷酷无情的历史使命。”即便撇开欧洲12个现代化母国与美、加、澳、新4个孪生子国不看，只看亚洲的例子，你也能发现，工业化的确不是大众自觉的产物。对于下层来说，务工至多是被生计所逼的无奈。譬如国内珠三角、长三角的工业地带，几乎都是人口对资源严峻到无法靠农地谋生才办工业的。但凡能够谋生的，如中国内陆，如印度，工业化的动力就非常微弱，大众的市场生存动机也严重不足。这一点反证了，迈进自由市场的门槛并不容易，没有人能随随便便成功。

处于蒙昧未开化的独立状态的人民……，在学会服从以前实际上不可能取得任何文明方面的进步。

——密尔

农民革命之所以狂野，是因为小农安身立命的土地、财产、家庭、信仰根基遭受了严重威胁。大众为什么不喜欢自由市场？因为“资本主义是个奇特的信念，即最肮脏的动机，不知怎么也能做出对我们大家都有利的事”（凯恩斯语），而农民却认定唯利是图是不道德的。更严峻的因素，还在于市场竞争催人勤勉、节俭、守信、理性并工于算计，令一心追求平等的民众畏难、怯生，害怕被分化、被淘汰。

勤勉刻苦，节俭守时，讲求信用与信托责任。工于计算，有着严密的复式薄计，精确的核算和理性筹划的企业组织。公有财产和私有财产在法律上的分离，可靠的法律制度与循规蹈矩、训练有素的行政管理等等，构成了仅仅在西方才有的资本主义的社会精神气质。

——马克斯·韦伯

放眼全球，反西方、反殖民、反资本主义的政治运动，背后也有逃避市场、逃避竞争、逃避现代化的影子。这些运动所仰赖的群众基础，有着农民与准农民对于工业化、职业化与贫富分化的恐惧，有着他们对于商业智慧、法治管理与紧张生活的拒斥，也携带着下层对于上层的愤愤不平。对于历史复杂性的这个研判，我颇有自信，认为这个研判有着全球200年现代化运动史的例证支持，有着国内“愤青”人群的社会学例证支持，更有各国农民革命历史的例证支持。

任何社会，文明与社会地位的层级总是同方向的，上层野蛮下层反倒文明的反方向是罕见的，对不对？但也有颠倒的说法，譬如革命领袖说穷人虽然脚上有牛屎，但更先进、更有道德。这种“反理性、反工业社会前景的加图主义”（摩尔语）不独在农民国度的中国存在，在亚非拉第三世界广泛存在。为什么？因为第三世界就是个农民的世界。今天的中国人动辄拿穷人说事，为大众代言，就因为体内残留了加图主义残毒。国内的各个话语圈内，几乎没人敢以上层精英自居，没人敢替富人说话，就因为“为穷人的主义”源远流长，没人敢于顶撞它。表面上看，为穷人说话的人很多，替富人说话的人很少，然而实际生活中，为富人效力的人很多，替穷人分忧的人却很少，像是大家全都言行不一似的。生活中，每个人都担心被别人看做是穷人，希望被别人看做是富人，以致在铺天盖地的嫉富仇富话语背后，嫌贫爱富甚至谄富欺贫行为却甚嚣尘上。

雅尼曾说中国没有音乐却有歌，没有动作却有舞，说的是中国人审美的低俗。类似的怪异我也能举出来，譬如没有贵族阶层却有文化，没有独立人格却有信仰，等等。这些怪异，说的是中国许多事物都是个近似值，仿真体。我还能举出来的中国特色是，没有资产阶级却有资本主义，没有法治却有市场，没有普世价值却有世界工厂，等等。举出这些怪异还是为了说明，什么东西进入中国都可能发生遗传变异，什么资本主义呀、自由市场呀、世界工厂呀的，在中国其实仍是些近似值与仿真体。我这么说没有别的意思，无非是说我国国情殊异，与众不同。

前边说农业社会是高度均质化的，谁家吃肉都会被邻居妒忌，市场化则会导致贫富分化。譬如国内城市出现富人居住区后，曾有学者大惊小怪，不像香港人，对于“富人住在太平山上，穷人住在狮子岭下”是安之若素的。比较一下各国历史你能发现，没有传统贵族，新兴的资产阶级是难以跻身文明的。举目全球，但凡称为几千年文明古国的，除非文化被毁灭过，必有贵族传统，欧陆最盛；亚洲的印度、日本，也有类似的阶层。即使是只有几百年殖民史的新大陆、新大洋，其社会分层也是必不可少的，唯独中国，迟至今日才开始。没有上流社会，大伙就都向底层大众看齐，一个锅里搅勺子，搅到谁也不服谁，实在可悲。一个社会没有一个让人敬重的精英阶层，就等于没有仰慕、没有敬畏、没有心仪偶像，也就没有努力方向。这不能不令人怀疑，中国的几千年文明被自身不断腰斩后，遗传下来的是否早已所剩无几了？

文明被多次腰斩，也是个不争的史实，我们只说晚近。1934年国民政府发起新生活运动，从戒贪贿、戒烟赌、改造不卫生、无礼貌下手提升国民素质，行为规范细化到了“衣食住行”：咀嚼消声，纽扣齐整，走路靠左，走人行道，勿高声喧哗、勿赤膊上街等等。如今呢？纵向不比，横向比比，贪贿是否更狂？毒赌是否更盛？污染是否更烈？粗蛮是否更猛？“五讲四美”“八荣八耻”讲是也讲，但没有上流社会做榜样带头恪守，只要普罗大众去修身养性，成效不彰不是明摆着吗？

最优良的政治共同体应由中产阶层构成；中产阶层往往是最安分守己的，他们不会像富人那样算计穷人，也不会像穷人那样算计富人。……“家道小康，其福无量；栖身斯邦，但求安康”。……因而，唯有中产阶级最适合充当穷人和富人之间的仲裁者，中产阶级执政的政体肯定能实现最出色的治理。

——亚里士多德

以打抱不平为己任，为穷人说话，分富人的财产，鼓励穷人反对富人，这类事儿我都亲历过。那些年月，你的钱比别人多一点，学问比别人强一点，性格比别人倔一点，甚至长得比别人英俊一点，都会成为别人嫉妒的对象，成为历次运动挨整的靶子。这些年似乎又颠倒了过来：表面上看，为穷人说话的人很多，替富人说话的人却很少，实际上为富人办事的人很多，替穷人做事的人却很少。每个人都担心被别人看做是穷人，希望被别人看做是富人，以致在嫉富仇富的话语背后，干的多是嫌贫爱富甚至谄富欺贫的行径。显而易见，来自下层的革命，免不了会根植于中国人的嫉贤妒能上，根植于中国人的铲平主义上。“文革”时代弄到“黄钟毁弃，瓦釜雷鸣”（郭沫若语），就是因为民粹主义、反精英主义甚嚣尘上。这种来自下层的“革命”，王小波把它叫做把人往傻里弄的反智主义，把人往呆里弄的反趣主义。什么叫反智、反趣主义？就是把聪明、有趣的人打成敌人。“卑贱者最聪明，高贵者最愚蠢”的颠倒，颠倒到最优秀的人沦为阶下囚，最下作的人荣登座上客的程度，“文革”历史就是个例证。

相较于那些冷酷、没有同情心、自私、伪善、不诚实、并且善于操纵人际关系的人，对道德比较敏感、比较有同情心、比较诚实以及比较不自私的人，很少有机会能在权位的阶梯上爬到最高层。

——索罗金

国内20年前曾经大批特批过“精英”，同时也在大反和平演变，大反走资本主义道路的“改革”。你发现近代中国每一次煽动大众反精英时，都是在反工业化、反知识化、反专业化。反来反去地反对资产阶级，结果成了大家心安理得地当无产阶级，心安理得地安贫守穷。穷人曾被贬称为“只会生孩子的阶级”，也不离谱。为什么？因为穷人总量世界第一、第二的中国与印度，人口总量一直稳居世界第一与世界第二。

其实，只要承认我国人口过多，也就承认了我国存在过剩人口。然而什么叫过剩人口，谁敢把谁定义为过剩人口？只能说工业化、城市化、职业化、信息化不发达，人力资源开发不够，造成了就业机会短缺，导致了生存竞争的恶化。那些依赖脱离税收、脱离统计的地下经济谋生的群体，比如卖身的、当打手的、诈骗的、贩假的、贩毒的、乞讨的等等，都是被挤落食物链底端的落魄群体。你常见那些没有什么亲缘荫蔽，没有什么人脉可恃，没有受过什么教育，没有什么技能，只能不择手段地谋生的群体，就是穷人被忽视、被排挤的结果。国内还有大量工业社会罕见的人群，譬如终日搓麻的，从早茶、午茶、下午茶喝到晚茶的，泡吧打游戏的，从早到晚离不开电视的有闲无钱人群，更是典型的农业社会特征。

农业社会是个金字塔型社会，底层畸大，上层畸小。由穷变富的过渡社会则是个哑铃型，中产阶级偏少。只有现代社会，才是个中产阶级占主体的橄榄型社会。穷人众多，民粹主义流行，“为穷人的主义”大行其道，美化与恭维穷人也就大行其道。殊不知“穷生奸心，富生良心”，一味吹捧与圣化穷人，不但会鼓励社会向下看齐，连带道德准则也会跟着滑落，流氓无产者一旦成了大众英雄，说出来都让人脸红。

穷人靠什么致富？除了依靠工业化、城市化、职业化、专业化致富，依靠人力开发与人力资本致富之外，其实是别无出路的。铲平主义最怕分工、分化、分层，把同吃、同住、同劳动的原始大同当成理想。其实，假如一个社会没有行业分化、职业分化、专业分化以及资源财富的分化，也就没有了人人各尽所能与各得其所。社会成员没有了最低保障、稳定预期与长远打算，返祖返回到吃了上顿儿没下顿儿的渔猎时代，投机成风还有什么奇怪吗？

乘机揩油

铲平主义来自何处？只能来自弱势阶层。摩尔认为，对于“在历史浪涛的席卷下发出垂死悲鸣的农民阶级来说，三个口号中的头一个不是‘自由’，而是‘平等’”。为什么？因为“它发源于在市场经济中受到严重挫折的农民的日常生活经验。……他们仇视商人、高利贷者、大富翁、世界主义者和知识分子”。前边说到的那个加图主义，“不但憎恶现代都市文明，憎恶城市式的智慧，而且对一切优异于最原始的民间思想的理性精神持敌对态度”。其实，每个下过海、经过商、干过实业的人都有体会，商业智慧绝对高于宗法亲缘的、村社邻里的生活智慧，因而，商业化生存的人也都知道，“无商不奸”是农民心态对商业人格的贬称。

200年以来，“为穷人的主义”与民粹主义、民族主义携手，与反西方、反殖民、反资本、反全球化运动携手，大大耽搁了新兴国家的现代化进程。譬如与没有殖民化却工业化的日本相比，世界上人口第一、第二的亚洲两个大国，脱贫致富的进程都被耽误了：有百年殖民历史的印度，至今尚未工业化，穷人遍地，一抓一大把。急起直追的中国，正在补工业化、城市化的功课。三种人（失业者、失地者、无社保者）遍地，也是一抓一大把。

说下层离文明更远，是因为我见识过底层翻身的丑陋。不幸也有幸，我此生亲历了下层的病态夺权与下层的病态搂钱两个时代，都不像是文明人干的事，对他们实在不敢恭维。按照韦伯对资本主义的解释，市场化非但不是人性的放纵，反倒是把人的原始冲动纳入理性轨道的约束。有学者说尼采的权力意志、马克思的经济利益和弗洛伊德的性意识是对人性的三大发现，即指“权”“钱”“性”是人性的三大原驱力。而放纵穷人的原始冲动，恰恰使我见识了权力、金钱、性欲对于中国人人格的亵渎，不细说了也罢。

如果搞两极分化，中国就会发生闹革命的问题。共同致富，我们从改革一开始就讲，将来总有一天要成为中心课题。社会主义不是少数人富起来、大多数人穷，不是那个样子。
——邓小平

《走向共和》的编剧曾借袁世凯之口说：“人民？什么人民？我见到的只是一个个人，哪有什么人民？”一句台词，给“以人民的名义”的面具卸了妆。“大多数民族犹如个人一样，只要在青春期学会了驯顺，他们年纪大了，就变成无法矫正的了。当风俗一旦确立，偏见一旦生根，再想加以改造就是一件危险而徒劳的事情了；人民甚至不能容忍别人为了要消灭缺点而碰一碰自己的缺点，就像是愚蠢而胆小的病人一见到医生就要发抖一样”（卢梭语）。

斯大林发明的“人民”这个词，像是一枚面目不清、两面讨好又自我空转的硬币，又像是一张无法兑现价值、总也花不出去的空头支票。国内当下，老百姓成了只受表扬、不受批评的神圣词汇，穷人几乎成了道德沦丧过程中的美德代表。“不幸的是，无论是社会主义现代化还是资本主义现代化，穷人都将承担最沉重的代价。唯一可以为这种代价辩解的理由是，如果不这样做，穷人们的处境会变得更糟。这种残酷的处境确实令人进退两难。对于那些不得不面对这一事实的人，我们应寄予最大的同情，换句话说，否定这种情况的存在，无论在理智上还是在政治上都是极不负责的”（摩尔语）。

路在何方？路在农民的“自我革命”

> 城市化不能只要农民的土地，不要失地的农民。工业化不能只要打工者的劳动力，不要打工者成为市民。如果城市化剥夺了农民“种房子”的权利，工业化剥夺了农民“种厂子”的权利，农民就只剩下“种庄稼”的义务。……农民权利缺失是中国问题的根源。
>
> ——李昌平

农民工的血汗劳动打造出焕然一新的中国城市，然而“盖楼的，住工棚”。30多年来，一直看着农民工扛个蛇皮袋子行李寄住在工棚甚至未完工的水泥框架里，或者拖儿带女群租在城中村或城郊；这样的“无壳蜗牛”我看不下去，并没有司空见惯地看麻木了。有人说廉价劳动力就该如此廉价，这正是中国的优势，这话我也听不下去。我知道南美、南非、东南亚的进城农民可以不当“无壳蜗牛”，靠政府通路、通电、通水，自己搭建板房来住。我国的进城农民自己搭搭试试？肯定拆你没商量。看到地震后能为灾民安装起那么多活动板房，感动之余我又想到，要是每个城市平时也能为进城农民装点板房多好？这事儿看起来不是做不到，而是没想到或不愿做。为什么没想到或不愿做？答案不是明摆着的吗？

今日中国农民，离乡背井、妻离子散地进城打工，绝不是赚钱谋生那么简单，而是个史无前例的伟大变革。可以毫不夸张地说，对于这个前所未有的历史进步，怎么评价都不会过高。为什么？因为这是中国农耕文明五千年从未有过的大变局。什么大变局？农民自己消灭自己的大变局。什么叫自己消灭自己？就是进城农民不再是农民了，一只脚已迈进了工业化、城市化、职业化的历史门槛。你知道现代社会有农场主，有农业工人，就是没有农民。为什么？因为土地资本化了，农业专业化了，农村城镇化了，分工职业化了，农民变成了市场化的人力资源，哪里还有原生态的农民？

农民问题说复杂相当复杂，说简单也相当简单。绕不过去的两大问题，一是权利的提高，一是农业人口的减少。但说到底还是一个权利提高的问题，就是杜润生先生说的“给农民以国民待遇”。

——秦晖

假设没有工业资本抽取农业劳力，妻离子散、离乡背井的农民再变，也不会变为工人，只会变为流民；而失去土地的流民，两千年来一直是“威力强大的火药桶。这个巨大的过剩人口的瓦砾堆，极易被暴乱的火星所点燃”（摩尔语）。假设没有企业吸纳人力资源，因水旱天灾流离失所的灾民也会进城，不过不是去打工，而是去乞讨或劫掠。前边说过，流民一旦“拉杆子”“吃兵饷”，天灾就会转化为人祸。什么叫农民革命的周期发作？这就是。

原生态的农民是个什么样子？是阿Q栖身土谷祠里的土地爷的样子，也是孙悟空每到一地祈符请出来的土地神的样子。土地爷、土地神是指农民的身家性命全部维系在土地上，不能抽身，没有自由，沦为土地的附庸。土地是农民唯一的谋生资源，被吸附在土地上的农民只能守土重迁、原地繁衍，遂使得家庭宗族的血缘裙带代代扩展，编织出他们安身立命又织网自缚的蛛网。一旦发生天灾，一旦发生人祸，甭管什么灾变吧，反正一旦失去了土地，农民就成了没有任何财产的一根光棍。没有土地的光棍娶不起老婆，没有了家庭宗族的荫蔽，也就没有了人生舞台。

试想，以家庭为生活中心的农民，一旦没有了家庭，离乡背井能够去干什么？再试想，历代农民怎么可能像今天这样抛妻弃子，外出打工，年没过完又离家返岗？离开了工商业资本与职业化生存，离乡背井的农民除了拼死一搏，能有如今应聘打工的选择吗？想想看，假如没有城镇企业对于农村劳动力的转移，离土离乡的农民除了铤而走险、火中取栗之外，还有别的谋生选择吗？

所以说，爆发农民革命“最主要的原因，在于社会中缺少工商业资产阶级，缺少他们领导的商业经济革命。……像中国那样，则是绝对权力支配的强大官僚机构窒息了工商业资产阶级的成长”（摩尔语）。今日中国能远离农民革命，原因也在这里，在于国内有了市场经济，有了公司化生存的空间。弄清了这个道理，我们再来反省历史，才知道中国社会近代落后与痛苦的根源，“不是苦于资本主义的发展，而是苦于资本主义的不发展”（列宁语）。以往习惯的说法，如“国际资产阶级、民族资产阶级阻碍了农村生产力的发展，造成了农民的破产”等等，显然是有所误会。

翻阅历史，“贫农最革命。没有贫农，便没有革命”，曾是个不容置疑、不由分说的论断。同属亚洲，这个论断在印度、在日本，根本就不存在。从一个可疑的前提，不难推出荒谬的结论。为要策动农民革命，就要寻找“最有战斗力的阶级”。谁对社会最具冲击力与破坏力呢？当然是一无所有的破产农民了。马克思、列宁一直强调农民阶级的没落性、反动性，强调农民对于“历史的主角——资产阶级来说，是个垂死悲鸣的阶级”（摩尔语）。因而，日本明治政府的政策，是促使农村经济向市场开放，“利用农民作为资本主义原始积累的来源”，而国内却是利用农民打头炮，“打土豪、分田地”，把土地易主、平均地权当成了革命的纲领。

其实，破产农民只有依靠城市化、专业化、职业化生存才能得救。怎么救？救离土地，“不再琢磨如何利用土地来维生，而是把它看作资本投资的一种途径”（摩尔语）。土地也能变成资本？当然了，土地如今已经成为中国最大、最雄厚、最具增值潜力的资本，成为含金率最高、寻租率最高、竞争率最高的资本，只是

作者临摹的罗中立的油画《父亲》

它呈现为政府独占的权力资本形态。耕地仍处于佃租状态的农民，对于土地资本的占有率、收益率与补偿率全都低得不成比率。因而，农民的背井离乡，其实是无法获益于土地资本的结果。

正是劳动力的自由流动，形成了农民的一个自我革命，也即自我资本化。什么叫自我资本化，就是农民被中国式圈地运动驱离了出来，成为参与工业化、城市化进程的人力资本。劳动力虽然廉价，但毕竟摆脱了土地的束缚，土地不再被当做是唯一的生计与财产。也就是说，人力资本成为农民的生计与财产了。承受了中国式圈地运动的沉重代价，农民变身为摆脱土地、摆脱宗法依附的相对自由人。农民工逐步成为独立民事责任的利益主体，逐步脱胎成为人格独立的经济人。于是，挣脱了村社化、宗法化生存的锁链，一个个原生态农民自然消亡了，一个个职业市民萌发出了雏形——这一场农民的自我革命，不是极其伟大吗？

要鼓励农民离开农业，走出农村。中国的现代化，必须要有个“大搬迁”（农村人口转变成城市人口）。

——张五常

孙悟空每到一地求助土地神干什么？是为了打听亲缘宗法关系。历代朝廷派往地方的县官也一样，也要先结拜当地的豪绅；就像我当工作队长下乡搞社教，也得先打听清楚副书记和公安局长是亲家，组织部长是县长的内弟等等，否则你就没法下手做事。土著、世居、联姻，不但令中国人种群退化，还取消了自由流动与独立人格。这种宗法关系扩散开来，同族、同乡、同学、同行、同事、同单位，都成了内亲外疏的同心圆。所有这些，都成为乡土宗法对于个人自由与市场法则的抗拒，也形成了对法律制度的排斥。为什么？因为契约精神只能产生于陌生人社会，熟人社会是关系社会，天然会排斥法律契约。假如按照法律规则办不成的事，总是能通过关系办成，长此以往，凡是通过关系能办成的事，一般也不依法依规去办，不已成为中国人的习惯了吗？

回眸历史，你纳闷习惯于逆来顺受的农民，怎么会起来造反？你感觉天性保守农民，其诉求往往并不过分，怎么会得不到满足，以至于揭竿而起？你的疑惑没错，农民革命的病灶正在这里：正因为社会根本无法满足农民的诉求，才会爆发暴力冲突。为什么？因为农民的诉求与现代化的方向是南辕北辙的：农民的理想千年一贯，总也不变，就是要求平均分配土地。正如法国大革命中，“要求财产的平均分配是贫困农民的最高要求”（摩尔语），而“平均地权”也是中国革命的纲领。你知道市场发育的方向，是土地资源的集约化与产业链条化，而平分土地的方向却是重返小农经济。你知道产权进化的方向，是私有化、股份化，而平分财产的方向却是共有化、公有化。“我们越往前追溯历史，个人就越不独立，从属于一个较大的整体”（马克思语），因此，社会进化不可能开倒车，也因此，农民幼稚的原生态诉求没有出路，只能碰壁。

我们不怕城市里出现大企业家，出现大资本家，为什么害怕农村出现大农场主，出现大地主呢？

——孙大午

网友朱鲁子回山东老家省亲，痛感当地的村民直选是“瞎折腾的无聊游戏”。他看到富人贿选或强人控选轻而易举，没有明确利益诉求的村民，也就没有明确的投票意向。对于没有摆脱家族化依附与村社宗法关系的农民来说，自由选举，仍旧像一件享用不起的奢侈品。为什么？因为农民作为利益主体仍不独立，他们的利益诉求仍不确定，选票就不如钞票实惠。这就像秋菊，打官司打出了意外，得罪了村长，难产时谁送她上医院？满月酒村长不来喝怎么办？由此可见，有恒产才能有恒心。选举权捆绑在财产权上，有财产才有选举权的历史过程，就是这么一步一步走过来的。

巴林顿·摩尔的《民主和专制的社会起源》一书，堪称是革命发生学名著。他开宗明义地总结世界历史：“没有资产阶级，就没有民主”，“现代化进程以失败的农民革命为起点”。他横向剖析，比较了英、法、美、德、日、中、印七个大国，归纳出迈向现代化的三条道路。这七个国家尽管家家握玉、人人抱珠，国情各不相同，历史上却都难倒在农民问题面前。七个国家走出的三条道路，也都吊诡地交汇在农民身上。这就再一次证明了，横亘在现代化半路上的农民问题，任谁也绕不过去。七个大国，最终都是或者拆除，或者绕开，或者引爆，或者浇灭了农民革命的火药筒，才分别走上了各自的现代化道路。

简要说起来，这七个大国的各自路径是：“作为工业革命一部分的圈地运动，已经把农民问题从英国政治中排除掉了。英国没有因为积留大量农民而导致像德国和日本那样的反动结局，也消除了俄国和中国那种农民革命的群众基础。由于迥然不同的原因，美国也幸免于农民灾难。法国则未能避开这个问题”(摩尔语)。你看，农民的出路决定了现代化的出路，化解农民问题的不同方式，形成了七个大国各自走出的三条现代化路径：英美的资产阶级革命通向了西方式民主，德日的保守革命通向了夭折的法西斯，中俄的农民革命也不得不半途而废。

德意日轴心国的兴起，其后发追赶现代化的路径，曾对中国颇有影响。这个后发现代化运动的政治背景，是民族独立与民族解放的反帝反殖运动；其经济背景，是后发赶超时不愿重走西方的老路；其文化背景，则是物竞天择、人种改造、民族竞争等理论。显而易见，这些东西都既深且广地进入了我国的政治生态，迄今仍在发酵着。

农民革命取代了资产阶级革命，是不少亚洲国家走过的弯路，积留下全球最多农民的中国与印度，也不例外。“资产阶级革命会结出一系列政治、法律制度的果实，而农民革命不过是力求恢复本质上大同小异的社会秩序。……这全部流血和暴力到底为民主制度做出了哪些可以看得见的贡献呢”？不仅在亚洲，你发现上个世纪风起云涌的亚非拉反帝反殖的民族独立运动，背后也有一场抵制经济全球化的农民运动。时过境迁，抵制经济全球化的农民运动早已被日益壮大的世界贸易组织消弭了。被称为“经济联合国”的世贸组织，能够从初创时的富人俱乐部扩展为今天的穷人俱乐部，其实也是各国农民进城务工的成果。

农民工是中国制造业的主力军，进入跨国公司的中国工厂是国内进城农民的首选生存方式。然而反观我国的历史文献，通篇都在讨论避开和跳过资本原始积累阶段的可能性和必然性，通篇都在讨论抵制跨国公司的政策与策略，都在逃避经济全球化。如今常讲的弯道直抄，是不是对于曾经走过的弯路的补课？

导致叛乱的主要因素有两个：一是贫困，而是民怨。社会中存在多少破产者，就存在多少潜在的叛乱者，这是一个定律。

——弗朗西斯·培根

“有一种观点认为，需要以人民暴力扫清封建障碍来实现现代化，这纯属胡说。德国和日本的历史便是证明”（摩尔语）。德国与日本失败于攻城略地的军事竞争，转而依靠市场份额竞争而和平崛起的例子，再一次证明了农民革命或法西斯道路走不通。通往现代化的“地上本没有路”（鲁迅语），各国披荆斩棘走出来的路上，早已留下了成功的辙印。但总有中国人喜欢在通往现代化的路上竖起个牌子，上面写上：前方道路尚未打通，车辆请绕行。如果我们绕来绕去地总是栽倒在事故多发路段，譬如再次踩爆了“革命”的地雷，久别了战乱的中国人又重陷战乱，不会贻笑世人吗？

七个大国的三条路径，其实也就是两个选择：选择革命就是选择了激进主义，选择渐进就是选择了保守主义，所有国家都可以在这两者之间有所选择。无情的史实告诉我们：一个国家的人口主体是市民还是农民，或者说，一个社会的人口主体是市场化、公司化生存还是村社化、宗法化生存，是这个国家、这个社会现代化转型是否完成的标志。也就是说，靠春种秋收的周期循环生

讨薪的农民工

存的农民社会，必定过渡进入转型的动荡不安中。而依靠公司化、职业化生存的市民社会，则已经完成了这个过渡，进入了稳定的中产化社会。因而，农民进城，自我消亡的伟大革命能否成功，决定了中国社会能否跳出治乱相循的周期律。

在历史弯路上积留下全球最多农民的中国，也面临全世界最艰险也最伟大的革命——农民自我消亡的革命。国内目前的2.79亿农民工，大多集中在低薪、高危、过劳行业，而且多是随机的、临时的、多变的职业，也是与市民身份无缘的职业。农民工接替了市民不愿干的活儿，不是由于他们能变身市民，反倒是由于“城贵乡贱”的身份区隔，使他们无法变身市民，因而，他们跨进城门的仅是一只脚。双脚仍在城外的农业人口，至少还有5亿，至少还须两代人的接力。对于留守乡下的老人孩子来说，进城的子弟兵是楔子般攻入城市的先头部队。你看到亿万过河小卒们是没有退路的，只能挺身向前，得寸进尺，步步为营，打赢这一场持久战。

不必怀疑，农民进城将会是中国历史上最宁静、最深刻、最漫长的一场社会革命。让我们至少再拿出半个世纪的耐心静候吧，静候中国农民不再是农民，变成自由择业、利益独立的市民或农场主、农业工人时，中国才可以跨越半路上的火药桶，与现代社会无缝对接。

C篇　化险为夷，拆除引爆火药桶的雷管

我们在近70年的时间里走入了一条死胡同，偏离了人类的康庄大道。无论承认这一点有多么痛苦，经济意识的理想化扭曲了最基础的财产关系，导致我国远远落后于发达国家。忘记过去，就意味着没有良心，但要想回到过去，就意味着没有脑袋。

——普京

子弹乱飞了一个世纪

暴力是专制的主要原则与直接根源。

——托马斯·杰弗逊

随着孔子学院在国外越办越多，2008年的北京奥运开幕式上，装扮的三千弟子面对各国首脑和众宾高吟先师的信条：“四海之内，皆兄弟也”。然而谁敢相信，仅仅四十多年前中国人曾经炸孔墓、烧孔像、毁孔庙、砸孔碑、焚孔书、砍孔林？如今向世界吟诵孔子“和为贵”的名句，是为了展示中国人崇尚和平、博爱天下的形象，然而童年的我开始读书时，读到的第一页却是寻找敌人：“谁是我们的敌人，谁是我们的朋友，这个问题是革命的首要问题”——革命年代是个人人警觉身边敌情的阶级斗争年代，也是个全民备战全民皆兵的惶恐年代。毛泽东说“政治是不流血的战争”，但那个年代的政治却是流血的。

军事术语在我国硝烟至今不散，以至于大家全都习焉不察、见怪不怪了：“主力军，同盟军，后备军，战斗堡垒”属于内部划分吧？“统一战线，教育战线，后勤，1线2线3梯队，指挥部”是在打仗吗？“先锋队，排头兵，突击手，白衣战士”要冲锋在前吧？领导是“首长”，夫妻是“战友”，“练兵，动员，武器，阵地，攻坚，突破，会战，决战”都是在作战吧？没有刀枪入库也没有马放南山，这些打仗用的东西咱们应有尽有，装备齐整，只是如今却独独缺了敌人。怎么一回事？好像我们是在无的放矢，或是在与假想敌大战风车？

周立波有一个段子你可能看过：他假设毛泽东在世时，遇上了南联盟大使馆被炸。他推断毛的反应很果敢，会一声命下：“把所有200颗导弹统统拿出来，打到他美国去！”他认为这才符合毛泽东的性格。这显然是虚构的啦，过来人都知道，“那个时代对外是嘴上硬，实际上软”（贾庆国语）。但话说回来，三大战役刚打完又接着打过鸭绿江去的老一辈，当年是的确不怕打仗的。

譬如毛泽东1958年说：“打起仗来不要大惊小怪，无非就是死人。打仗死人的事我们见过，人口消灭一半在中国历史上有过好几次。原子仗现在没有经验，不知要死多少人？最好剩一半，次好剩三分之一，29亿人口剩9亿，几个五年计划就发展起来了，换来一个资本主义全部消灭，取得永久和平。这不是坏事。”更“惊人的坦率”（西方记者语），是外长陈毅1965年在中外记者国庆招待会上指着自己满头白发说的话：“我们等候美帝国主义打进来，已经等了16年。我的头发都等白了。或许我没有这种幸运，能看到美帝国主义打进中国，但我的儿子会看到，他们也会坚决打下去。”

话虽坦率，但历史并未被陈毅言中。陈毅的儿女非但没有跟美国打下去，还专门从事对外友好交往呢，孙子们呢？他的孙子们全都步爷爷的后尘赴欧美留学了，谈何打仗呢？为什么跟美国打仗不如跟美国做生意？因为“跟着美国的国家都富了嘛！”——在陪同邓小平访美返国的飞机上，李慎之问邓：“我们对外开放为什么首选美国？”邓小平就是这么回答的。邓的这个理性回答，迄今仍可以推而广之：跟日本打仗不如跟日本做生意吧？跟越南打仗不如跟越南做生意吧？

但陈毅说的无仗可打，对于当年一心打仗的人来说，倒是实话。我老爹的战友都是军人，当年苦于无仗可打，常在家里撒豆成兵，沙盘演阵，继续推演他们的战略战术，还特意训练我们这些子弟兵学习射击、投弹、拼刺刀与“洞洞要拐”（0017）地拍电报——这几样本领我上小学时就学过啦，如今的小学生羡慕不？当年“全国学解放军”，身边哪个人不猴急猴急地想弄身黄军装穿穿？抢过别人的军帽戴到自己脑袋上，一时曾成了风行全国的时尚，谁敢把革命行动说成是拦路抢劫？王小波的那个同学，即使不穿军装，穿件长衫，也要客串首长，手握红蓝铅笔，在家里一面墙那么大的地图前面踱来踱去，推演世界革命的战略战术。

“兵者大凶，战者无所不用其极。”要和老百姓说清楚，战争是残酷的，从来都是“保底”的手段，不到万不得已不能采用。

——刘源

我从“红得发紫”的红卫兵变身“紫得发黑”的“走资派、三反分子”子女后，一心当兵的梦想泡了汤。但我仍旧笃信“常胜将军”林彪，笃信他推演的世界革命战略能够战无不胜。在气吞山河的《人民战争胜利万岁》一文里，他把我国农村包围城市，最后夺取城市的内战模式，放之四海而皆准地推广为世界大战模式。也就是说，副帅要与正帅联手，把世界革命的战略战术纳入中国特色的道路上来。这个战略概括地说，就是中国要率领第三世界即亚非拉的广大农村，分化、争取第二世界，孤立、围困并最终攻下第一世界。

在这个你死我活决一死战的战略部署下，“八亿人民八亿兵，万里江山万里营”，我也幸运地当上了武装基干民兵。每天不见天日，我在厂里连续挖过两个月防空洞。在家属被服厂里锁扣眼的老妈，还被卡车拉去挖过阻挡苏联坦克的壕沟呢。毋庸讳言，那年月包括“两弹一星”在内的全民皆兵、全民备战，都是立足于“早打、大打、打核战争”（毛泽东语）的。

毛泽东当年给世界指出过两条出路：“不是战争引起革命，就是革命制止战争”。他又指出暴力革命才叫革命，“三和一少”

（和平共处、和平过渡、和平竞赛与少输出革命）是投降主义。因而他说的革命，仍旧是指战争，所说的革命制止战争，就是用革命战争制止反革命战争。这样一来，人类的前途也就严重了！摆在人类面前的看似两条出路，实际上只剩下一条：除了打仗，别无出路！

有人笑我们是“战争万能论”，对，我们是革命战争万能论者。
——毛泽东

当然了，这个说法是符合毛泽东关于“整个世界只有用枪杆子才能改造”的一贯信念的：“革命就是暴动”，革命“不能温良恭俭让”。整个世界为什么只能靠暴力革命才能改造？因为这个世界贫富不公、特权独占、贪腐成风、弱肉强食、压迫剥削，对不对？那么，这个世界为什么无法和平改造？或者说，暴力革命的必要性、合理性与正当性，理由何在呢？——当过20年宣传干部，学来学去、讲来讲去，我早已稔熟于这些理据了，这问题难不倒我。理由我能说得头头是道，无非是这么三条：①阶级敌人不会让步，不会投降，只能让他灭亡；②旧的国家机器无法改造、无法利用，必须被打碎；③社会无法循序渐进、迂缓改良，只能摧枯拉朽、陡然切换。

然而百年血雨腥风刮过，子弹在中国乱飞了一个世纪，史实却颠覆了这三条理据：①人是理性的动物，能学会妥协；②国家机器不必摧毁也能改造；③法律与制度无法切换，只能演进。因而，不诉诸暴力的社会革命可以成本更低，收获更大。

前边说过，一条道儿走到黑地走暴力革命道路，会发生种瓜得豆，播下龙种却收获跳蚤的后果。为什么？因为“暴力是进步的助产婆，但也是动乱的助产婆”（萧伯纳语）。暴力革命付出的生命涂炭的代价，与它收获的社会进步往往不成比例。譬如依靠暴力劫富济贫，重新分配权力财产，播种的是“均富”，收获的却是“均贫”，不是吗？动员底层造反翻身，打翻了上层取而代之，也没有达致权利平等。播种的起先也是“人人平等”，收获的却仍是权大法小、官贵民贱，不是吗？

总之，血与火的革命过后，渐进积累的、稳固牢靠的法制建设仍旧缺如。如今一眼望去，贫富分化并没有比革命前缓解，贪腐之风甚至还比革命前炽烈了，不是吗？革命暴力纵然能摧枯拉朽、涤荡污垢，但只有破多立少甚至有破无立的一时之功。暴力只能推倒牌局，不能新建制度。制度是什么？“制度是社会的游戏规则”（诺斯语），“制度不过是一种社会习惯”（凡勃伦语），“制度不过是一种解决社会问题的技术”（米塞斯语）。也就是说，制度作为社会的规则、习惯与技术，只能靠合作与妥协、积累与创新产生。革命能摧毁旧制度，却无法创建新制度，是因为社会机体是个生命体，社会进化是连续渐进的——这个原理，决定了社会变革只能是系统整体演进的生物学，而不是独臂撑杆、惊险一跃的运动力学。

“自然不能飞跃”这句格言，也尤为适合社会。社会进化是渐进的。它的进步有时由于政治上的事变而停顿或倒退，但是，它的前进运动绝不是突变的。

——阿尔弗雷德·马歇尔

说回当年。“人有千算，天只一算”，世界革命的蓝图初展却图穷匕见，谁料想正帅与副帅之间很快就闹翻了，出师未捷，空留下宏图大略在历史档案馆里，也空留下我们那一代青少年的遗梦与梦遗。我们当年渴望打第三次世界大战，渴望上前线，渴望有立功喜报被敲锣打鼓地送回家，让父母无上荣光一番。无数红卫兵甚至渴望牺牲在攻占克里姆林宫或白宫的台阶上，当个烈士；譬如我，就渴望自己家的门楣旁也能钉上一枚“光荣烈属”的小牌子。

那是一个崇尚暴力的年代。小孩子最爱看打仗的电影，电影也只剩下“老三战”（《地道战》《地雷战》《南征北战》）。刚上小学一年级，我记得学校包场去看的第一部电影叫《红孩子》，编的是儿童团与少年游击队夺枪杀敌的故事。那年月没有电影分级（迄今仍旧没有），也没有儿童不宜。不但没有不宜，潘冬子刀砍敌人、纵火烧屋的故事，王二小欺骗敌人被杀的故事，刘文学保卫公社辣椒被杀的故事，干脆都是专为未成年人制作的。灌输给小孩子的，都是“以牙还牙，以眼还眼”的报仇雪恨精神。

暴力遗风，隔代相传，如今我小外孙常听的儿歌里，还夹杂着“机关枪，哒哒哒；手榴弹，轰轰轰”的冲锋陷阵歌词呢。

恐惧是仇恨的源头，无知又是恐惧的起因。如今，年过花甲的我可以学笛卡尔那样说了：“小时候，我对许多错误的东西信以为真，我为此感到震惊。”震惊什么？震惊未成年人心理发育过程的自我中心与善良预期被误导、被扭曲了。孩子的轻信与盲从，都是被大人有意无意误导的。怎么误导？就是神圣化一些人和事，妖魔化另一些人和事，让孩子停留在非黑即白、非友即敌的幼稚判断上长不大。

苏共二十大的秘密报告早已解密，是“斯大林创造了‘人民的敌人’这一概念。‘人民的敌人’这种公式化的提法，是专为从肉体上消灭这些人而提出的”（赫鲁晓夫语）。当年我们信奉“凡是敌人拥护的我们就要反对，凡是敌人反对的我们就要拥护”、“对同志像春天般温暖，对敌人像秋风扫落叶般冷酷无情”的逻辑，认定每个人不是敌人，就是朋友；不是好人，就是坏人；每件事不是好得很，就是糟透了。这种非敌即友、非黑即白的幼稚选择，网友迄今仍传承了下来：要么“顶”，要么“砸”；要么“献花”，要么“扔蛋”，不是退回到了八岁孩子的水准吗？

“在人类的一切智能活动里，没有比做价值判断更简单的事了。一只公兔子都有‘大灰狼坏，母兔子好’的价值判断的本能”（王小波语）。因而，童稚化的简单判断，令几代人的思维状态离韩少功的《爸爸爸》里那个喜欢谁就叫爸爸爸，不喜欢就 × 妈妈的脑残孩子相距很近，离成年人的成熟理性则相距甚远。不求真只求善的价值偏好，就是中国人理性幼稚的表现。几代人精神发育上迟迟不熟，成为长不大的精神侏儒，理性化程度很低，情绪化程度很高，不能不归咎于教育的误导。

“人的本性本无善恶，恶是善受挫后派生出来的”（马斯洛语）。你设想一下，假如每个初谙人世的少年，都亲历过把善打碎了给他看的恶，会留下怎样的心理基因？敌意与仇恨，总是爱被毁灭的结果。一代人在心理发育的自我中心阶段，稚嫩的敏感、猜忌被诱导朝着嫉恨、敌意的方向发展；心理发育的善良预期阶段，又被诱导朝着挫折、失败、报复、攻击的方向发展，试问，这不是在拿狼奶喂养孩子吗？无知强化了恐惧，恐惧又强化了仇恨，一个人会变得“似乎更钟情于绝望，痛苦和死亡”（罗素语），也会变得不谅解、不宽容与不克制。这一点上，老愤青的红卫兵与如今的小愤青不都如出一辙吗？不都炸药包似的容易点着吗？

要是我们看到了丑恶，却不用愤怒的手指把它点出来，那我们离丑恶就不远了。
——伊万·克雷洛夫

前边说到，红卫兵曾渴望牺牲在攻占克里姆林宫或白宫的台阶上，那是因为我们与苏修、美帝这“两霸”不共戴天。今天想来，每个中国人这一辈子，除了被作威作福的同胞欺负之外，谁能受到苏修、美帝的什么侵害呢？起码人家没有打上门来吧？要说打上门来，除了被日本人打上门来之外，倒是中国人几次打出门去，先是在朝鲜，后来在越南跟美国人打仗，打得死伤无数。1970 年我在郑州煤机厂学铆工，见到偌大的煤矿机械厂变成了兵工厂，给越南战场制造高射炮，并没有造出什么煤矿机械。我姨父从朝鲜战场幸存回来后，从不提及自己那段光荣历史，只说他根本没有受过什么军事训练就上阵了。没钱买票，他仍经常扒火车来看我们。50 出头他就病逝了，从未享受过什么待遇。

如今想来，年轻时我要当兵打出国门去的想法颇具挑衅性。自己或身边的无论谁或谁，都没有被美帝、苏修伤害过，可所思所想却颇像一个基地组织的恐怖分子，怎么一回事儿嘛！如今能解开这个困惑，还得感谢红卫兵的接班人现身说法。谢谢小愤青们，是你们杀气腾腾的回马枪刺痛了父辈们，我们才得以猛醒过来：原来红卫兵当年渴望打第三次世界大战，消灭帝修反，报了他们历史上欺负咱们中国人的一箭之仇，我们几代人的理念是一脉相承的。我们当年被教导说：“自由是一切罪恶之渊”、“人性是不分敌我的泛爱”、“法律是虚伪的资产阶级法权”、“民主、人

老革命遭遇了小革命

权是遮羞布”、“干涉、侵略是为了剥削、掠夺”、“帝国主义亡我之心不死”——这些理念至今也未得到过清理。因而，几代人的行为指向也难免一脉相承，总是放大自己的历史受害者情结，总是倾向于暴力革命和民族复仇主义。

如今看来，仇恨与恐惧这对双胞胎，都是由无知与蒙蔽生育出来的。蒙昧主义携手暴力主义的幽灵，至今仍旧游荡在几代愤青头上！如今这一代人虽不拒绝啃老，但却很难真心敬老、对老一代心存敬意，为什么？因为老一代当年干的那些事儿，很难让新一代心生敬意。假如以怨报怨，以暴易暴的逻辑一脉相承的话，那么，以前辈之道还治前辈之身的事也会发生，也会重演老革命遭遇了小革命的当年一幕，不是吗？一旦几代人之间用革命来继承革命，用革命来回报革命，不是我们自作自受、自己拉屎自己吃吗？

我一直信服苏格拉底关于“没有人会有意识的作恶”的见解。这位先哲的意思是说，人们作恶是由于他们没有真正、彻底地认识到那是恶。信服这话，不是因为它能解脱作恶者的负罪感，而是它指明了一个原理：蠢生恶，恶之母曰蠢。大敌当前，杀人打人，撒谎设局，任何不择手段的恶行，都可以被顺嘴圣化成善行；能“把恶杜撰为善”，归功于革命的宏大叙事，而“把恶曲解为善”，则是革命者被忽悠了。

人类所有暴行的实质，都是蠢行。选择仇恨与复仇，是人的自负、胆怯与懦弱的低智选择。在医治社会弊病的多种处方面前，选择暴力革命不是最优、不是次优，也不是最适选择、主动选择。历史上一次次的暴力革命，不过是不得已而为之的被动选择、最后选择罢了。

暴力能把圣斗士变成魔兽。在托马斯·阿奎那警告人类的“七宗罪”里，包括了自负、暴怒、嫉妒、欺诈等。但丁对自负的解释是“过度爱自己”，对暴怒的解释则是“复仇的欲望导致在法律赋予的权力之外，惩罚他人”。布拉德·皮特在电影《七宗罪》里扮演的那个年轻警察，就是个圣斗士变成魔兽的例子。这个警察原本是个道义英雄，由于没能克制住自己的自负与暴怒，跌进了恶魔给他挖好的陷阱，最终变成了与恶魔一样的施暴狂人。

我用之传之万世的，不是我的政绩与武功，而是拿破仑法典。
——拿破仑

“革命”散播并崇尚暴力，从老愤青身上遗传到小愤青身上，代际遗传是明显的。几年前，曾有老外骂我们是“五十年不变的蠢汉和暴徒”，我倍感冤枉，深知这是“黄泥巴掉进裤裆里——不是屎也是屎”——替当年的红卫兵背了黑锅。但上溯当年，红卫兵的确就是蠢汉与暴徒，而且，其暴行都是被“忽悠”蠢了的蠢行。譬如自己明明是在虐待老师，却深信“革命无罪，造反有理”，深信自己是在“横扫一切牛鬼蛇神”。自己明明是在伤天害理地侵犯人权，却以为“一切行动听指挥”“一切服从组织安排”是不必怀疑的，是天经地义的。你知道当年那些谎言甚至伪证，凌辱甚至虐杀，可都是理直气壮、正义凛然的呀！也都是在五迷三道的巫魅境界里干下的！由此可见，老愤青之所以当过暴徒，实质是因为我们当过蠢汉。如今我们能幡然悔悟，是由于当年我们被人愚弄，不知道自己的所作所为是恶行。所谓“不知恶，焉知善”，说的就是这个道理。

以暴易暴是一剂毒药

不要以暴力对抗恶。因为暴力抗恶，得到的结果仍然是恶。

——列夫·托尔斯泰

年逾六旬也见识渐长。我发现，即便不是悲悯生命而仅是保护自己，常胜将军也不宜常把打胜仗挂在嘴上。为什么？因为“胜利孳生了仇恨，因为被征服者不快乐”（佛陀乔达摩语）。而我又发现，生活中失败者或弱者、被侵权者的怨恨，总不免把以暴易暴拉伸成一条长长的历史链条。

譬如“文革”。“文革”是中国人背上的沉重包袱，我们总想卸下它，埋掉它，忘了它，但总也卸不掉，埋不住，忘不了。为什么？因为只有赎罪悔过，痛改前非才能截断恶的链条，任何遮掩、抹平、推卸都是罪行在继续接力。为什么？因为“任何谎言会引出更多谎言，任何残忍会引出更多残忍”（托尔斯泰语）。

我们举 2013 年震动全国的“3·04”长春盗车杀婴案来说。如果盗车人周喜军发现后座上的婴儿后，能够立即中止犯罪，或者送回车与孩子，认错赔罪，或者像同一时间发生在美国的那个盗车案，盗车贼发现婴儿后弃车逃走并两次报警，致使婴儿获救，车子也物归原主。可见，中止犯罪就能改恶从善，就能减轻罪责。但你看到长春的这个盗车贼却不是这样，他愚不可及，做出了相反的选择：他用杀婴埋尸的故意杀人，来完成自己的盗窃，放大并升级了犯罪，恶上添恶。由此，一个小罪升级为大罪，侵犯财产罪升级为谋财害命罪的罪行链条，就这样大错铸成，无可挽回啦！

许多过失犯罪升级为故意犯罪的情节，都是如此：犯案者先用撒谎掩盖过失，又用伪证掩盖撒谎，再用掐死证人掩盖伪证，最后用纵火毁尸掩盖杀人，酿成连环大祸的链条环环相扣，都是这样节节放大的。你不难发现，自己身边这类不改小错，酿出大错，为掩盖过失而故意作恶，为逃避担责而嫁祸他人的事儿，几乎每天都有发生，许多人都有教训。譬如"文革"本身，也是这样一个例子：一错再错的领导人，为维护自己的"一贯正确"，犯下的错误不断升级，最后，错上加错不就变成了恶上添恶吗？

当年的一连串灾难是怎么环环相扣的？相信每个人都难以忘记。起先，是用反右来压制批评，接着，是用"大跃进"来反击右派。然后，用反右倾、诬陷彭德怀来回击对于"大跃进"的批评，再然后，用批判《海瑞罢官》，制造彭德怀冤案来坚持"大跃进"的错误。最后，用"文革"来报复刘少奇对于"大跃进"的纠正，又用枪毙"反革命"来镇压对于"文革"的不满——这一连串步步升级的运动，是不是在用大错坚持先前的小错？是不是一个错上加错的传递链条？

作为老一代愤青的红卫兵，当年我们的蠢行与暴行也形成一个链条。譬如本人，先是偷书，后是批斗老师，最后发展为虐尸，自己也几乎难以置信。恶行为什么会步步放大？答案我早已有了：在那个不能杀人的伦理被扭曲成"杀敌立功"，不能撒谎的伦理被逆转为"智取、智斗"的年代；在那个自以为目标神圣就可以不择手段，暴力与谎言都被封为"革命行动"的年代，每个人的暴行升级，其实就是蠢行的放大。总之，大错早已铸成，除了洗心革面地悔罪赎罪之外，如今，谁还能拿我们那些愚不可及的老愤青怎么办呢？

反省那个全民雌伏至谄媚，癫狂至乖佞，愚钝至蛮傻，褊狭至自闭，暴虐至血腥，虚妄至荒诞，滑稽至乐极生悲的时代，除了找回良知，拯救灵魂，锥心忏悔，祈求宽恕并用以警示新一代愤青之外，我已经没有了别的选择。作为一个退休老人，如实披露老一代愤青的心智混沌历史并立此存照，给新一代愤青矗立一面镜子，就是我在赎罪悔过，拯救自己。

“善欲人知，不是真善；恶恐人知，才是大恶”（《朱子治家格言》）。假如一个人或者一个民族，习惯于对自己的历史文过饰非、隐恶扬善——譬如我们50后，平时只宣扬自己当知青下乡时如何经受磨炼，却闭口不提每个知青都当过红卫兵，都伤害过别人，都负罪在身——不正是“恶恐人知，才是大恶”吗？

先说偷书。我去偷书是蓄谋已久的。趁看门人入睡之前，我已蹑手蹑脚地潜入图书馆院内，藏在茅房墙后忍着恶臭伺机下手。尽管暗夜里砸玻璃窗时划破了手腕，付出了血的代价，1967年冬天的午夜时分，我还是从市图书馆里摸黑偷出了12本厚书。那年头既没有鼓囊囊的羽绒服，也没有肚皮像圆球的胖子；好在街上也没有巡夜人，没人看见我棉袄内前胸、后背与腰间塞满了书的鼓胀样子。回家后也不敢被家人看见，我把书藏进了鸡窝里。此后没明没黑地十几天里，一口气读完了这些书，销赃灭迹，我又把它们全都投进了粪坑里。为什么要把书扔进粪坑？因为那年头不但烧书，还批斗读书人。

烧书之后还能干什么呢？

以革命的名义，当时全社会不但烧

书，还在整肃“知识越多越反动”的人。敢从市图书馆里偷书，是因为我驾轻就熟——“文革”开始前，刚上初中的我每周都要来馆里借书。“文革”开始，书库被封，我没书读了；学校停课，每天上学的我又辍学回家了。对于一个 15 岁的男孩来说，不上学也没书读，我的大脑开始变得像冬日里割空了庄稼的田野那样，一片光秃秃。怎么办？偷书来读！按捺不住的犯罪冲动，就是这么发生的！

至于读后毁书，倒不是因为书是赃物，而是因为读书有罪。那时节，除了读一本 76 页的小红书之外，其余的书几乎都是“封、资、修”。此前我曾从老师那里借回一本《普希金爱情诗集》，进家刚从书包里掏出来，就被革命警惕性颇高的姐姐痛批了一顿，没读完就被催促着还给老师了。

坦白从宽。交代了自己曾偷盗，我也如释重负，像是卸下背负了 45 年的历史十字架。其实，偷书来读的负罪感早已消失无踪了，一直以来我背负的，只是盗窃的负罪感。经年累月，我从不敢用“‘文革’禁锢图书，我就自盗火种”来开脱自己；尽管这个理由，跟“烧书、禁书才是罪，偷书来读不算罪”的理由一样充足。我知道“文革”后图书馆重开，已永远缺了那 12 本书，那毕竟是个公共图书馆呀！所以，我不能学孔乙己那样，说“窃书”不算偷。

你想知道这 12 本都是些什么书？我本本记得：保加利亚小说《铁灯》、《自由的西班牙》、《鲁迅书信集》、《杜国庠文集》等等——当时我慌慌张张地摸着黑专抽厚书，哪儿会有借书时的从容挑选？还有一本加拿大小说，名叫《没有父亲的儿子们》。

如今，我早已认同了“暴力与自戕是弱者的武器”这个命题。当年那个越穷越革命的逻辑，至今仍有残毒留在人们体内。你发现自己身边，越是贫穷、越是弱势的群体，脾气越暴躁，越倾向于诉诸暴力，以改变被欺侮、被损害的处境。仅仅由此，你也能理解一个社会遏制强势，扶助弱势，就是要找回失衡，而放任弱肉强食，放任恃强凌弱，就是在积蓄暴力。

此前我小学五年级时，从外校转来个绰号叫“赖猴”的，很快，便成了男生见了逢迎，女生见了躲避的人物；虽然那个性不熟的年龄，他能“欺男”还不能“霸女”。“赖猴”这个外号，来自这小子脸上、手上满是瘊子。那年月，男同学头上长疮，或脸上长癣，或两筒清鼻涕天天过河的，多得是。坐在前排的女同学辫子上，虱子爬出爬进的我也常见。

我记忆中的“赖猴”与众不同，不同在他的家境比其他同学更贫困、更弱势。那时偷个瓜顺个枣，打个架摔个跤的，每个男生都干，但都没有“赖猴”干得出格。像《沙家浜》里的伤病员，他身上“伤痕累累，瘢瘠重重”。其实，我从没见过他打人，看见的是他自虐——像姜文在《有话好好说》里那样拿刀划自己，或像张丰毅在《霸王别姬》里那样拿砖拍自己。那效果跟在电影里一样，比打人还能震慑人。

同龄的孩子，谁都不知道他身上哪儿来这么一股子好勇斗狠，也不相信他是没有父亲的儿子。果然，他是个只有父亲的儿子。小学没毕业，就跟父亲一起“进去”了——说是劳教，实际上跟劳改也没啥区别。“赖猴”离校以后，老师才跟我们说起了他的来由：他妈妈被他爸爸打跑了，他爸爸又经常把他吊起来毒打！原来如此，我们的疑惧也汩然冰释了：孩子的好勇斗狠，只能来自父辈。

所以说，树是有根的，水是有源的。如今那些公交车上打司机，医院里杀医生的暴行，我不信不能循着父辈遗传或历史浸染去找根源。我不信常听媒体杀气腾腾地说什么“搬起石头砸了自己的脚”呀，“狼子野心昭然若揭”呀，“玩火者必自焚”呀，“披着袈裟的豺狼”呀，“拒不回头死路一条”的话语，不是在散播暴力；我也不信2012年听到的什么“宁可华夏遍地坟，也要杀光日本人！宁可大陆不长草，也要收复钓鱼岛”的口号，不是在崇尚暴力。

我不信年轻人身上的这些暴力遗传，不是父辈留在孩子体内的历史残毒。为什么？因为我当红卫兵时天天喊的，就是什么“枪杆子里面出政权”呀，“整个世界只有用枪杆子才能改造”呀，“红色恐怖万岁”呀，“革命就是暴动”呀，“斗则进不斗则退”呀，“人若犯我，我必犯人”呀，“你不打他就不倒”呀，“打倒在地再踏上一只脚”呀，“死有余辜”呀，“警惕冻僵的毒蛇”呀，“痛打落水狗”呀，“像秋风扫落叶一样残酷无情”呀，“横扫一切牛鬼蛇神”呀，“除恶务尽，斩草除根”呀什么的。

暴君统治下的臣民，可能比暴君更残暴。
——鲁迅

那年头禁书之后，鲁迅著的旧版书还能读到。“两报一刊”(《人民日报》、《解放军报》、《红旗》杂志）连篇累牍地推崇鲁迅以牙还牙、以眼还眼的“痛打落水狗”的精神，宣扬他的“费尔泼赖应当缓行”。你问什么叫“费尔泼赖应当缓行”？就是倡导对敌人绝不宽容。当“要文斗，不要武斗”让位于“革命就是暴动”以后，武斗升级，暴力冲突开始遍布全国。咸鱼翻身，报仇雪恨的人们被注入了一股子“有朝一日权在手，杀尽异数方罢休”的毒素，那股子“食其肉，寝其皮”的劲头，至今也没有清除干净吧？

即便鸠山先生早已“放下屠刀，立地成佛”了，可“仇恨入心要发芽”的小铁梅呢？谁为这些孩子们做过心理辅导呢？那年头，人性论被一批再批，早已批倒批臭了，迟至20世纪80年代，不是还在批判人道主义吗？因而，几代人从小被阶级斗争观念灌输得咬牙切齿的劲头，消解了没？至少，缓解了没？红卫兵早已树倒猢狲散了，但据我所知，能忏悔到立地成佛的并不多，我们体内的历史残毒还远未降解干净，新一代愤青们动辄就想打打杀杀的习惯，不能不说是老一辈的遗传。

20世纪80年代我当宁夏回族自治区团委副书记时，常到少管所、劳教队里去“帮教”——所谓帮教，其实就是去训诫孩子，干部训政体制，就这个意思。每次去训话，台下都整整齐齐地坐满着一大群半大小子。阳光下他们个个光头，剃得跟自己的年龄一样，青白参半。散了会下来，你随便问谁的案底，其实都不复杂，大多是打伤了谁，抢了谁，强暴了谁才被拘进来的。愣小子们全都认错，但也全都晚了：他们的试错与纠错无法推诿给别人，只能由自己来承受牢狱之灾。

你知道知识和知识分子都有可错性，普通人更有易错性，更何况青少年。小到割破手指或徒劳奔波，大到牢狱之灾或命丧黄泉，都是每个人为自己犯错付出的代价。对于一个民族来说，犯错的代价可就更大啦，比如"文革"这种暴力激进主义的亢进与异化，嗜权就导致了嗜血。回想那10年，原本既无外敌入侵，又无连年天灾，本应是个国泰民安的和平年代，却硬是被一连串的政治运动制造出无数家庭与人伦悲剧，弄得"冤狱遍于国中"（胡耀邦语），凭空制造出了血流成河的人道主义灾难，难道不是激进主义造成的人祸吗？

没有道德的政治就是犯罪，……政治家首先应该遵循全人类的道德原则。

——普列汉诺夫

而且，我还得经常替同龄人脱口而出的"三年自然灾害"纠错。而频频纠错，纠得我都不耐烦了。为什么？不就因为谎言会引出更多谎言，虚妄与欺骗，已经成了一种社会生活习惯吗？今天你接个电话，收个短信，遇上个人，听说个事儿，往往第一反应就是质疑："真的假的？"——不信任成了全社会的流行病，是不是发轫于"文革"呢？

中国人缺乏"内省的自觉"（黑格尔语），喜欢拿"走自己的路，让别人去说吧"来为自己的知错不改开脱；走自己的路，真的犯下了那么多错误，又连说都不让别人说了，不是吗？批评不灭是个定律，但这定律，似乎已在中国失灵了。为什么？因为中国人喜欢说错误是成功他妈，还喜欢把犯错当做交学费，又喜欢犯错后装出一副什么事儿都没发生过的样子。譬如，对历史上激进主义的文过饰非、隐恶扬善与讳莫如深，不就是一个例证吗？

我一直坚持认为，要追根溯源国内年轻人的严重暴力倾向，得追溯到“整个世界只有用枪杆子才能改造”等激进主义的主张，其实都是些正义与道德价值的虚无主义信条。暴力至上论信奉恶比善更有力量，主张为了目的可以不择手段，主张“谁拳头硬谁称王”，主张返祖，主张退回到史前的丛林山寨弱肉强食的低级、野蛮法则上去——有样学样的“赖猴”继承了他爸的暴力与自戕倾向，有样学样的小愤青也会继承老愤青身上的这些残毒。为什么？因为暴力至上论在中国从未“放下屠刀，立地成佛”。

是什么让我曾经成为一个暴徒？

以眼还眼，只会使世界更盲目。

——甘地

我的同事小J生性敏感，特爱面子，常在公共场合与人发生争执，起因却都是些鸡毛蒜皮。我常用“心字头上一把刀”劝他戒急用忍，总担心他小不忍误大事。果然，分手不到两年，听说他已死于意外——不过是在餐馆里与邻桌发生争执，你推我搡地被推倒了，他后脑磕在了花坛的铁栏杆上——刚刚30岁出头，他留下了少妻幼女就走了，不是留下了满盘皆输的人生结局吗？

其实，这类事儿，我们每个人生活中已经屡见不鲜了，我自己也有忍不住动手的时候。但任何时候、任何情况下，你都要记牢了，只要动手，你就要对只赔不赚与满盘皆输的后果担责，千万别弄到了又赔钱又赔人格的境地，自己才想到吃后悔药。

当年我们这些有样学样的孩子们，曾被革命动员成了动辄皮带、钢鞭的红卫兵、红小兵。当年那些习惯了用拳头取胜的孩子，也被“严打”误伤了不少。

1983年的一天，宁夏贺兰县的一幅打了红钩的死刑布告前，我站在那里愣了半晌，百思不得其解：为什么一个不到20岁的半大小子，全部罪行就是爬进果园里强暴了一位妇女，是初犯而不是累犯就被枪决了，难道真的不杀就不足以平民愤吗？再说了，假如只用民愤作为量刑尺度，量刑标准不就成了橡皮筋了吗？再说了，假如真的坚持“不杀不足以平民愤”的话，如今那些巨贪们不全都人头滚滚落地啦？

政府的主要罪过不在于摧毁生命，而在于毁灭了爱。

——列夫·托尔斯泰

“对敌人的同情就是对人民的犯罪”——据此，你认为我不应该同情强奸犯。类似的逻辑，我比你还熟悉。1987年初，我与同僚审查节目，开场歌舞是《让世界充满爱》。当时正批几个自由化分子，同僚就有了对敌斗争的警觉。她提醒我说：“这种不分敌我的泛爱恐怕不妥，咱们总不能去爱那几个自由化分子吧？”说的我哑口无言。但最终节目也没有被撤掉，没撤掉是因为我没有表态。我不表态，是因为我另有见解。什么见解？就是认同反战的美国青年“打仗不如做爱”的口号！但我的见解对于一个团委书记来说，肯定会落下个对敌斗争“旗帜不鲜明，立场不坚定”的记录，对吧？

从道理上说，别说用死刑来惩罚强奸犯了，即便用死刑来惩罚杀人犯，也属于人类的“自毁悖论”：动用极刑，是因为你认定剥夺他人生命是一种极恶，对不？但一用极刑你也杀了人，你也干下了你认定的极恶，不是吗？因此，以恶除恶，使恶倍增的理由，也就构成为废除死刑的文明法理。也因此，废除死刑，是指望包括法庭在内谁也不能杀人的信条，能够真正彻底地被每个人“牢记在心坎上，融化在血液中，落实到行动上”。

枪毙“反革命”

当年“严打”时，各地少管所、劳教队全都一时爆满。一群又一群青白参半的光头小子们身陷囹圄，令人恻隐，催人深究。那时候，大家把“文盲加流氓”列为“文化大革命”的恶果，但却没有人去一探究竟：到底是什么理念、什么法则、什么氛围、什么榜样，导致了大批孩子误入歧途？

回想自己当红卫兵时，所能犯下的最大过错，无非是和那群“青头仔”一样，只会挥舞拳头。暴力是野蛮、愚蠢的动物界的弱肉强食法则，是对人类理性、人格尊严的亵渎。“人类不同于其他动物的特性，就在于他对善恶和是否合乎正义以及其他类似观念的辨认”（亚里士多德语）。要暴力不要和平，要革命不要民主，约等于人类放弃了理性，回归了野蛮，不惜拿低级游戏规则来解决社会问题。政治是什么？“政治不过是一种解决社会问题的技术”（米塞斯语）。民主是解决社会问题的高技术，暴力是解决社会问题的低技术。放着高技术不用宁用低技术，不是人的被逼无奈是什么？

说到年轻时造的孽，你不相信作为一个红卫兵，我仅仅偷过几本书，你揣测我还干过更多伤天害理的事。没错，你猜对啦。比偷书凶猛，我还批斗过老师呢。我不止一次地提起过，14 岁时我被召集到集训队里批斗老师，拎着棍子像赶牲口那样押着他们去游街。我给女老师挂上破鞋，押着她敲着尿盆去示众，被羞辱。一想起曾经敬重的女老师被我们这些“革命小将”整得蓬头垢面、痛哭流涕的样子，我就锥心地自责，感觉良心上总也得不到原谅，感觉对这事儿不能讳莫如深，不能像今天台面上的不少同龄人那样，装出一副什么事情也没有发生过的样子，我做不到。

当年那副越穷越革命的样子，颇能印证前边说的越贫弱越具暴力倾向。那年头，全民不能免于恐惧与不能免于匮乏是并联在一起的。我们小学的合唱团，下午两点集合了要去排练，可 30 多个孩子迟迟未走，在等音乐老师宋克友。他外衣洗了未干，直拖到快迟到了才穿上，4 个衣兜，还是湿的。老师还算好的，村里的男人，洗衣就得洗澡：泡在河里，等晾在树上的衣服略干才上岸穿上，跟蒋介石年轻时在西湖边上的困窘一样。但女人这么做，风险就很大——恶作剧的男人挪远了晾着的衣裳，她们就蹲在河里出不来。谁都不会忘记，那是一个人民不能免于匮乏的年代。

同学们手上长疮，脸上长癣，是由于没处洗澡，清鼻涕过河则是被冻的。那是一个吃不饱、穿不暖的年代，饥饿能把小孩子变成白蚁：上课时啃铅笔，我的胃里就有一股甜甜的感觉。铅笔头啃到短得攥不住了，卷上纸筒也能写。但匮乏还不算痛苦，恐惧的痛苦远远超过了匮乏。贫穷与过劳都不可怕，可怕的是贫穷与过劳之上，叠加了惶恐与整肃。谁也不会忘记，那更是一个人民不能免于恐惧的时代。

饥饿并不单指食物，而是指对爱的渴求；赤身并不单指没有衣服，而是指人的尊严受到剥夺；无家可归并不单指需要一个栖身之所，而是指受到排斥和摒弃。

——德兰修女

“社教”开始后，隔三差五，我的小学老师三三两两地相继被捕了！由于都是放学后傍晚时分发生的，以致有好奇的男生再次嗅出了什么紧张气氛以后，索性放学也不回家了，我们守候在校园里一探究竟。我们发现，写歌的班主任项棣生，拉琴的音乐老师宋克友，画画的美术老师曹寒轩等等，这几位原本对学生一腔热情的老师，全都相继失踪了。

半年后，我们陆续看到被释放回校的他们，已经是面目苍白、双脚浮肿得判若两人了。老师是已经当不成了，等待他们的是离婚，是下放，是政治贱民身份的苟且偷生。含糊不清地，我们也听过几耳朵，说他们涉嫌了“猥亵女生”或“散布不满”。草木皆兵，深挖敌人，那年头实行的是“疑罪从有”而不是“疑罪从无”，更可怕的是实行因言治罪。总之，少不更事的我们，当时趴在宿舍窗户上偷窥这几个蒙冤的罪人，他们躲闪的眼神，疑惧的眼神，惶恐的眼神，无助的眼神，分明全都传递进了我们心底，刺伤了我们。

现在回想起来，那些老师，当年都是些风华正茂、才华横溢的年轻人。他们经常家访，与学生谈心，比起现在的老师来，似乎更认真、更勤勉、更敬业、更有爱心，把学生当成了自己的孩子。我小学的老师，大多是从浙江、上海支边来到塞北高原的知识青年。他们自己写歌，弹风琴教学生唱歌，带学生去野外写生，教学生开故事会，与远方的孩子通信。当年，他们的一曲手风琴独奏《杜鹃圆舞曲》，或一幅浓墨重彩的《祖国万岁》，像流淌在每个孩子心灵荒漠里的一股股清泉那样滋润。

然而他们难逃厄运。而且，看戏的终成主角，老师的厄运，学生也逃不掉啦。不久后我上课时开小差，敕封同学为“中华人民共和国吃屎冠军”，并把这个字条团成一团投给了前桌。两天后，上课时我被叫进校长办公室里，两个公安亮出这个字条百般盘问，要我承认这是一条“反标”（反动标语）。我惶恐，我疑惧，我痛哭流涕，无法作答；从此放学回家，我再也不敢从公安局门前走过啦。

那是一个能从纸币图案或画中树叶里找出“反标”的年月，也是一个有人拿你擦屁股的报纸去告发的年月。人人自危，个个忐忑，革命营造出了一个“横扫一切牛鬼蛇神”，因而人人匍匐在地，个个叩首求饶的恐怖氛围。我父亲还是这个城市的市委书记呢，接见“革命群众”时高喊口号，把“兴无灭资”误喊成“灭无兴资”。这还了得，这可是个重大的政治事件！惊魂未定地等候事态爆炸，好几天他都睡不好觉。还好，有惊无险，他侥幸逃过了一劫。

我也逃过一劫，但同为干部子弟的刘玉东、白怀北，就没有那么幸运了。由于是年长几岁的高中生，由于说了几句不满“文革”的话，不过是两个不满18岁的少年，先是在学校里遭受了“群专”的酷刑折磨，之后又脚镣手铐地被拖上公审大会，锒铛入狱，九死一生才活着出来。至于那些“出身不好”的同学，如好友那守弟，只因为写过几本日记，就被打成了右派学生。出身不好的孩子们，走到哪里，都是一副代罪羔羊的战战兢兢样子。

那守弟出事以后，鸡死猴惊，我的第一反应，就是反复涂抹自己日记里的那些真实表露“不满情绪”的段落。涂来涂去，发现屏蔽得还不够彻底，怎么办？干脆找来墨汁彻底涂黑了。对此你发问了：为什么不像扔书那样把日记本也扔进粪坑里呢？你问对啦，不是我当时没想到，而是踌躇再三舍不得。毕竟那几本青春萌发时期的日记，记录着少年维特的烦恼，敝帚自珍，我怎能扔掉自己的一颗心呢？

过来人谁都记得，那是一个全民良知混沌、道德沦丧，人性泯灭、残忍互斗，尊严扫地、人权尽失的时代。但奇了怪了，这段全民匮乏、全民恐惧的历史，如今却被某些不满现状或用心叵测的人粉饰与美化成了“干部清廉、群众满意，人人为我、我为人人，安居乐业、各得其所，团结友爱、皆大欢喜”的天堂旧梦，借以与谁都不满的“权力腐败、市场不公、贫富悬殊”对比，这不是很怪诞吗？

一个人最愚蠢的，莫过于他以扛着枪走在行伍中为荣。
——阿尔伯特·爱因斯坦

其实也不奇怪。撇开扭曲的历史宣教不说，人类好了疮疤忘了疼的健忘，其实是有着生物学、心理学基础的：人体感官会选择性地篡改记忆，通过缩减以致丢弃痛苦经历，留存以致放大安慰经历，把原本创巨痛深的身心亲历，化作一场值得珍惜的温馨旧梦。你以为我老爹的南征北战史，我自己的青春无悔史都是打哪儿来的？就是打这么来的——明明是充满了恐怖、劳役、饥饿、禁锢与惶恐的亲身经历，却被记忆选择性地变成了豪迈的历险与弥足珍贵的磨炼。于是，许多中国人具有了奥威尔在《1984》里揭示的“双重思想”。什么叫“双重思想”？就是相信黑即是白的思维转化能力，也就是能“同时拥有并接受相互矛盾的两种信念的思维能力”。总之，记忆的假象遮蔽了历史的真相，就能虚构出“革命”的宏大叙事出来。

还是让史实说话吧。那个年代，人性之恶被从魔瓶里释放出来。每个人身边，都充斥着揭发、告密、伪证、变节和背叛。反戈一击，成了值得欢呼的行为！宣布离婚或脱离父女关系，会带给人快感！每个人身边，也充斥着凌辱、刑求、冤狱和自杀。人们在伤天害理的兽行面前，丧失了警觉、羞耻和罪恶感。人性，在为自保而不惜相残的原始野蛮中，堕落得一败涂地。但全民族道德雪崩时，几乎没有一片雪花会有负罪感。然而恶行毕竟发生了，不论当事人有没有负罪感，恶行是谁也涂抹不掉的。

如果你生活在一种无法抗拒、无法改变的痛苦里，那么，这种痛苦将是你的幸福！给自己一个希望和勇气，大喊没有什么大不了的！慷慨地说句“大不了就是一死”。

——黑格尔

“文革”留给几代人最惨痛的记忆，是对基本人权的剥夺太多。这一切痛苦，对于那些“皎皎者易污，峣峣者易折”的人来说，自杀不啻是一种解脱。虽然自杀可以自我解脱，但虐待自杀者的人，可就难以解脱啦。所以，又被你猜中了，我的罪孽不限于批斗老师；我罪不可赦的犯罪升级，是曾经对自杀者的虐尸。这个罪孽，可谓登峰造极！

那是刚下乡插队的那个冬天，为完成“一打三反”任务，生产队里欺负外乡人，把一个来自河南的独身逃荒老农，打成“富农嫌疑分子”批斗、管制了起来；老人不堪挫辱，上吊自杀了。那年头，自杀都找不到个痛痛快快的方式。听说那个老农，是逃进了茅厕兼猪圈里了结了自己的：半人高的土墙太矮了一点，他只好解下裤腰带，一头套上脖子，另一头拴牢一块大土坯。之后他靠墙蹲下，向墙后推落了那块大土坯，自己又使劲往地下出溜，才能艰难地挣扎着结束自己的生命。

我当时17岁，新来乍到，全无忌讳，被安排用绳索拖着自杀老农冻僵的尸体去开批斗会。那年头，开会的程序你是知道的：先是三祝毛主席“万寿无疆”，接着三祝林副主席“身体健康”，然后主持人一声怒吼：“把自绝于党、自绝于人民，负隅顽抗、死有余辜的富农分子郭某某揪出来！”早已守候在大队部屋后的我，马上就倒拖起一根麻绳拴着双脚的僵尸往台前跑去！

至今，我仍记得拖动冻尸的响动是硬朗有声的，颜面朝地的老农也被刮擦得破了相了。我记得满会场农民个个目不忍睹，人人闭目垂头——天呐！为什么有人应该“万寿无疆”，有人应该“身体健康”，有人却应该“死有余辜”呢？这些以革命名义的残忍与罪孽，谁能遗忘并原谅呢！

今天想来，假如谁说我当过暴徒，确实没有说错。我们当时喊的口号叫“革命就是暴动”，还在墙上刷过“红色恐怖万岁”的标语呢，怎么能不是恐怖分子呢？一直以来，我曾经把这类刻骨铭心的往事，掰开了揉碎了，想来想去过许多次，最后还是坚信：如果这种事不算恐怖主义，那要什么事才算恐怖主义呢？

当年这类残暴的事情，多得不胜枚举，到处都有发生。隔年的一个雨夜，我们全家就被痛打过，先是四五个干过公安的成年人围着一个少年一顿拳打脚踢——我自己挨打倒无所谓，但爸爸，尤其是妈妈被人打耳光我受不了——激愤到双眼冒血的我一心想抄家伙，在雨夜里扫视周围有什么替代刀斧的利器，决意与仇人血拼一死啦。说真的，我当时一心想和包括爸爸在内的所有人同归于尽，结束羞辱，只可惜自杀式爆炸的条件一点儿也不具备；哪怕有一点点工具与手段，我也不可能活到今天还能写出这一幕了。

看到这里，你也看出暴力是怎样炼成的了。没错，暴力是在仇恨沸腾的熔炉里炼成的。仇恨又是怎样沸腾的？仇恨是靠升温敌意、燃烧恐惧而沸腾起来的。恐惧与敌意又能来自哪里呢？表面上看，恐惧与敌意是来自人际利益冲突的，但透过利益冲突你不难发现，恐惧与敌意，其实是源自无知、愚钝、虚妄与乖佞的；一个人之所以能变得歇斯底里，是由于他的认知被蒙蔽，判断被误导，理智沦为了愤怒的奴隶。

也是从全家被打的那一刻起，我开始慢慢意识到，暴行会招致暴行，以暴易暴的游戏是没有赢家的满盘皆输游戏，“以恶抗恶”是“零和博弈”，太过低级，太过野蛮，最好别玩。如今人们常讲普世法则，什么叫普世法则？不过是指地球上人同此心，心同此理，谁都不是衣冠禽兽；因而，当之无愧，孔夫子“己所不欲，勿施于人”的戒律，就是一条万古长青的普世法则。之所以说“己所不欲，勿施于人”是个放之四海而皆准的普世法则，全部理由简单的要命，无非是说人类虽然千差万别，但终归全都是人，不是动物。

己所不欲，勿施于人的普世法则，运用到自己身上，就是自己不愿挨打，就不要去打别人。推而广之，就是自己不愿意被杀、被血洗，就不要想着去杀别人、血洗别人。譬如抗议日本政府购买钓鱼岛时，街上那些“新仇旧恨，血洗日本”“杀光倭寇美国佬”的丧失理性、斯文扫地的游行口号，充盈着动物般的嗜血冲动与自杀倾向，也充盈着孩子般的幼稚自闭，土著人般的野蛮排外，恐怖分子般的血腥自虐，非常地有悖于人情，有悖于人性，因而也就有悖于普世法则，对不对？

但有其父必有其子。老愤青的暴力遗传，总也后继有人。以恶抗恶，使恶倍增的野蛮低级游戏，绵延国内，至今也络绎不绝，譬如杨佳杀警，就是一例典型。杨佳为报复警察而滥杀，糟蹋了连自己在内的 7 条生命，网上当时竟然还有人喝彩，实在是中国人的悲哀！一时间，一股反人道、反理性、反法治的精神瘟疫在网上流行，致人良知麻木、心智瘫痪，比我们呼吸到的 PM2.5 还有毒害。

显然，杨佳只是一条粗蛮蠢汉。粗蛮蠢汉的形象，小沈阳的配角里也有。滑稽的娘娘腔是小沈阳的绝活，夸张的另一端，就得弄个粗蛮蠢汉出来跟他配戏。果然，赵本山都不如王金龙扮的“板砖保镖”能出彩儿，那个腰扎麻绳、帽盖后翻，拖着一条腿的形象一出场，就是个满堂彩。即便他一声不吭，一个劲儿抡砖威胁观众，笑声也会一直伴随莽汉下场，没有人担心他会拍自己一砖。为什么？因为观众接受了这个懵懂孩子气性大的角色定位，也知道没有谁招他惹他，他也会气得眼直口歪，总要急赤白咧地找人寻仇。观众不怕挨砖，是不相信他能找准拍击对象：满场子谁得罪过他？

懵懂孩子，气性太大；以致没人招没人惹的，他就不高兴，就要拍人家的砖，拿人家当自己的假想敌；譬如一本专讲不高兴的书里写的，就是假想“帝国主义亡我之心不死”，假想“西方‘拖垮’战略乃中华弥久大患”什么的。什么叫假想敌？假想敌就是没有真凭实据：帝国主义有没有亡我之心，西方有没有个战略叫“拖垮”中国，语焉不详；具体到哪个国家有这个坏心，哪个机构制定过这个战略，也是语焉不详。这些说法之所以一概不怕打国际官司，就因为不用呈堂证供，也不必走质证程序，不用一桩一件地去证实或证伪。为什么？因为假想敌人是不需要五个“W”的。哪五个“W”？就是确认任何事实，必须提供其真实存在的五个要素：1. 什么时间；2. 什么地点；3. 什么人；4. 干了什么事；5. 后果是什么。

我从2000年起在中国住了4年，我觉得现在的中国与我父亲告诉我的1930年代很像。……在没有民主主义土壤的国家里，民族主义高涨起来是危险的。
——宫家邦彦

五个要素一概阙如，也想竖立个敌人，怎么办？唯一的办法，就是走进“皮格马利翁期望”。什么叫“皮格马利翁期望”？就是心理暗示。什么叫心理暗示？就是“说你有，你就有；没有也有”。在板砖保镖的眼里，满场观众里，肯定有人准备随时加害于己。自己这么弱势，怎么能不被人欺负？因此，不一个劲儿地抡砖，他就没有安全感。这就像我当年虐尸一样，自己被暗示成了阶级敌人的谋害对象，这个逃亡富农睡在我们身边，随时会实施阶级报复，不会纵火烧仓，也会毒杀耕牛，那么，他的畏罪自杀之日，不就是人民群众解除安全威胁之时么？——当年我为什么会虐尸，就是因为受到了这种心理暗示。

至此你发现了，一旦受到了仇恨心理的暗示，任何人都可能成为一个板砖保镖：对陌生人满怀敌意，事有不顺，就会变成个“气袋子”。“气袋子”是个古希腊故事，说的是有一天，大英雄海格力斯独自走在崎岖的山路上，发现路当中有个袋子很碍脚。“什么玩意儿，竟敢挡我的路？”他狠狠踩了它一脚。谁料，那个原以为能够被一脚踩破的东西，反倒膨胀了起来，越来越大。海格力斯气不打一处来，恼羞成怒地又抄起根棍子，狠砸那个袋子。没想到那东西越砸越大，最终膨大到堵住了英雄的路。

正当海格力斯莫名其妙、一筹莫展的时候，一位老人走了过来，告诉他：“快别动它了，忘了它吧。这个东西叫仇恨袋。你不理它，它小如当初。你侵犯它，它就会膨胀到挡住你的路，与你敌对到底。”可见，这个远离“气袋子”的道理，也当之无愧，够得上成为一条普世法则。为什么？因为任何人都不应当做板砖保镖，不应当气性太大，不应当把自己逼到无路可走。

为什么说暴徒都是蠢汉？

分裂是恶，和谐是善。非暴力是勇气的最高境界。……应当从“民族的归属感”进入到“全人类的归属感”。

——戈尔巴乔夫与池田大作谈20世纪的精神教训

前边说到，年过六旬，我已经可以说了，“小时候，我对许多错误的东西信以为真，我为此感到震惊”（笛卡尔语）。譬如说，“战争就是和平，自由就是奴役，愚昧就是力量”（见奥威尔《1984》）这三个口号，你听着够震惊吧？告诉你吧，我们当年笃信不疑的口号，比这三条还黑色幽默呢！比如说，我们把人从财产到精神都剥夺干净，叫做“得解放”，叫做“谋幸福”，幽默不幽默？我们认为解放就是先打倒“群专”你，再给你平反。我们认为关押你就是保护你，我们认为奋斗就得死人，牺牲就是崇高，献身就是忠诚。我们还笃信卑贱者最聪明，高贵者最愚蠢；笃信知识越多越反动，越穷越革命。我们绝不怀疑贫穷就是幸福，吃苦就是快乐。我们坚信革命就是战争，革命就是暴动，有权就有一切。我们真诚地反省私心就是罪孽，谈情说爱就是堕落。我们认为仇恨就是正义，敌人就在身边，可能就是父母；如此等等，不一而足，你听着是不是很震惊？

早已走出《1984》的中国人，身上迄今仍携有某些残毒。譬如以为民主就是无序，自由会导致混乱，人权是干涉内政的借口，大河有水小河才满等等，都是些荒诞观念的遗传。

黑白被颠倒，是非被混淆，都是思想被改造的结果。那些年头，等不及别人来整治你，你自己已经把自己整治得面目全非啦。怎么整治？就是斗私批修，灵魂深处爆发革命，脱胎换骨地改造自己。如今看电视剧的观众不明就里，总是津津乐道于剧情里的“吾皇圣明”呀，“臣罪当诛”呀什么的，岂不知那个原罪在身的自我讨伐，是要挨整的。背诵小红书是为了请罪，为了讨伐自己的个人主义、自由主义和形形色色的小资产阶级错误思想的。我们当年颂扬“吾皇圣明”的同时，“臣罪当诛”是要写检讨写交代，挨批挨斗没商量的。“专制主义的本质就是不把人当人”（马克思语），当什么呢？或者当神，或者当犬马。一端圣化、美化主人为神，为太阳，另一端则矮化、愚化、弱化自己为犬、为羊、为牛马。因而，每个人总是处于一种头戴原罪并要立功赎罪的状态。

武力是良心，刀枪是法律。

——尼采

如今令人震惊的许多错误东西，当年却是我们深信不疑的。譬如自己曾经那么钟情于绝望、痛苦与死亡，是因为深信了“奋斗就得死人，牺牲就是崇高”。那年头，我们把“要奋斗就会有牺牲，死人的事是经常发生的”教导，变成了“革命加拼命，拼命干革命；有命不革命，要命有啥用”的口号，随时准备为革命献出自己的生命。也就是说，“牺牲必要，死人难免”，是我们深信的信条。

“阶级斗争，一些阶级胜利了，一些阶级消灭了，这就是历史，这就是几千年的文明史”，这句话我们曾背得滚瓜烂熟。假如你是个 80 后 90 后，也全然不知这句话的出处，乍一读到这个论断，你会有什么反应？让我来猜一猜，你可能会愕然：“啊？这就是人类几千年的文明史呀？这不明明是野蛮史嘛！”因而，你还会为自己悲哀："哦！原来人类历史就是一部自相残杀的历史呀！"总之，你的反应没错：这句话不大对头！以我不算浅薄的马列学理底子，我也知道这句话不准确：阶级斗争的前提是斗争双方的互为依存，消灭了对方你找谁斗去？而且，革命导师也说过，国家的产生，就是一部缓解阶级斗争你死我活、同归于尽的调节机器嘛！

可当我告诉你，这话是毛主席说的，我们当年曾深信不疑，你会怎么反应？一愣？然后你讪讪地嘟哝："也可能有道理吧？"或者你一拍大腿："怪不得毛主席能说'8亿人口，不斗行吗？'原来他是这么看历史的！"

正因为笃信了阶级斗争你死我活的历史观，我们才笃信了"牺牲必要，死人难免"的生死观："人固有一死，或重于泰山，或轻于鸿毛。"生死观就是生命观，假如认定有些人的生命重于泰山，有些人的生命轻于鸿毛，就等于认定人的生命是有轻重、高低、贵贱之分的，有些人死了是不足惋惜的。对于我当年的这种生命观，如今你会不会感到震惊呢？

如今谁都知道，生命对于每个人的可贵，不仅因为对于他本人只有一次，还在于每个生命对于宇宙来说，也都是永远不可拷贝、不可再生、不可替代的弥足珍贵的。也就是说，每一个生命在宇宙的无限时间和无限空间中是独一无二的！天主教不认为人有权结束自己的生命（自杀），就是基于"上帝赐予"的生命价值观。也因此，"天赋人权"的起源是"天赋人命"。你看，"天赋人命"与中国人认为"出人命是天大的事"一样，不都是息息相通的普世价值吗？人们常说的"人人生而平等"，所指人类所有平等

生命价值岂能分出轻重？

权的来源，就是源自生命是平等的。既然生命是平等的，你怎么能认为人的生命价值有轻、有重，有高、有低，有贵、有贱呢？

世间万物最宝贵的就是生命，人的生命高过一切价值。这些常理你早已点头认可了，对不对？你甚至认可人类为了自己的生命可以牺牲其他生命。譬如你到最文明的牛、羊、猪、鸡屠宰场去看一看，你都会于心不忍。假如碰上有人给活猪活牛动脉里注水，你更忍无可忍地要上前制止，对不对？这就表明，如果你不忍心看到任何生命（包括猪命、鸡命）轻如鸿毛，我们就有了讨论生命价值的共同底线：牲畜的生命为人而牺牲，已经到了你可接受的极限，而要人的生命为哪怕再神圣的事情牺牲，你就无法接受了，不是吗？

一个人，如果极力宣扬他自己都不信的东西，那他就是做好了干任何坏事的准备。
——托马斯·潘恩

因而，在现代生命价值观看来，人类所有因战争、因事故甚至因刑罚的死亡都属于不应该——人类保护生命未能尽责的不应该！什么叫不应该？就是我们不愿意看到或无法制止的悲剧！而“重于泰山”的观念却不是，它把“牺牲必要，死人难免”当成常理，把“一不怕苦，二不怕死”当成崇高，把牺牲变成了人愿意看到甚至执意追求的目标。前边说我一心当个烈士，不就是这么来的吗？

如今我们已经可以说了，任何人的死亡都不该发生，都是悲剧。所有生命都同等重要，而不是死人不重要，怎么死才重要，或者谁死了就重如泰山，谁死了就轻如鸿毛。如今我们已换了脑筋，才不会把全部人类历史归结为一部你死我活的阶级斗争史，也不会给生命区分高低、轻重、贵贱出来，因此，也就不会像我年轻时那样钟情于绝望、痛苦与死亡。

对“革命”观念产生了震惊之后，你一定还会接着纳闷：是什么样的政治绞肉机，能把人绞得一心赴死？是什么样的灵魂榨汁机，能把人榨得不愿活着？回首当年，你发现把人关进笼子里，把人置于“囚徒困境”里，他就容易丢弃了常人的理智与道德。

我深知自己年轻时被关在闭关锁国的笼子里，过的是小和尚一般的禁欲生活。每天诵读着“两报一刊”，深信了“自由、民主、人权、人性、宗教、道德、法律”等等陌生的东西，都是麻醉人民的鸦片。这就如同《山下的女人是老虎》那首歌里，老和尚交代小和尚说：山下的女人是老虎，你遇见了千万要躲开——当年我们被教导的就是：西方的这些东西，看似诱人，其实害人，都是必须远离的毒品。

长大后我四处谋生，如同小和尚下山化斋。60 年人生经历过来，我却背叛了老和尚的原教旨。为什么？因为实践是检验真理的唯一标准；从人生实践中我领悟出来：自由比被关在笼子里好，民主比专制好，有人权比没人权好。这就像小和尚一接近女人就丢了元阳破了身一样：老虎不但不吃人，模样还挺可爱，还是一道好吃的菜。像是破了戒、吃了肉、还了俗一样，这个小和尚的“和平演变”过程，看上去的确有点怪异——他从来没有在任何课堂上、讲台上、文件上、广播报纸电视上看到过老虎的真相，怎么一下山就能爱上这个陌生、可怕的东西呢？

民主不是上帝送给西方人的礼物，民主是上帝送给全人类的礼物。
——昂山素季

尽管老和尚仍在叮嘱小和尚说，当心呐，老虎会吃人的；但已经离不开女人的小和尚堕落得不可救药，只能对老和尚如实坦白了：师傅呀！呀呀呀呀！坏了坏了坏了，老虎已闯进我的心里来了——自由、民主、人权这些东西对于我们来说，虽然陌生却并不可怕，不但不可怕，还很可爱，早已让人一见钟情了。

不难设想，一个人的启蒙过程中，自由、平等、人权、宽容这些普世价值，都被打成过封、资、修的反动货色，而敌意、仇恨、谎言、杀灭等等负面的东西，却被涂抹上“革命、解放、立功”等亮色，这些七颠八倒的填鸭灌食，能不败坏人的胃口吗？当“拼政治”时代的红卫兵知青一代进入“拼经济”的时代之后，一个蛹变蚕、蚕变蝶的脱胎换骨过程，必然成了一个新陈代谢的排毒过程。你也不难想象，这个“换脑筋”（邓小平语）的过程，对于一个人来说多么艰难。就像糖尿病人的胰岛素针，每顿饭前都需要，更像尿毒症病人的血液透析，一生一世都离不了。下意识地淡忘过去，就是许多人逃避打针、逃避透析的鸵鸟式选择。

偏见之所以比无知可怕，是因为它先入为主，形成了信仰。柏拉图有个著名的“洞穴比喻”，认为没有哲学内省的人，像囚犯住在洞穴里，后有篝火，前有空墙。由于无法看到其他事物，他们就把自己的影子当成了真实。一旦有人爬出洞穴，见到了阳光下的万物，他会更加恍惚。返回洞穴后，他更难说服同伴相信自己。这个比喻，像是中国人说的井蛙，认定天就井口那么大。看来，“自己的影子”或“井口”，由先入为主而形成了世界观，改造起来的确麻烦。为什么？因为那囚犯不是从外边关进洞穴的，正如井蛙打小生在井中。所谓革命的世界观，就是咱们体内的历史残毒，这些残毒之所以驱之不去，在于它形成了一个人的一整套“立场、观点、方法”。

如今在网上，你一旦与愤青互动，发现他们大都避而不谈真相与常识，也不顾及信任与礼貌，常常会一味地骂人泄愤。为什么？因为他们争辩的往往不是事实，不是理念，而是要争辩信仰，争辩人格。他们用一种“褊狭的信仰与人格”对抗“开阔的信仰与人格”（韦伯语），因而把对事实与理念的证实或证伪，变成了义愤填膺的人格与信仰之争。然而一般来讲，褊狭与争斗是恶，宽容与谅解才是善，非暴力则是勇气的最高境界。

前边说水是有源的，树是有根的。中国和平变革的婴儿，就是这么一副浑身带血的样子，从革命历史里脱胎降生的。王小波认为，中国人也不是一直都疯，是有时候疯有时候不疯。他说的疯，是指人会发癔症，会进入韦伯所说的巫魅状态。情绪压倒了理性的巫魅状态，青少年的荷尔蒙盛期是多发期。回想我的睾丸素上升期，就是这么一个状态：自我中心和善良预期都太过严重。自我中心会严重到什么程度？会严重到视“他人为地狱”（萨特语），对外人敏感猜忌嫉恨敌意还自以为是。那善良预期会严重到什么程度呢？会严重到只接受呵护、宠爱和奖赏，不接受任何不公、不幸与挫折。

一个人的自我中心过分了，就“容易对外界刺激作出猛烈反应”（奥勒留语），猛烈反应就会把小事酿大，杨佳杀警就是一例。一个人的善良预期过分了，对社会则容易产生一团漆黑的绝望感和失败感，而“仇恨来自失败感”（罗素语）。自我中心与善良预期，本是一个人心智成长的必经阶段，但一旦被“气袋子”充气进去就麻烦了。所谓“怒从心头起，恶向胆边生”，说的就是这个情绪压倒了理性的过程。

罗素认为，“一个人长大后想顺利地适应社会，应该认知到自己不是中心，自己的期望也不是最重要的”。并且，在社会弊端面前，一个人应当“见不贤而思自省”，而不是执著地放大自己的痛苦、愤怒和仇恨。就以被“气袋子”堵路来说，以仁厚消弭刻薄，以谦恭解构倨傲，把自负转为自省，由吝啬学会慷慨，以容忍化解褊狭，以谅解宽恕伤害，用妥协达成互让等等，都可以绕开“气袋子”，另辟出更宽的人生出路；以德报怨，以善止恶的“仇必和而解”，原本是走出冤冤相报死胡同的唯一通道；可许多人非要弄到屡屡碰壁，甚至付出血的代价后才有悔悟。杨佳的例子证明，在可以有多种选择的前提下，一个人作出了有辱良知的、低智的最劣选择，就会被“板砖”与“气袋子”送进地狱。

成年人的感受来自许多原因：婴儿期的经验，所接受的教育，经济压力，私人关系的成功与挫败。通常人们是否会对他人产生善意或敌意，端视于他们认为自己的生活是成功或失败。

——伯特兰·罗素

你发现那种“以牙还牙，以眼还眼”、“以其人之道还治其人之身”的主张，不过是给了每个人一根接力棒，鼓励你去无限延展仇恨和暴力的转递链条，而不是让自己亲手截断它。无疑，主张以恶抗恶，也是一个人类自我否定的“自毁悖论”。什么叫“自毁悖论”？我们还举杨佳杀警的例子。有网友认为杨佳受到过伤害，因而谴责伤害杨佳的警察，对吧？你之所以谴责对杨佳的伤害，是因为你抱有善良、正义的初衷，不是吗？然而你却赞赏杨佳有样学样地去伤害别人，残忍地报复回去，你不就丢掉了自己善良、正义的初衷吗？之所以同情杨佳，是因为你不认同、不接受对杨佳的伤害，是你在以善抗恶，对不对？一旦你认同了杨佳杀警，不就表明你又接受、同意了对人的伤害吗？这样一来，你不就完全毁掉了自己的善良初衷与正义立场吗？你先前谴责对人的伤害，是因为你不认同不接受这一恶行，而你赞同了锱铢必较与睚眦必报，就变成了你认同并接受这些恶行，你这不就是自毁了道义吗？

人活于世，能做到最有价值之事，是大怒却不见于行动。

——列夫·托尔斯泰

正因为如此，先哲们从来都不主张牙眼相报。“亲自报复的最好方式，就是不要变成一个像作恶者一样的人”（奥勒留语）。托尔斯泰的主张，则是对事不对人：“与恶斗，但与作恶者讲和，恨一个人做的坏事，但不要恨这个人。”你看，选择以德报怨，以善止恶的做法，像不像是自己亲手截断了恶行的传递链条？请问，世界上还有比这更高尚、更理智的善行吗？

古来贤者认为，“痛苦不是不可忍受或永远持续的”（伊壁鸠鲁语）。而且，软弱无力的痛苦与愤怒本身就是一种恶，“屈服于愤怒也是屈服于恶”（奥勒留语），为什么？因为痛苦与愤怒表明你不能直面被伤害的事实。能够直面伤害，不是指一个人可以容忍伤害，不是要你当阿Q，而是要你战胜自己的愤怒与仇恨，别像杨佳那样当了它的俘虏。从哲学角度，罗素曾夸张地说：“快乐的秘诀在于直面这样的事实，即世界糟透了，糟透了，糟透了”，也就是说，即便糟透了的社会，也不能成为一个人自暴自弃的理由，更不能成为人类用野蛮对付野蛮的理由。因而，之所以说暴徒都是蠢汉，暴行都是蠢行，就是因为以暴易暴使人类跌入了这个“自毁悖论”：“作恶者也是对自己行恶，因为他使自己变坏了。”（奥勒留语）

缺氧会致人脑瘫，禁锢信息也一样。当年禁书，是要蒙上每个人的双眼，而塞住每个人两耳则简单多了，把“偷听敌台”当成大罪来惩办就可以了。信息时代的阳光与空气，如今谁也难以垄断了。而当年垄断与编纂信息，是有一整套制度安排的。习惯于剥夺公民的“知情权、参与权、表达权和监督权”，习惯于搞“上智下愚”那一套，也是革命时代的遗传。当年禁书、禁广播，现在禁电视、禁网站，都是有人想把信息的汪洋大海，装进一个瓶子里喂给孩子；然而如今，小和尚全都在山下化斋，不靠老和尚吃饭也不听老和尚劝诫，你的奶能喂给谁呢？

绵延不绝的冷暴力

> 中国有遵奉官僚制的长久传统，但却无法使其官员尊重百姓的基本尊严。每一周都屡屡上演着新的针对土地强征、环境危害或某些官员的恶性腐败的抗议活动。时值国家飞速发展之际，这些职权的滥用尚还可以隐而不彰，但如果飞速增长难以永久持续，届时政府将为积郁已久的群愤付出代价。
>
> ——弗朗西斯·福山

"文革"的文斗升级为武斗，冷暴力升级为热暴力，刘少奇也未能幸免。挨过大耳光之后，他曾忍无可忍地拿出宪法作为自己的护身符。这个情节如今已广为人知，这个教训则推进了中国的法治建设。然而44年后，仍有官员在外交场合说什么"不要拿法律当挡箭牌。……我想什么法律也保护不了他"这类话，实在让人脊背发冷。看多了影视剧的孩子，也知道法律可以保护任何人，包括每一名罪犯。譬如，告知犯罪嫌疑人的法律权利，是警员逮捕他的必经程序："你可以通知律师，你有沉默的权利，因为你说的每一句话，都可能成为呈堂证供，并且对你不利"——这些小孩子都耳熟能详的东西，某些官员却不甚了了。为什么？因为习惯了人治就不习惯法治，习惯了人治的冷暴力，就会漠视法治对于每一个人的保护。

结束"文革"也结束了热暴力，但是，作为人治的痼疾，冷暴力却难以根除。"革命"最大的后遗症，不是伤残者的身心康复，而是派性对峙与人际冲突的绵延不绝，也即冷暴力的难以根除。什么叫冷暴力？就是人际之间“心防”“心战”的冷漠、疏离、敷衍、不信任、防范与敌意，如今在官场上、官民之间乃至社会上，这类文斗其实并未结束。也就是说，人治必然治人、整人，必然延续文斗，延续冷暴力，只有非暴力的法治才能保护每一个人，也才能真正结束文斗，结束冷暴力。

宪法连国家主席都保护不了的历史一幕，实在是创巨痛深，教训深刻。教训何在呢？教训可以从多个角度总结：领袖也不能幸免暴力，更遑论平民百姓，表明人治整人是无远弗届的；而从受害者本人角度总结的教训，则大有“后人复哀后人”的悲哀：当时谁能够意识到，抛开了法律去整人，到头来自己会不会难逃厄运？这种悲哀，正应了邓恩的那句名言：不要问丧钟为谁而鸣，它就是为自己敲响的。人治免不了整人，每个人都等整到自己头上才去求助法律保护，怎能不追悔莫及呢？

我们说法治才是真正非暴力的，才能为每一个人提供保护，是因为它建立在人本主义的根基之上，与建立在工具主义上的人治有着本质区别。马克思认为，“专制制度唯一的原则就是轻视人类，使人不成其为人”，人被当成了工具。就拿我自己的教训来说吧，我也是自己甘当驯服工具的自我受害者。驯服工具，就是把人当成了实现目的的手段。驯服工具一旦被训练成为暴力工具，最终自己也被打倒在地，这个教训，不是每个人都应当总结的吗？

我们年轻时以当驯服工具为荣，什么甘当一块砖，任凭组织搬啦，什么甘当螺丝钉、铺路石啦，都是人被手段化、被工具化的表达，也是人治的笼子禁闭人、扭曲人的冷暴力特性。官员被当成抬轿子的轿夫，老百姓被当成载舟的水，都是被工具化的结果。前边说过，官吏既是人治的五脏六腑，又是人治的心腹大患。因而，永不间断地整饬吏治，官员首当其冲就成了冷暴力的靶子。

早前，干部们经常自嘲是久战运动场的老运动员；其实，历代官场都如沙场，做官就如非死即伤的沙场征战。官场历来是“铁打的营盘，流水的兵”，“有人辞官归故里，有人漏夜赶科场”，形如钱钟书笔下的“围城”——城外的人想进去，城里的人想出来。能够“久在樊笼里，复得返自然”（陶渊明语），能够全身而退、安全降落，是历朝历代官员的奢望。由此可见，当官在中国早已成为高收益也高风险的高危行业，与那些出海打鱼，下井挖煤的高危行业相比，似乎也不在其下。

前边说过，朱元璋与毛泽东虽然都是治吏高手，治吏猛人，但伤害官吏无数也未能彻底根除官吏的滥权与贪腐。虽然治痼疾须用猛药，但药不对症，刀不对位，投药越猛，下刀越狠反倒加重并扩散了病情，冷暴力的痼疾反倒从官场扩散成为全社会的“打倒一切，全面内战”。譬如群众运动的天罗地网，被当成了笼子去纠正干部滥用权力；大鸣大放大字报大辩论，被当成了防腐剂去惩治干部贪腐。冷热暴力交替使用了十年，最终还是败下阵来，败在了人治脚下。干部集权体制经历了“死机 / 修复 / 重启”，至今仍旧巍然屹立，滥权与贪腐也我行我素，为什么？

民主，是对于官僚制的抗毒素。
——列宁

因为暴力只能有破无立，修修补补的积累才能创新制度。“革命”之所以功败垂成，是由于没有向人治体制本身开刀。而且，放弃了用法治去矫治人治，反倒导致权力的滥用从官到民扩散开来，干部训政变成了可怕的群众专政——“砸烂公检法”之后，当年除了“公安六条”还管用之外，偌大中国大约只剩下一部婚姻法还管用——不受制约的权力从干部手里扩散到了群众手里，派性冲突与暴力失序席卷全国，冷暴力必然升级为热暴力。起先起劲儿为文斗煽风点火、添柴助燃的每一个人，后来都

砸车升级为砸人

被武斗打得鼻青脸肿，头破血流。只有当钢鞭抽到自己背上，几十斤重的铁牌子用细铁丝勒进自己后脖颈子时，大家才尝到了群众专政比干部训政更生猛的滋味，也尝到了冷暴力与热暴力同根同源的滋味。

其实，被“革命”吓得魂飞魄散的不仅是“群专”，还有革命领袖晚年的预言。这个预言把冷热暴力交替的治乱周期大大地缩短了，缩短为“过七八年又来一次”——你看，革命非但没有跳出周期律，反倒把震荡几率提高了。难怪亲历过“文革”的几代人，每提到“过七八年又来一次”，脊背上就凉飕飕的，条件反射到了毛骨悚然的程度：谁敢往里跳，谁又能跳出来呢？

霍布斯有个著名的比喻，说的是“麻雀入屋，无法逃出”的故事。他说假如一只麻雀从烟囱里钻进屋内，麻烦就大了，就注定逃不出去了。为什么？因为这只麻雀失去了路径依赖，忘了自己是从烟囱里误入室内的，它只知道朝着明亮的窗户上撞去，直撞得头破血流。麻雀为什么会忘了进屋的路径？因为烟囱是个非正常的通道。麻雀又为什么要撞明亮的玻璃？因为天空才是它应有的空间。

这个有趣的比喻，揭示出路径依赖产生的困窘。中国语文的艰涩难掌握，成了少数精英垄断文化以统治文盲大众的法宝，也是官僚制度两千年亘古不变的根基之一。电脑与网络的信息化，早已打破了这种垄断，也为中国人打开了窗外的天空，只需你推开制度改革与法治建设的玻璃窗就可以飞翔了，不是吗？然而从一个烟囱式通道进入人治铁屋里的中国人，却迟迟不愿放弃熟悉的路径依赖，不愿放弃人治改用法治来解决官民矛盾，因而，温家宝对于“文革”有可能重演的警告，绝不是在无的放矢。

个人集权必生内讧，有内讧就有黑幕败露，历史曾一再重演过这类情节。历史一再证明人治与法治的最大区别，在于人治是以治吏、治民为本的，法治则以保护人权为本。

我们若不从制度上找出缺点，得到教训，只是闭起眼睛反对斯大林，将永远没有觉悟。一个斯大林倒下，会有无数斯大林在俄国及别国产生出来。在十月后的苏俄，明明是独裁制产生了斯大林，而不是有了斯大林才产生独裁制，如果认为资产阶级民主制已致其社会动力已经耗竭之时，不必为民主斗争，即等于说无产阶级政权不需要民主，这一观点将误尽天下后世。

——陈独秀

如前所述，人治导致了“官治、官有、官享”，法治才能保障“民治、民有、民享”。对此你可能不解，问我说，既然是“官治、官有、官享”的，为什么在中国当官并不安宁，总是整饬的对象，以致做官成了个高风险职业呢？为什么看上去，在西方国家当个公务员反倒平安无事，而在中国当个干部却总要整风什么的整个没完？譬如，老百姓害怕缺少法治的那个“劳教”，干部则害怕缺少法治的那个“双规”，都把人弄得提心吊胆。你发现整来整去的，整得如今官场已有了一套自我安保法则，大到接受采访时不多说话，灾害现场不露笑脸，小到应酬时不戴名表，讲话时不吸名烟什么的，多累呀。

治民先治吏，治吏仍是为了治民，是由于我们仍未跳出人治的死穴。通常说的“打铁先得自身硬”（习近平语），就是这个意思——自身硬了才好打铁。因而，敲打官员跟敲打老百姓其实是一回事儿。治吏成为治民的前提，意味着官员的被整饬，实质上与老百姓的被整饬是同病相怜的。这些无奈，都表明人治制度必须靠治人、整人才能维持。仅此一点，我们也不难看出，人治无法保护到每一个人，哪怕他是国家主席；只有法律面前人人平等的法治，才能保护每一个人。

“学费”昂贵，不能一再虚掷

> 社会契约和法律最终必须归于书面材料。遵守这些文件应该成为这个国家的惯例。革命是代价高昂的东西，人类很快会吝惜自己的鲜血和财产，不再频繁地诉诸革命手段。
>
> ——约翰·亚当斯

回眸“革命”，争权夺利总是被置于舞台中央，聚光灯下。而“文革”呢，在我看来，干脆就是由一连串自上而下的、自始至终的夺权组成的，不是吗？我发现林彪的所谓的“四个无限”，说穿了，不过是对权力的无限热爱、无限忠诚、无限信仰与无限崇拜罢了。这些熟识的语言，当年铺天盖地。拜权主义价值观如此甚嚣尘上，红卫兵沦为“权奴”还奇怪吗？不奇怪嘛。

现如今，每个干部都会说：做官不是目的，做官是为了做事；掌权不是目的本身，掌权只是做事的手段，对不对？然而当年可不是这样，当年把权力在谁手中当成了天底下最大的事情。也就是说，权力就是目的，能够掌权最重要。至于掌权后做的事情，则显得不那么重要，甚至像算草纸那样，说撕就撕；而且，我们一向还挺能原谅自己，把犯了错误称为“交了学费”！

如若不信，我可以历数给你看看，看看自称先破后立的“革命”是怎样有破无立的。所有的政治运动除外，我们只历数一下稍长久些的体制构建或发明创造吧。譬如农业合作社，公私合营以及全民所有制，集体所有制，留传下来了吗？总路线，“大跃进”和人民公社这三面红旗，留传下来了吗？五七道路，学大庆、学大寨、学解放军，鞍钢宪法，农业八字宪法，留传下来了吗？知青上山下乡，工农兵上大学，“五七”干校，赤脚医生，七二一工人大学，留传下来了吗？粮食统购统销，票证限购配购，合作医疗，院系调整，样板戏，留传下来了吗？中苏结盟或对抗，三线建设，援朝、援越、援助阿尔巴尼亚，留传下来了吗？至于革委会，三支两军，办学习班一类，那就更留传不下来了，是不是？上述历史遗产，伴着我们记忆中的小高炉，大食堂，高产卫星，打擂台，敲锣打鼓地报喜，浮肿病，大鸣、大放、大字报、大辩论，红海洋，表忠心、献红心，表态、站队，战斗队，游街批斗，武斗，三结合，吐故纳新一类“新生事物”，早已一同灰飞烟灭了。

一位精明的君主，必得要做一个大杜撰者，大伪装家。为了维护他的权位，他必须准备采取反诚信、反慈善、反人道、反宗教的行动。并且只要有机会，就应该制造内争，以使自己能够操控并借此扩大自己的权威。

——马基雅维利

仅拿全民财产“归大堆”的公有制实验来说吧。人民公社，五七道路，财产充公，合家吃大食堂，老头进黄忠队，老太婆进佘太君队，男人进罗成队，妇女进穆桂英队，孩子们进快乐园，老弱病残进幸福院等，都留给了历史。私有财产与人身自由一并被收缴了，农民进城搞副业、外出乞讨还得开介绍信，城里人探亲出差除了开介绍信，还得换粮票。离开各类票证，不要说你出门寸步难行，连居家过日子你都过不下去。为什么？因为柴米油盐酱醋茶这开门七件事，离了票证你一件也办不成。这些历史，谁能忘得一干二净呢？

我年轻时经历过无数次“诈和”似的欢庆胜利，之后，又被健忘到再不提起。中国人交出的这些学费，早已伴着“除四害”，小球藻，广播体操，跳忠字舞，抢军帽，赠纪念章，打鸡血，甩手疗法，喝红茶菌等鲜活记忆，一同沉入了历史深处。过来人讳莫如深，不愿跟孩子讲起这些学费昂贵的历史。为什么？因为它们不是什么过五关斩六将的光荣史，反倒是上一辈人在走麦城。

败走麦城不可怕，可怕的是所有败绩，都伴随有生命与资源的天量虚掷，伴随有可统计的丧命数字、财富损失金额与资源环境恶化的数据。

钢铁是这样炼成的

电影《阿甘正传》有一出谈及中国的戏，是在“乒乓外交”打球返美后，阿甘接受了电视采访，约翰·列侬也被编排在一旁听着：“中国人什么财产也没有吗？”主持人将信将疑地反问。“是的，什么财产也没有。”“他们也不上教堂吗？”“是的，也不上教堂。”一时看去，“文革”时期中国人一贫如洗的状况，是美国人匪夷所思的。然而以历史的眼光，用王小波的话说，那只是中国人的极端体验。

前边说“中国人有时候疯，有时候是不疯的”（王小波语），是少数时候疯，多数时候不疯的，也是少数人疯，多数人不疯的。假如你要我分辨这个疯或不疯的区别，我能感觉到的是：同是中国人，一贫如洗的时候容易疯，譬如“文革”那时；家产殷实了就不容易疯，譬如现在。我感觉同是中国人，身无半文的人容易疯，腰缠万贯的人则不容易疯。李光耀在新加坡经历过左倾思潮高涨，他看见青年在街头纵火骚乱时，会冒险把自己的自行车抢回家里。为什么？因为私有财产成了每个人安全避险的最后堡垒。

回首历史，你发现真正能够发动起人群的，不是口号与理想，而是权力财产的再分配；你会发现，幼稚的红卫兵只是昙花一现，“没有根本的利害冲突，更没有理由一定要分裂成为势不两立的两大派组织”（毛泽东语）的底层群众，潮起潮落的也快。真正坚持战斗不撤退的力量，其实都是要求权力财产再分配的干部。也就是说，来自官场的争权夺利，才是中国社会深层冲突与对抗的乱源。譬如宁夏，1960年的“反对地方民族主义”（反地）和

“反对坏人坏事”（双反）两个运动的受害干部，成了不屈不挠的抗争力量。各地也一样，历次运动的受害者与现存利益的维护者之间结下的梁子，拉开的鸿沟，谁都难以弥合。

前边说过，当年，“设法让好过自己的同胞倒霉遭殃”，都是以革命的名义进行的。打翻那些比自己地位高的或有权的，抹黑那些比自己有声望或有成就的，剥夺那些比自己有钱或有家产的，羞辱那些比自己有才学或有素养的，甚至是折磨那些比自己俊朗美貌、比自己气质高雅的同胞，给比自己性感一些的同胞挂上“流氓、破鞋”的牌子游街，不也叫做革命行动吗？正义凛然的革命，说得冠冕堂皇，干的却是把同胞打翻在地还要“踏上一只脚，叫他永世不得翻身”；抹黑和丑化要深挖五代，株连九族，折磨要极尽造谣污蔑泼脏水之能事，羞辱要“脱裤子亮丑”，剥夺要扫地出门，杀戮要斩草除根，可怕不？

“判断历史人物的功绩，不是看他有没有提供现代所要求的东西，而是看他比前辈提供了多少新东西”（列宁语）。天翻地覆的“文革”，革除了旧中国的老病灶吗？闭关自守，祖先崇拜，权力一元化，父权主义，家族主义，官僚专权，贫穷的普及，教育的不普及等等，都是旧中国的痼疾。经过了大革命的洗礼，这些旧弊端扫除了吗？起码改善了吧？也没有。你发现对外闭关锁国，对内铁笼管控的老病灶，非但没有根治，反而转移、扩散了，不是吗？

所以，即便以宽容的眼光，我们也很难发现，上述那些发明创造的“新生事物”能够代表历史的真正进步。你认为大庆、大寨的榜样，能代表人类在工业与农业领域更合理地开发自然吗？你认为打成一片的干群关系，能代表特权消失下的人际平等吗？你认为军事化的集体生活，能代表人的自由、解放吗？你认为那种半供给半福利的票证制度，能免除全民的匮乏贫困吗？你认为连串的整肃与灌输，能提升人的道德水准吗？其实，上述“新生事物”之所以早已烟消云散，本身就已经证明了历史淘汰的无情：凡是体现人类实质性进步的事物，任谁也根除不了；凡是假冒伪劣的“新生事物”，任谁也巩固不住，不是吗？

凡是使人类友爱的东西都是善良的、美好的，凡是使人类分裂的东西都是恶的、丑的。
——列夫·托尔斯泰

没错，革命领袖都是成功的掌权者，但不一定是成功的政治家。为什么？因为如果没有什么能够传世的宝贵政治遗产留给后人、留给世界的话，权力与财富一样，也都是生不带来死不带去的东西。当然了，被权力驱使，被权力异化，大多不能归咎于当事人的个人品行，只能从制度上找根源。遵从“强权战胜公理”（俾斯麦语）的游戏规则，奉行“餐桌上的角斗场”规则，谁都会身陷你不吃人，人会吃你的“囚徒困境”（诺依曼语）而不能自拔。因而，热衷于争权夺利也是为了不被淘汰，也符合适者生存的自然法则。

“对于一个真正的政治家来说，其目的不是保卫自己的权力和地位，而是推进国家的进步和民主”（戈尔巴乔夫语）。然而，对于愿意服从权威却不愿服从良知的人来说，从来都是尊崇权力与地位的。譬如民间，习惯于像贴门神那样把领袖像挂在车上避邪，潜台词就是权力是“攻无不克、战无不胜”的。掌控权力从不失手的刚强硬朗领袖，才是老百姓心底的成功偶像。能够在激烈权争中节节胜利、始终屹立不倒的卡里斯马强人，更是备受追捧。当然了，这也不值得大惊小怪，只能表明老百姓是功利主义、实用主义的，他们信奉“成王败寇”“只以成败论英雄”的法则。也能表明，重权力轻道义的实用主义哲学，与为了目的可以不择手段的革命哲学是一脉相承的。

还是阿克顿勋爵说得明白：权力会“败坏良知，麻木心灵，使人失去对环境的理解力”。放弃了评判历史的善恶是非标准，放弃了评判历史人物的良知与正义价值，也就失去了对于历史的理解力。因而，对于良知麻木的人来说，所有的历史教训，哪怕再惨痛也罢，仍难以被认真汲取。

我们不能没有历史地活着

> 在污泥中打滚可不是最好的净身办法。如果你犯了错，就忏悔，努力改正，争取下回做好就是了。
>
> ——阿道司·赫胥黎

不能没有历史地活着这个题目，不是我的杜撰，是来自记者采访彼得堡街头的一位俄罗斯妇女。隆重安葬了被布尔什维克党满门枪决的末代沙皇，俄罗斯人终于卸下了这具背负了 80 年的沉重十字架。葬礼结束的 1998 年夏，这位女士如释重负，对着采访镜头说："如果我们没有历史地活着，俄罗斯民族就不会被这个世界真心尊重！"

一个不尊重自己历史的民族，也不会被世界尊重——这个女人的这个表达，让我肃然就起了敬了。为什么？因为她说的没有历史地活着，特指不能文过饰非，不能隐恶扬善，不能屏蔽历史。我的启蒙史告诉自己，假如一代人没有历史地活着，就是懵懂无知地活着，没有教诲、没有精神归依地活着；一代人这样前无古人，后无来者地活着，既不能承前也不能启后，岂不愧对先人又愧对子孙，岂不该"独怆然而涕下"（陈子昂语）？假如一个民族没有历史地活着，相当于海上的一艘巨轮失去了卫星定位，没有了方位感，满船人不知此地是何处，也不知今夕是何年，怎么得了？

我当年偷书来读，就是因为不愿懵懂地活着。虽然小时候读的多是小说，但那时我是把小说当历史、当社会来读的。不惜偷书来读，是由于我渴望知道自己出生之前，这个世界是个什么样子，那些远方的人们，是怎样生活的。一个人启蒙的最初“天问”就是如此：我是谁？我从哪里来？要到哪里去？别以为这就是历史，这就是哲学，以此为题的油画、音乐、戏剧、小说什么的，多了去了。人之所以区别于动物，在于人会有此“天问”，而动物只关注食物。其实，每个人发蒙时都有“天问”，区别只在于能否坚持问下去。许多人问不出什么名堂，又忙于活着，就变成了没有历史地活着的人。

什么叫没有历史地活着？许多今天的年轻人就是，活得半寐半醒的。怎么办呢？只有用真实而残酷的历史去唤醒他们。我儿子 1996 年进大学时，学校还开设有《中国现代革命史》这一课，他还得背诵反右、“大跃进”和“文革”是怎么一回事儿，以应对考试；而女儿两年后进大学，这门课没了。为了填补这个空白，亲历者的我，不得不口口相传地告诉她这段历史是怎么一回事。

为什么一定要告诉女儿？因为今天这个来之不易的和平年月，脱胎自我们亲历的动乱岁月，你不知有汉，何论魏晋？你不知道“反右”“大跃进”与“文革”是怎么一回事儿，你就根本不知道什么叫以阶级斗争为纲，什么叫工作重心转移，什么叫拨乱反正，什么叫平反冤假错案，什么叫以经济建设为中心，对不对？简单些说吧，不知道“反右”“大跃进”与“文革”是怎么一回事，你就根本不知道改革开放是怎么来的，你也根本不会珍惜已经持续了三十多年的和平变革。

只有和平变革才能救中国。为什么？因为任何国家要转型为现代化国家，无非两条路径：要么和平演进；要么暴力变革。或者和平，或者暴力，人类历史就是这么“双峰对峙、二水分流”（朱学勤语）的，世界主要国家的现代化转型过程，也是分为暴力与非暴力两种类型的。前边说过，英、美的转型，大致是内无暴力革命，外无武力扩张的和平转型；法、俄的转型，则是内有暴力革命，外有武力扩张的转型；后来居上的德、日的转型，则是内无暴力革命，对外武力扩张的转型。之所以说和平变革救中国，就是希望中国的现代化转型对内不搞暴力革命，对外不搞武力扩张，实现一个非暴力的顺滑转型。

吾因爱平和而愈爱革命，何也？革命、平和，两相对待；无革命，则亦无平和，腐败而已，苦痛而已。

——孙中山

不同的转型方式，如前所述，也就是七个大国求富求强的三条不同路径。最缓慢最平稳最保守的第一条路径，是作为现代化原创者先驱者的英美的渐进主义道路，也是民主主义道路。后两条路径都是由于后发追赶而抄近道的，也即“超常规、跨越式”的。譬如战前德国、日本代表的“富国强兵”的第二条路径，保守的上层新权威通过自上而下的强权推进社会变革，缺乏民主主义制约的民族主义出了轨，走上了法西斯主义道路。战后被改造后，又回到第一条路径上来了——战后的德国、日本成了和平崛起的典型。第三条路径则是法俄中印曾经走过的农民革命道路，如你所知，各国早已拨乱反正，改弦易辙了。

我们说超常规、跨越式容易摔跤，不是个常识的提醒，也不是个逻辑的推定，而是百多年来各国屡败屡战、屡战屡败的翻船教训。中国这艘清末以来处于风雨飘摇中的巨型旧船，原本就破烂不堪，像是被一拨又一拨无证上岗的船长登堂入室，以误读误判的航海图为指引，一个劲儿打左满舵还开足马力，能开得左摇右摆地蛇形前进还算是好的，前进三再倒车二的也有，左满舵打得原地转圈 180 度也不是没有过。当年左满舵虽然打得原地转圈，满船人却晕头转向，仍旧以为是在飞速前进呢。

譬如我们红卫兵，当年接过了义和团反帝爱国的伟大旗帜，烧了英国大使馆，炸了孔子的坟，也扒了从岳飞、王羲之、成吉思汗、朱元璋到海瑞、张居正、蒲松龄；从章太炎、康有为、张之洞到徐锡麟、秋瑾、张自忠的无数坟墓。你发现扒坟掘墓，焚尸扬灰这些勾当，也是在虐尸，跟我当年虐尸是一样的。为什么闹“革命”总要闹虐尸？就是要割断历史，否定历史，让自己没有历史地活着，没有方向地活着。

割断了历史，遮蔽了方向，就会“迫使自己在某条狭路上面行走”（蒙田语），譬如暴力革命，就是一条越走越窄的狭路。为什么人们会自欺欺人地活着？说穿了，不就是为了自己眼前那点儿狭隘的世俗利益吗？你发现对于历史的文过饰非与隐恶扬善，不仅是不记教训地活着，记吃不记打地活着，更是少数人为了既得利益而不顾真假，不论是非，不辨善恶，不分美丑，不知荣辱地活着。为了生不带来死不带去的权力与利益，一个人乃至一个民族不惜牺牲良知，抛弃道德，如此这般没有颜面、没有尊严、没有荣誉地活着，人跟动物，有啥区别？

世俗利益是你的后妈，而真理是你的亲妈。你最终还得回到你亲妈的怀里。

——马可·奥勒留

割断历史并不能蒸发历史，反倒证明大有历史。也就是说，要不是大有历史，也不会假装没有历史，对不对？这正是古希腊哲学名言的本义：“不存在是存在的”，否则哪儿来的不存在？听说中国学者去越南访问，曾被越南社科院的学者抱怨说：当年你们毛主席教导我们说“美帝国主义和一切反动派都是纸老虎”，可一打仗才知道人家是真老虎，打死我们一百多万人呐！我少年时读《南方来信》，读得渴望被酷刑折磨，渴望像王小波的女同学那样，也去越南打“纸老虎”。

因此，前事不忘，后事之师。作为过来人，如果我们全都装出一副什么事情都没有发生过的样子，你想想，我们这一代老愤青怎能对得起历史？怎能对得起后人？怎能对得起自己深爱的民族与祖国？最起码，我们也对不起如今这越过越有希望的和平岁月吧？

只从一己之私出发去考量，我也不能装出个没有历史的样子。假如我下意识地强迫自己患上老年痴呆症似的健忘，为了既得利益而放弃了良知；那么，年轻时的罪孽与耻辱将会伴随自己终生。有一天翘了辫子，即便有个墓碑立在那儿，也难有谁真心尊重自己，是不是？也因此，打开被屏蔽的历史，恢复常人的良知，让年轻时被恐怖主义吓得出窍而逃的灵魂回到自己的躯壳里来，对于老一代愤青来说，不过是把前半生出卖给魔鬼的良心赎回来，以求临终前能把整个人的身心找齐整了，当个全乎人。

明目张胆的暴行固然是凶恶的，而精心策划的欺诈，其隐患也绝不亚于暴行。

——弗朗西斯·培根

虽说人无完人，但你也听说过，早年割掉命根子进宫服侍权力的阉人宦臣们，临终前必得把一直珍藏的那个命根子接续回身上，恢复成全乎人，才能安然辞世。我要追忆历史，复苏良知，所追求的，其实跟那些被阉割者也差不多：找回命根子，别丢掉命根子——良心不是一个人的命根子吗？

当我年轻时我梦想改变世界；当我成熟后，我发现我不能改变世界，我将目光缩短，决定只改变我的国家；当我进入暮年，我发现我不能改变国家，我的最后愿望仅仅是改变一下家庭，但这也不可能。当行将就木，我突然意识到：如果一开始我仅仅去改变自己，我可能改变家庭、国家甚至世界。

——威斯敏斯特教堂碑文

假设一个已经土埋半截的人还不敢追忆历史，不敢说出真相，也不敢捡回良知，硬要撑着个没有灵魂的空皮囊去见地下的父母，不啻是件比死亡还可怕的事情。可怕在哪儿？可怕在某一天被推进焚尸炉那一刻的我，没有心，没有脑，只有一副下水和手脚，可怕不？有生之年，我曾坐看唯权是夺变成了唯利是图，不少同胞把夺权变成了抢钱，我也有幸见识过不少两条腿的“权力动物”或“金钱动物”；假如临终时自己仍旧是那样一只动物，而不是一个有头脑、有良知的人，那么，不仅前半辈子所受的惊吓和后半辈子的安逸日子统统白活了，也不仅愧对后人、辜负子女，甚至可以说，在资源如此短缺的祖国大地上栖息了一辈子，我吃掉喝掉的那60吨食物都浪费啦，不是吗？

降解自己体内的历史残毒

> “左”带有革命色彩，好像越“左”越革命。“左”的东西在我们党的历史上可怕呀！一个好的东西，一下子被他搞掉了。
>
> ——邓小平

革命早已在中国退潮，但有些“革命”的残毒，至今还留在我们体内。譬如郎咸平说的“新帝国主义论”，把国际商战解读为“西方阴谋陷阱”，就是个把狗当成了狼的例子。资本的天性是觅食的狗，并不是吃人的狼。帝国主义的天性，无非也是“天下熙熙皆为利来，天下攘攘皆为利往”，不是吗？假如夸张的父母一味大叫“狼来了”，教孩子以狗为敌，教孩子见狗就夺路而逃或防卫过当。结果呢？觅食的狗误以为你要攻击它，也要自卫，而惊恐过度的你会更加激烈地自卫——历史上的意外伤害，往往就是这样发生的——本是人类朋友的狗，就这样变成了孩子假想的狼。

可见，站在狭隘的民族主义立场上说话，郎咸平的“新帝国主义论”，说的还是来者不善、善者不来的阴谋论，说的还是帝国主义经济侵略、掠夺的狼外婆的故事，重弹的还是把狗当成了狼的排外主义老调。改革开放初期，北京有一家合资企业，天车工凭高望风，见洋厂长一来就用天车铃报警，工人们马上敲敲打打起来。等老外一走，大家又歇息起来。为什么用怠工糊弄洋鬼子？工人们说，宁干一毛钱留给自己，也不干一块钱，让洋鬼子拿走三毛。按照郎咸平的新帝国主义在中国的逻辑，工人们这么干，不就干对了？

猫爪子下面的夜莺，唱不出好听的歌。
——伊万·克雷洛夫

想必你常见奶奶或妈妈“打地哄孩子”——小孩摔倒了哇哇大哭，大人拍打地面说：“都是地坏，绊倒了我们家宝宝！”——我们不是教孩子自我反省与矫正，而是全部责怪或迁怒于外部——什么叫缺乏内省的自觉？这就是。你看我们对于近代史的解读，没有一点儿反省与追悔，一味地责怪与迁怒帝国主义欺负了自己。

中国刚刚加入世贸组织那几年，“与狼共舞”这个词你听得耳熟能详。其实，那也是“鬼子恐惧”的残留。入世仅仅十余年，中国的外汇储备已经赚得盆满钵满了，狼来了吗？我一直劝学生蛮可以放下心来，不必怀疑西方的对华政策，在总体上是善意的而不是恶意的。为什么？因为西方不愿看到中国成为一个混乱的失败国家，谁都无法从中获益。西方需要一个统一、富裕、稳定、健康的中国，而不是相反，是因为他们能够从中获益，对不对？为什么西方国家会有此趋利避害的选择？因为“中国如果乱了，难民不是几十万几十万，而是几百万几百万地往外跑，谁能接收？”（邓小平语）所以，大家蛮可以放下心来，不必怀疑西方对华政策的善意。所谓善意，无非是说这个世界上，其实也没有谁执意要反对中国赚钱，反对中国富强，反对中国崛起。

我说这世上没有谁要反对中国崛起，你可能不同意，可能反驳我：胡说！西方大国就不愿意看到中国崛起。也对，你换位一想就能想得通：没有哪个国家，会盼着别国超过自己，对吧？就像自己，一心要赶超西方，不是吗？盼着别人超过自己的也有，但那是爹盼儿子，不可能是国家之间，是不是？但你也不能据此就说，西方不允许中国赚钱，不喜欢中国富强，一心盼中国破产，就希望中国崩溃。你不能这么说，是因为言不符实，事与愿违，事实不是这样的。事实是：37 年来，是西方助推了中国的富强，而不是拖住了我们的后腿，不是吗？

愤青的所谓愤怒，平和点儿说叫做不高兴。不高兴是愤怒的克制说法，就像英国女王遇上令人暴跳如雷的事，也会大加淡化，说是“朕不开心”。但无论怎么措辞，不高兴总得理由充足才行。愤怒不是青春期的分泌物，也就不应该与青年人与生俱来，对吧？你总不能说我要写《愤怒的葡萄》，就要学斯坦拉克去当“被压迫者的代言人”吧？也不能说你跟毕加索学油画，是为了要当踢翻瓷器店的狂牛吧？所以说，愤怒是需要理由的。

说中国经济现在“一枝独秀”，我是不这么看的。一枝独秀那就麻烦了。一枝独秀，“秀”不了多久。总得大家都好，你才能好哇。大家都不好，你一个人独好，我看恐怕不是这么回事。

——朱镕基

几年前有几个“军事迷”不高兴，很生气，在书里给中国画出了一幅路线图，在我看来就没什么理由。这条路线指引我们，要放弃“商战求强、商战争霸的失败主义”道路，另走“军战求强、军战争霸”的正确道路——“解放军要走出去，要敢于除暴安良”。“军事迷”的战略步骤是三步走的：第一步，先借金融危机实现“打倒拳王”，取而代之的近中期目标；第二步是“打碎拳坛”，全面推翻不合理的国际秩序，实现全球范围内权力财产再分配的中长期目标；第三步也是最后一步，就是实现中国人领导世界、解放全人类的伟大目标！

这个把世界发展纳入中国道路的路线图，“金戈铁马，气吞万里如虎”（辛弃疾语）的劲头，也不输给林彪的《人民战争胜利万岁》。但据我看，从军事专业角度，它已经未赢先输了，为什么？因为暴露了野心，容易招来横祸；“常胜将军”最后在温都尔汗摔得尸骨无存，就是个前车之鉴。苏美争霸结束后，美国没有了对手，正怅然若失地准备收手。正当口上，突然有人不失时机地站了出来，宣布自己要登台打擂，要挑战美国，不就很是暴露自己吗？

我们前边说过，跟美国打仗不如跟美国做生意；何况经济学家早就告诉了我们："过去20年，中国经济就是靠和美国人的配合，美国人那边花钱，我们帮他们造东西。我们赚钱以后，建设基础设施，再搞点房地产，放大了需求。"（谢国忠语）我们知道，正是这个"美国消费＋中国制造"的模式，才成就了今日中国的高楼林立与满街塞车，怎么突然我们就翻了脸，不跟美国做生意却要跟美国打仗了，是不是怒火中烧烧坏了脑子呢？

然而这样一张怒火中烧的路线图，竟然有无数粉丝追捧，事情就有点不妙。柳传志曾说过"一人一票，万劫不复"的话，是他反对民主政治吗？不是。他的担心是，当农民还是人口主体时，当"无恒产则无恒心"的众多青年不高兴时，中国人的理性化程度还远远不足，也就容易没来由地生气。前边说过，农民在宗法伦理束缚中，缺乏独立的个人利益诉求；无恒产则无恒心的人群，也极易怒火中烧。有网友推断，中国若是直选主席，可能会选出个对外大搞民族主义，对内大搞平均主义的主儿，你信不？我愕然了，又得承认：很有可能。

"打倒拳王，打碎拳坛"的好莱坞大片我爱看，美国孤胆英雄除暴安良的大片我百看不厌。但这类电影打动我的，不是血肉横飞、命悬一线，而是英雄们满怀爱与正义。说来你也不陌生，每当英雄或枭雄要死要活的紧要当口，编导总要让主角停停手，得空说出要死要活的充足理由来，就像鲁智深拳打镇关西一样。趁对手还没晕，总得让他弄明白自己挨打的缘由。不像一些中国人，到现在都不明白自己近代挨打的原因。鲁智深总得伸张正义，挑明了开"乐器店"的这一拳是为谁打的，开"调味品店"的这一拳是为谁打的，开"颜料店"的这一拳是为谁打的，是不是？正因为这三拳都是为了弱女金翠莲而不是为自己打的，鲁智深那才叫除暴安良，才会得道多助，对不对？

如果鲁智深三拳打倒镇关西，只是为了自己取而代之，接过手去继续称霸城关西厢，那么，英雄就是枭雄，就会失道寡助，对不对？所以说，“打倒拳王，打碎拳坛”虽然痛快，可打的是不是正义，是不是“道德上谁比谁更优越”，还是需要理由的，不是说敢出手就是英雄，不是吗？

比如说美国。为遏制武装崛起而到处打人，理由就蛮充足：说自由、民主、人权的美国价值也是普世价值，有着跨国家、跨种族、跨文化、跨意识形态的普适性。“地球上没有人渴望被压迫，渴望受奴役，或热切期待着秘密警察的半夜敲门”（小布什语），就是人家道义上的理由。这理由你可以不服，说我就是不喜欢自由、民主、人权，但你不能代表大家都不喜欢，对不对？你甚至可以说，我就是喜欢受奴役、被压迫、受虐待，喜欢秘密警察半夜来家敲门，但你也不能代表别人都是受虐狂，不是吗？

进步表现在：人们应当受权威统治而不受暴力统治，受舆论统治而不是受权威统治，受良知统治而不是受舆论统治。

——阿克顿勋爵

所谓普世价值，就是超越了民族主义的国际主义价值。我唱了一辈子《国际歌》，“让思想冲破牢笼”，早已接受了“从来就没有什么救世主，也不靠神仙皇帝！要创造人类的幸福，全靠我们自己”的国际主义：这些争取自由、民主、人权的道理，不正表明了普世价值的大义凛然与不可战胜吗？

所以说，当英雄不能光靠武艺高强，更要靠占据道德制高点，才能道义在手。假如美国已经占据了道德制高点，给发起攻击者就增加了难度：从下往上攻？打不赢。攻击者需要再筑起个比西方还要高的道义堡垒，才能居高临下地打败美国，对不对？也就是说，要与美国打仗，武艺且不论，输赢也且不论，必须先给个充足的理由，也即道义必须先行。谁想打倒美国，推翻其价值观，就得拿出个超民族、超文化的全新普世价值来才行；而且，这个价值还得能超越现有的“自由、民主、人权”，比它更先进，更能吸引人才行。这也就是说，要说服国际社会，让各国人民服膺你，必须证明自己是比美国更先进的生产力、更先进的文化、更先进的制度和更能广泛代表全世界人民才行。这么高难度的历史使命，让中国人独自出来打擂，“军事迷”们是不是难为我们了？

真正的困难在于，咱们怎么才能证明自己要打倒美国、推翻西方价值，只是出于道义，而不是出于利益？只是出于公心，只是为了世界各国人民，而不是只为自己？之所以为难了自己，是因为这样一来，就需要我们继续论证只有解放全人类，才能最后解放自己的逻辑。说实话，弄了大半辈子理论，我发现学富五车、才高八斗的革命导师也没能说通先人后己的这个道理，而我自己呢，早都知难而退，放弃了论证这个“哥德巴赫猜想”的努力啦。

中国改革开放30年来一直是在追求物质层面的“现代化”，而非价值层面的“现代性”。应当改变高度集权的政经体制，追求自由、理性、个人权利的现代价值观。
——秦晓

总之，任何国家的武装崛起都需要理由。你打倒美国取而代之，是由于你比美国更仗义，还是你比美国更强悍？两条总得占一条吧？一条都不占，全部理由就是个自我中心，老子天下第一，谁能服你？凭什么你能当全球的超霸首富？就凭你中国人自以为自己最聪明、最勤劳、最勇敢、最优秀？当世界一把手最胜任？作为一个中国人，我可没你那么自恋。从小照镜子，我都为填补自己脸上的缺陷，而不是孤芳自赏。我一直认为，真正能够拿来把自己跟外人互为对比的实情是：比中国人还穷的人，体能都比中国人强；而那些比中国人还富的人，肯定是智能比中国人强。

之所以出现“中美国”（弗格森语）的概念，用专家的话说，是因为“中美已是一根绳上的两个蚂蚱，好听点叫同舟共济”。西方已是中国致富的伙伴，也可以说，是中国崛起的助推火箭，中美更是“建设性合作者”。什么叫合作者？就是生意伙伴。什么叫建设性合作者？就是要往大里做的生意伙伴。“穷了几千年”（邓小平语）的中国人，好不容易傍着西方富了起来，本应靠紧、贴上，继续傍着西方致富才对，可有人却不高兴，很生气，主张中国跟西方“有条件决裂”，要不怕“光荣孤立”！你听一听，这些没来由的愤青言论，像不像是有人要拆伙伴，搅生意，砸场子？

再说了，我们也不能以为，只要傍着西方做生意发财，就算崛起了，不是吗？我们学到的，往往都是表面的。“中国的市场经济还只是入门，后面的路还长着呢”（阮崇武语）。比如说，你以为你学到的西方文明，不过就是个楼高车快，不过就是个市场经济？怪不得你穷汉乍富、小人得志，不知西方天高地厚呢。西方是现代化的盗火者，是人类文明的火车头。西方文明从希腊哲学、罗马法和基督教起源，由欧洲那 12 个母国孕育出一批又一批现代化国家。现代化肯定富强，但富强不是现代化的全部，甚至不是他们起初刻意追求的目标，而只是现代性的后果。

用 100 年时间把我国建设成中等水平的发达国家，那就很了不起！
——邓小平

现代化不过是现代性的外壳，现代性才是现代化的内核。什么叫现代性？现代性是从佛罗伦萨的人性复兴，到威尼斯商人的契约；是从大宪章限制王权，到德国宗教改革；从拿破仑法典，到美国人权立宪精神；从俾斯麦的社会保障，到福特生产方式等等汇总起来的。现代性是人权保障、思想信仰自由、契约诚信精神、私产保护、宪政民主、法治社会的整体文明，都是中国虽已写进宪法但仍有待落实的一些条款，绝不仅是富国强兵的洋务运动那么简单。中国要追求现代化，就不能不追求现代性。

因而，中国要学的是现代性，而不是只学经商，只求楼高车快。在这个意义上可以说，中国的现代化转型才刚刚起步，刚刚上路，后边的路还长着呢。

D篇 戒急用忍，最深刻的变革也许最宁静

（政治体制改革）就我个人来说，我在有生之年要搞，我们这一代要搞，年轻一点的同志要搞，我们的娃娃将来也要搞，当然那时他们不再是娃娃了，在管事了。只有这样搞，才能扫除实现现代化的障碍。

——邓小平

蜜蜂不会只在自家田里授粉

> 中国梦就是国家富强、民族振兴、人民幸福。它也是合作、发展、和平、共赢的梦。这与美国梦和各国人民的美好的梦想是相通的。
>
> ——习近平

一个有趣的故事说，一个农夫获赠了珍贵的良种，却不肯吃独食，不肯只种在自家田里。老婆百思不解，扯住他不让转赠种子给邻居。但丈夫一句话让她松了手。一句什么话这么点穴，能打消自己老婆的利己心呢？其实，农夫的这句话也不是慷慨为人的，只是超越了狭隘的利己主义，懂得了利他与利己是可以双赢的：“你想想，难道蜜蜂会只在咱家田里授粉吗？这是同一片田野嘛！”

“同一片田野”才会有“同一个世界，同一个梦想”，也才会有互利共赢的选择，不是吗？正如习近平 2013 年 6 月 8 日会晤美国总统奥巴马时所说，中国梦“与美国梦和各国人民的美好的梦想是相通的”。对于中国人来说，认同“同一个世界，同一个梦想”的这个“一”，是在历经了“二”（即两个阵营）、“三”（即三个世界）、“四”（即南北问题是发展问题，东西问题是和平问题的四极问题）的历史之后，才对互利共赢有了更深彻悟的。

"同一个世界"，也是包括中国在内的各国宇航员从太空中回眸地球的视觉感受——在永恒的宁静中，渺小、斑斓、美丽的地球独自悬在漫漫的、寒冷的宇宙中，缓缓地转动着——像人直起身子看地上的蚂蚁，宇航员们看不到地球上有国界，有防卫墙，有军事禁区，看到的只是一个地球的"完形"，一只人类像寄居蟹般栖身的贝壳，一条全人类命运共同体的"诺亚方舟"。

"完形"理论又称"格式塔"（Gestalt）理论，其核心是整体性观念。"格式塔"学说认为整体不是部分的相加，整体具有大于部分、先于部分而又决定部分的性质和意义。借助"完形"理论，中国人可以对"同一个世界"重建知觉场，发现全新关系，取得全新"顿悟"——卫星电视和互联网提供了观察世界的全新窗口，手机和社交网络提供了新一代人全新的沟通与参与方式，因而，现代性的核心价值，与现代化的手机、电脑、汽车、银行卡、取款机一道，同样具有席卷全球的普及力量。这种道德力量与技术力量能够合为一体，突破不同信仰、不同制度、不同宗教、不同国度、不同种族、不同地域、不同文化背景的差异性阻遏，把人性化的生存方式与现代伦理价值的良种掺在一起，播撒给每一块田野。因而，同样的道理，蜜蜂也不会只在自家田里授粉的。

地球是圆的，但世界却是平的。筑墙、挖沟、封堵、设防，都挡不住耕地是同一片田野。油气矿产也在同一片田野地下，所有人类赖以生存的资源，如今全都在同一个市场上。随着经济全球化扩散到了世界的每个犄角旮旯，"一切国家的生产与消费都已成为世界性的了"（马克思语），中国经济也早已全球化了。

中国依靠全球最多人口、最低劳动力成本、最大宗商品贸易量走入世界经济的核心圈，14 亿国民的生产与消费，如今已前所未有地依赖世界市场了。我国 2010 年即已消费了全世界 48% 的铁矿石，45% 的钢和铅，41% 的锌和铝，39% 的铜，35% 的镍，大部分都得依赖进口，以致"中国买什么，什么就贵；中国卖什么，什么就贱”，几乎成了国际大宗商品贸易的规律。我国采购花钱最多的，就是被称为“工业的粮食”的油气矿产。2011年，中国超过日本成为全球最大的煤炭进口国；2012年，中国超过美国成为全球最大的石油进口国；中国此前也早已是世界最大的铁矿砂、铜、棉花等进口国。也可以说，我国“工业的胃”是完全依赖国际供货商喂养的。

“想要抓住男人的心，先要抓住他的胃。”2012年中国谷物进口已突破1500万吨，随着中国稳步成为全球最大的农产品进口国，不仅“工业的胃”被抓，中国人真正的胃也开始被国际市场抓住了。譬如2012年国内自产大豆仅1400万吨，进口大豆达5800万吨，进口玉米521万吨，小麦369万吨，棉花500万吨，食糖348万吨，大米260万吨，猪肉140万吨，奶粉60万吨。

说到孩子的奶粉，谁能料到它会发生断顿之忧？然而真正的变革，往往就是在这些庸常无奈之中发生的。随着新西兰、澳大利亚、荷兰、德国、英国等产奶大国不堪对华“被出口”的重负，相继限购奶粉之后，“最后的奶瓶”香港澳门也供不起内地的奶粉胃口了，也开始立法限购了。于是，中国人依靠国际市场喂养的胃，首先从自己孩子的奶瓶子上被抓住了。

显然，中国人养育孩子的奶粉，也已离不开国际市场了。这就像中国人对于孩子的教育，都离不开英语一样。邓小平关于“教育要面向现代化，面向世界，面向未来”的题词，展露出他对于中国发展方向的愿景，也是他对于中国孩子的成长期许。然而，正如龙应台所说，包括民主化在内的现代化过程，还真的是个一把屎一把尿的育儿过程，只能在细节里体现。

“不管天下发生什么事，只要人民吃饱肚子，一切就好办了”，这是邓小平等几代领导人对于“手中有粮，心中不慌”（毛泽东语）的粮食安全的警告；而如今，食品需求的国际化，已经使中国人吃饱肚子的问题不好办了，我们能不警醒吗？吃饭问题的国

民主和爱一样，就在屎尿中。

……民主就是进出政府大楼，犹如进出一个购物商场。民主就是申请批文和盖章没有刁难，就是公共预算与开支随时查阅随时质询，就是官员被弹劾下台，就是习惯于抨击政府，诘问和取笑官员，就是揭露丑闻，追踪黑幕，就是官员离职后马上取消福利与特支，就是没有出版审查……

商业财团的问题若解决了，你发现媒体本身的“正义”很有问题；媒体的问题若解决了，你发现公民团体本身非常霸道，民粹主义横行。民主其实就在于实践，实践在于细节，细节使你感受民主。

——龙应台

际化，意味着中国人由被抓住胃而被抓住心，由就范于经济的国际化而不得不就范于政治、文化的国际化。从历史角度也可以说，曾经被“船不坚炮不利”逼迫进入近代化转型的中国，更会被“手中缺粮”逼迫进入现代化转型——这个“随着经济基础的变更，全部庞大的上层建筑也或慢或快地发生变革”的不以人的意志为转移的过程，不是历史发展的法则吗？

被抓住了胃，是否意味着中国人会挨饿，会屈从于“饥饿法则”呢？不会。随着食品采购的全球化，中国人不但会吃得更饱，还会吃得更好。为什么？因为当初的世界工厂英国就是如此。1865年，经济学家杰文斯描述过当年英国人的胃口之广泛：“北美和俄国的平原是我们的玉米地；芝加哥和敖德萨是我们的粮仓；加拿大和波罗的海是我们的林场；澳大利亚、西亚有我们的牧羊地；阿根廷和北美的西部草原有我们的牛群；秘鲁运来它的白银；南非和澳大利亚的黄金则流到伦敦。”作为今日的世界工厂，中国人也别无选择，只能把全球的田野当成自己的耕地了。

然而，想要吃得饱并吃得好的中国人，必须付出比当年英国人更艰巨的努力才行。为什么？因为对于后发赶超的国家来说，残酷的竞争规则是：超过了才能赶上！中国人必须角逐“海外投资与贸易立国”的美国，“从贸易立国到投资立国”的日本，“出口导向”的德国，从而赢得“两头在外，大出大进”的国际经济大循环的更强竞争力，才能吃得饱并且吃得好！为什么？因为“一切其按农业资源来说人口过剩的国家：英国、日本、德国、埃及、印度各国的共同命运，就是只有出口工业品换回粮食和原料，他们的全体人民才能谋生。……但那些矿产资源很少而人口过多的国家，要在销售越来越困难的商品（纺织品、皮革制品、小商品）方面进行竞争，与那些坐拥自然资源的国家相比，要为本国人民提供充分的就业机会和保证他们有过得去的生活水平，将遇到越来越大的困难”（刘易斯语）。

这也就是说，在这个“劳心者治人，劳力者治于人”的全球商战中，中国人只依靠低成本劳动已经难以继续取胜了。俄罗斯可以依靠丰厚的自然资源这个“大自然的免费赠品”坐享其成，中国做不到。资源贫国的日本，可以依靠彻底发掘出人的智能资源来替代资源短缺，中国怎么办？中国无法学俄罗斯那样出售天然资源换饭吃，只能学日本那样出售智能劳动换饭吃。也就是说，中国人的取胜之道，也必然像日本人那样，出售智能劳动换饭吃。

中国制造其实是跨国制造

然而谁都知道，发掘智能劳动的首要的、也是最重要的前提条件，就是要为经济的创新驱动，为人的自由创造提供保护权利的法治环境，提供符合国际惯例的制度与道德环境。因此，随着经济技术体系的国际依存度越来越高，中国在政治法律体系与道德文化体系方面，对于国际社会的依存度也必然越来越高。也因此，参与切分世界财富大蛋糕才能吃得饱吃得好的中国人，也必然更顺滑地融入国际社会大家庭，才能分得更多蛋糕。所以说，表面看上去可以有所选择的中国构建政治文明的进程，其实是别无选择的：只能前进不能倒退。

追求楼高车快不难，追求现代文明不易

> 健全民主制度，丰富民主形式，扩大公民有序的政治参与，保证人民依法实行民主选举、民主决策、民主管理和民主监督，享有广泛的权利和自由，尊重和保障人权。
>
> ——中共十六大报告

当年我写书，起过个书名叫《拒绝现代，何以富强》，是说假如拒绝现代性的话，我们不但找不到富强之路，就连要不要追求民富国强都不一定。为什么？因为“没有什么境遇是人不能适应的，特别是当他看到周围的人都在这样生活”（托尔斯泰语）。“中国人穷了几千年了”（邓小平语），不也活过来了吗？也就是说，正因为发现了世界上还有更文明、更富足的生活方式，中国人才奋起追求现代化的，不是吗？假如没有现代文明做参照系，假如拒绝以发达国家为榜样的话，中国人完全可以继续安贫守穷下去，干吗非要上赶着为难自己呢？

> 现在是我们向世界先进国家学习的时候了。……关起门来，固步自封，夜郎自大，是发达不起来的。
>
> ——邓小平

毛泽东在世时，曾有过被“开除球籍”的担心；邓小平在世时，曾认为“中国作为世界公民还不够格”。今非昔比，如今我国不但成为世界经济的主引擎之一，成为国际大家庭的核心成员，还是这个大家庭的政治领袖之一呢。中国已经加入了近百个最重要的国际组织，签署了近280个国际条约。国际和平日、人权日、

人口日、环境日、粮食日、扫盲日、无烟日等，都已在中国落地生根了。在世界政治经济领域，如调解局部战争，边界争端，核与常规裁军，民族、种族和宗教纠纷，人权、内战、债务、市场关税、人口、粮食、灾害、干旱、沙漠化，吸毒贩毒、恐怖、犯罪、失业、通货膨胀、生态环境等问题上，中国与国际间的对话与合作已经越来越多了。

譬如，在G20峰会联手应对全球金融危机时，中国也快速出手救了市。在世卫组织应对A型流感时，中国的应急响应也极为迅捷。由国际奥委会牵头的北京奥运会，由世博局协调的上海世博会，中国完成的都很出色。随着参与国际政治事务的深度与广度，中国对于国际条约的约束与国际组织的跨国治理，必将越来越能认同，越来越能服膺了。我国不是已经开始用国际标准组织（ISO）的标准作为国家标准了吗？我国不是签署了22项国际人权公约吗？我国不是签署了15项知识产权公约吗？我国不是准备签署互联网国际公约吗？作为联合国常任理事国，我国能够无视联合国决议、法规的权威性与有效性吗？对于跨国公司与国际事务机构在华的大量投资与权益，我国能够不提供保护吗？

退一万步讲，我国持有的接近3.5万亿美元外汇储备中，大多都是美欧日各国的国债。这些国债，都是这些国家政治经济政策的产物。即便从损益与共的自身利益出发，我国也不可能自行其是，也不得不与国际社会协调立场，共同应对各类课题与挑战，不是吗？

《中国公民旅游文明行为指南》，从国内到国外都已有所规范了。同样，走向世界、走向文明的中国人，也应当扬弃政治领域的不文明行为。中共十六大把建设政治文明作为建设社会整体文明的不可或缺的任务，提出大胆吸收和借鉴包括资本主义发达国家在内的人类社会创造的一切文明成果，促进“物质文明、政治文明和精神文明的协调发展”。因此，告别政治不文明，首先就要告别关起门来飙激进、闹“革命”那一套，告别自诩高明、抱残守缺那一套，见贤思齐地吸收和借鉴人类社会创造的政治文明成果。

> 要从小学生学公民课开始。要让小学生从小就知道，自己将是公民，而不是由别人决定自己是人民，还是人民的敌人。大家都是平等的公民。因此，我现在想做的一件重要工作，就是为小学生编公民课本。
>
> ——李慎之

中国人按照国际政治惯例做事的习惯，早先是颇为不够的。国门打开之前，许多领域我们懵懂无知，甚至还出过洋相。譬如我们以为劳改产品质优价廉，也可以拿去出口换汇；我们以为老外钱多，住店、乘车、吃饭、购物和门票，都要加倍收费。对于国际司法与国际产品标准，我们也曾懵懂无知过：比如国际引渡条约是互相对等的，引渡罪犯是需要签订人权保障条款的；再譬如，跨国采购除了技术品质标准之外，另外还有人道主义标准，不是你的产品质优价廉就可以的；也就是说，跨国公司不仅要验货，而且要验厂。

你知道外贸企业有个顺口溜：“跨国公司来验厂，不喝酒，不吃饭；查工资，看税款，数数茅坑才下单”，说的就是跨国采购时验厂的 ES 标准（人文道德标准）。工厂厕所的蹲位够不够，有没有手纸与洗手皂，只是最低标准。工业衣车要有防止轧手的挡板，操作台与流水线上要有保护视力的照明亮度，薪酬不能低于法定工资，更不能偷税漏税。还包括雇工不能八个人一间宿舍，女工不能没有专用卫生间与哺乳室，食堂饭菜的热量营养不能低于最低标准等等，都是跨国采购的人文道德标准。

出国掘金的中国人越来越多，最近被加纳驱赶回来的中国采金者只是一例；来中国淘金的外国人也越来越多，跨国公司更像楔子一般，深深地嵌入了中国社会。就拿上海来说，常年生活着近 30 万外籍人口。久居上海的人都知道，虹桥、古北、碧云、龙柏等外籍人士聚居区，不仅卫视天线是落地的，而且，其社区管理的民主化与自治化程度也相对较高。上海三资企业的雇员已接近 200 万人，从这些外企雇员中，最先孵化出了国内中产阶层的雏形，其权益诉求与价值观，都与国际社会比较接轨。你看到一个由外企白领为主的中产阶层，正在国内崛起。虽然在总人口中占比尚不足5%，但他们不仅复活了令人怀旧的小资生活，更成为70后、80后、90后们的生活参照系与攀比系。

你发现三资企业密集的珠三角与长三角地区，包括上海、深圳周边的卫星城市在内，这些移民城市里白领、蓝领的流动性，促成了社会福利保障体系的建设。130年前的1883年，反对砸碎国家机器而主张在国家框架内实行阶级合作与社会改良的德国工联领袖拉萨尔，与“铁血宰相”俾斯麦合作，在德国搭建起了全世界最早的社会福利保障制度框架（1883年出台《健康保险法》，1884年出台《工伤事故保险法》，1889年出台《养老法》），之后各国纷纷效法。我国迄今除了《工伤保险条例》外，养老保险与医疗保险仍未形成全国统一的立法，但作为政府的行政法规，移民城市的推广与落实，是领先于内地的。就拿上海的“五险一金”（养老保险金、医疗保险金、失业保险金、工伤保险金、生育保险金与住房公积金）来说，吸取了导致陈良宇入狱的挪用社保资金案的教训之后，上海的“城保”“镇保”与“乡保”的体系建立，有了更加宽泛、更加规范的覆盖，因而，也增加了上海在就业方面，对于海内外移民的吸引力。

“十里洋场”的上海，一百多年来曾孤岛般屹立于乡土中国的汪洋大海中。它所依靠的，不仅是楼高车多的现代化外壳，更是相对管理到位、行为规矩、做事认真的现代性内核。这些内核，像是看不见摸不着的政治文明与精神文明的良种，遇上适宜的气候就能复活。你知道这个最早开埠的西化都市，曾经被“整肃”得面目全非，但当年沉淀下来的法治管理、文明规则与敬业习惯的软基因余脉尚存，浦东开放

双重面貌的上海

开发给了点阳光，它就能复活过来。

与上海类似，你知道青岛的老工业与老街区曾经独秀北方，可你不一定知道，那是区区几百名殖民者短短十几年间的成果。没错，干活的都是中国人，可懂得怎么干的是德国人——就如一百年后武汉汽轮机出了故障，只能请德国工程师来诊断。那个工程师左听听右听听，便拿粉笔划了个十字在某处："就这里坏了，从这里打开！"中国人不服气他索酬1万美元，讶异地问："粉笔划一下就要1万美元？"德国人答："对。粉笔划一下不值1万美元，只值1美元。但是，懂得粉笔划在哪里值9999美元，合计1万美元。"1990年连日暴雨，青岛新城区水淹成灾。而老城区100年前修造的排水系统照旧通畅。当年德国建筑师设计的下水道，宽敞得几乎能够通过一辆汽车，是充分考虑到了青岛的地势和气象资料的。

再譬如，你从广州杂乱不堪的西关跨过小桥，走进林荫蔽日的沙面试试，你要是找不到两重天的感觉才怪。这个曾经的租界里街巷幽静、园林秀丽、书香四溢，在嘈杂纷扰得令人无处逃遁的广州城里，堪比任何能给你闲适、体面与尊贵感的公园，也绝非新建的富人区二沙岛能比。这也就是说，在社区规划、设计与建设的科学化、人性化方面，百年前的租界，仍不失其文明的风范。

回首20年前，遍数国内任何一个城市，如今都有的住宅市场、汽车市场、电子市场、家装市场甚至蔬菜、水果市场什么的，当年统统都没有，是不是？甚至连超市是个啥模样，20年前我们也没见过，不是吗？也就是说，20年来市场体系在快速分娩与发育着。从手写升级到打印，从条码升级为芯片，如今身份证已经升级到第三代了，护照也已升级为电子护照了。国内这些管理体系，都是跟着发达国家后面升级的。你可能不知道，就连投稿免贴邮票，印刷品只收取超低邮费的做法，也是我国仿效了日本明治维新鼓励投稿、鼓励发行书报的政策呢。

前边我曾说过，中国人传统的生存方式曾经烂熟到顶，亟待更新，在政治、经济、文化各领域，我们都罹患有一些不文明、不健康的痼疾。这些用中医中药治不好的老毛病，我们不得不引进西医西药来治。也就是说，不仅从汽车到电脑，需要我们引进，从法治管理到制度建设，也需要我们引进，闭门造车是造不出政治文明与精神文明的。发达国家在法治与管理的各个领域，评价政治文明的各项达标指标很多，也很简单，大多都有数字化标准，比如联合国的各类组织、各个条约里，对此都有规范与要求，中国也应当身体力行地去吸收与借鉴才对。

现代法治与管理的内核，都是由现代人文与道德理念构成的。举例说吧，泰坦尼克邮轮沉没前，让妇女儿童先走是文明的，而当年克拉玛依发生大火时，“让领导先走”是不文明的，不是吗？例如，征税权与预算权经由立法机构监督与制约，是文明的，而政府不经过立法机构监督就收钱花钱，则是不文明的，不是吗？例如，设有律师与陪审团制度，是文明的，没有律师与陪审制度，则是不文明的，不是吗？例如，官员财产申报与公开制度，是文明的，官员财产秘而不宣，则是不文明的，对不对？又例如，领导人出门轻车简从不扰民，是文明的，动辄封路或兴师动众地组织欢迎，则是不文明的，对不对？公民不因言论、出版、集会、结社、游行自由而被惩罚，是文明的，反之，公民因信仰、言论或抗议示威而获罪坐牢，则是不文明的，不是吗？例如，公共权力由公众票选授予，是文明的，私相授受地禅让接班，则是不文明的，不是吗？又例如，非政府组织与民间社团的活跃，是文明的，相反，非政府组织与民间社团备受打压，则是不文明的，对不对？例如，信息自由交流是文明的，设置“网络警察”则是不文明的，对不对？又例如，经济与政治、文化各个领域内，权利平等的自由竞争是文明的，相反，“肥水不落外人田”的独家垄断是不文明的，对不对？也就是说，与市场上的欺行霸市、强迫交易不文

人类的各种主要制度都起源于蒙昧社会，发展于野蛮社会，而成熟于文明社会。

——摩尔根

明一样，政治文化领域内的党同伐异、强制灌输也一样不文明，对不对？

听说西医西药的引进，当年也并不顺利。据说："草原上绝不能有驴。假如有了的话，所有的马群都要'炸'掉。原因是这样的：那个来自内地的、长耳朵的善良动物来到草原上，看到了马群，以为见到了表亲，快乐地奔了过去；而草原上的马没见过这种东西，以为来了魔鬼，被吓得一哄而散。于是一方急于认表亲，一方急于躲鬼，都要跑到累死了才算。"王小波用这个幽默，比喻"近代以来，确有一头长耳朵怪物，奔过了中国的原野，搅乱了这里的马群，它就是源于西方的智慧。……种种针对驴子的打算：把它杀掉，阉掉，让它和马配骡子，没有一样是成功的。"

（改革）现在触动利益往往比触及灵魂还难。但是，再深的水我们也得蹚，因为别无选择，它关乎国家的命运、民族的前途。这需要勇气、智慧、韧性。

——李克强

如今我们身边，不中不西、不古不今、不优不劣的东西多了去了，都像是些骡子。这些东西，往往都是我们学头不学尾，学外不学里的半吊子产物。如同吃杏子只吃杏肉，不吃杏仁，我们学习现代化只学外壳，不学现代性的内核，用物质文明取代制度与精神文明。我们搞中西结合，搞变通变异，搞出太多"骡子"般不伦不类的杂交物，看似新颖，实则没有生命力。中国人不得不学习西方、又不甘人后的心理困境，导致我们左右逢源、急功近利、避远抄近地搞"折中主义"。作为马与驴生硬双拼的折中主义产物，骡子就是个没有繁殖力的半吊子产物。

国内 37 年来楼高车快的进步，表明我们追求物质层面的现代化并不难，但追求价值层面的现代性却不容易。也就是说，追求物质文明并不难，追求政治文明、法治文明与精神文明却不容易。举例来说，我们废了皮影看电影不难，但电影不能假得像皮影一样；我们废了轿子坐汽车不难，但公车不能仍旧像个官轿子一样；我们废了"一妻多妾"改"一夫一妻"不难，但改掉小三版的一妻多妾不容易。推而广之，中国人废了科举办学校不难，但学校不搞应试教育的变相科举不容易；中国人废了衙门设法院不难，但法院能秉公执法不容易；中国人废了刑律订法律不难，但法律面前能做到人人平等不容易。同样的道理，政府向社会扩权争利不难，政府能放权让利不容易；至于废了委任搞选举，废了特权保护人权，废了管制废了垄断搞自由竞争，废了身份改职业化等等，离开脱胎换骨的改革，全都不容易。

改革是什么？改革就是“要让明规则代替潜规则”（李克强语），也是要用各个领域的文明法则，去取代不文明法则。政治改革之所以半途搁浅，之所以成为没人敢蹚、敢跳的“地雷阵与万丈深渊”（朱镕基语），就因为“改革是一场革命”（邓小平语），触动利益往往比触及灵魂还难。仅从以上罗列的那些例子，你也不难发现国内的政治改革难在哪里了。难在哪里呢？难就难在要改的不仅是制度，还包括形成制度的人文道德内核；要改的不仅是政治不文明行为，还包括不文明的观念；要改的不仅是观念，还要改变利益占有格局；要改的不是别人，而是政治家自己；要改的也不仅是政治家，还包括参与政治的全民。

因而，对于中国人来说，哪一项改革不是海星断腕、纽虫断身、蜗牛断足、壁虎断尾的自我革命？这类绝地求生的自切自弃，古人叫壮士断腕、刮骨疗毒。政治改革为什么难？难在它不是时尚的排毒、排油、排石之类无痛疗法，而是割瘤、割癌、割肿一类自切、自弃、自保手术，是不是？

当心绊倒在熟悉的路上

没有好的制度，好人也会做坏事；有了好的制度，坏人也难做坏事。

——邓小平

“一个人不会两次踏入同一条河流”（赫拉克利特语）。我12岁横渡黄河后，再也没有胆量重试了。横渡水流湍急的大江大河，完全不同于泳池里的直线运动，说是横渡，其实是斜渡：你想在正对岸登陆，就要往上游走上去一公里再下水；返回时想回到脱衣服的地方，也要再走上去一公里才下水——往返都是斜线，才能补上被河水冲下去的距离。因为是斜渡，游程中你就要拼命逆流去校正这个斜线才能靠岸；只会狗刨的孩子搏击逆流不力，就可能被越冲越远送了命。

这个不得不斜渡黄河的例子，其中也有“取乎其上，得乎其中；取乎其中，得乎其下；取乎其下，则无所得矣”（孔子语）的道理。政治转型过程也像横渡大江大河，克服中流击水的偏离，也需要迂回绕远，付出更多代价与成本。打过保龄球的人都知道，如果你毫厘不差地打个正中就分瓶了，扫尾的麻烦就大了。而你歪打正着地打到瓶眼上，才有事半功倍的效果。然而前边说过，制度与法律作为上层建筑，总是庞杂到难以下手，迂缓到难以推动，禁酒和禁止酒驾的立法、执法历史，就是一个例子。

谁都知道，1920 年美国的禁酒法令生效后，执法警察与非法买卖酒精饮料者的冲突此起彼伏。然而屡屡酿出人命的禁酒运动，13 年后又无疾而终了。禁止酒驾的法令，则比这还早，早在汽车刚刚出现的 1910 年，纽约就已颁布了酒驾违法的法令；更早的酒驾禁令是在 1871 年的英国，当时还没有汽车，英国出台的是酒后驾驶马车违法的禁令。各国这些酗酒违法、酒驾违法的立法理据，无非就是“饮酒会降低人的判断力，使人不负责任”。

对于中国人来说，因饮酒导致的意外事故、严重疾病甚至酗酒致死的人数，绝不亚于与酗酒斗争的各国。俄罗斯前总统梅德韦杰夫曾坦率地说，“酗酒在我国已成了民族灾难”，梅氏的这句话，用到中国人头上更合适，不是吗？然而你也知道，别说禁止酗酒在我国是法律空白，即便对于酒后驾车，我国也没有形成统一的立法。对于酒驾的严查严管严罚行动，更是迟至 2011 年 3 月才形成了大气候。不得不大力查处，是因为酒驾导致的夺命事故严重到了忍无可忍，立法与执法才开始认真起来。禁烟也是。虽然我国是全世界最大的烟毒受害国，但作为世界卫生组织《烟草控制框架公约》的缔约方，我国是迟至 2011 年在 1 月 9 日起，才开始在公共场所全面禁烟的；而发达国家公共场所禁烟与青少年的禁烟，早在半个世纪前就开始了。

社会变革的软件总是比硬件的更新要迟缓，因而，民权的进步也总是比民生的改善要缓慢。譬如，电视机 1950 年只占美国家庭的 10%，到 1960 年就已超过 90% 了：电视入户率的普及用了不到 10 年；但从 1865 年著名的第 13 修正案结束奴隶制，到 1964 年民权法案结束种族隔离制度，黑人争取平等权利在美国用了 100 年。

国内也是如此。国内遍地都是从早忙到晚的建筑工地，盖房子几乎比种树还快。然而，住房制度改革与住房保障制度的确立，从1986年俞正声在烟台试点房改开始，28年了才有了雏形。28年来变来变去，集资房、经济适用房、限价房、廉租房几经折腾。房补与房贴，养老统筹，医疗保障，大病与小病报销比例，新农合等等，凡是制度性软件，哪个不是步履蹒跚的？盖房子快，房子政策与制度演进慢；汽车升级换代快，公车改革与车补政策变来变去地慢；雨后春笋般的公司成立得快，按照公司制度规范营运则慢；会计、律师拿证快，真正学会复式簿记，学会依法办案却慢。发财致富的淘金潮爆发起来快，但勤勉、刻苦、守时、守信、履约、工于计算、节俭、节欲的市场伦理，养成为自觉习惯则极慢。

> 政治体制改革会触及许多人的利益，会遇到很多障碍。我们提出改革时，就包括政治体制改革。现在经济体制改革每前进一步，都深深感到政治体制改革的必要性。不改革政治体制，就不能保障经济体制改革的成果，不能使经济体制改革继续前进，就会阻碍生产力的发展，障碍四个现代化的实现。
> ——邓小平

法治建设在我国之所以落后，可以说是翻烙饼般的“革命”折腾的。民国时期刑法与民法已经形成了六大法典，但后来泼洗澡水时，连孩子一起泼掉了。“文革”前尚有的基层选举与民主生活制度，至今恢复得也不够，更不要说“文革”时横扫一切法律制度的浩劫了。在一个习惯于人治、生疏于法治的政治生态环境里，“有法可依、有法必依、执法必严、违法必究”（邓小平语）的法制建设过程，的确是件集填补、试验、修改、联动于一身的事儿。由于“一思变甲，即须变乙，而至欲变乙，又须变丙”（严复语），最终导致碰壁、搁浅、半途而废的事儿，也会经常发生，也不必大惊小怪。

前边说过，政治是解决社会问题的技术，说具体点，政治是专门解决社会冲突，整饬社会秩序的技术、法治，则可以称为其中的核心技术。再说具体点，法律像是专玩平衡的陀螺仪技术，想要“造成一个又有集中又有民主，又有纪律又有自由，又有统一意志，又有个人心情舒畅、生动活泼，那样一种政治局面”（毛泽东语），只能靠法治才能操控这种高难度的平衡。前边说过，这个过程中，“社会动员和政治参与扩张的速度偏高，政治组织化和制度化的速度偏低，其结果只能是政治震荡和政治失序”（亨廷顿语）。

人手一部手机，对于以往人手一只手表的替代性，真是够彻底；戴手表如今不但累赘，还会产生时间歧义：你是以手机时钟为准，还是以手表时间为准？假如你只戴一块手表，只认一个钟点，误了时你也认了，不是吗？给你戴上两只手表，或你的手机、手表误差出现两个钟点，你就会无所适从，不是吗？且不说发射火箭了，开飞机、开火车也不能只看一个表，只认一个时间，而必须具备参照系与调校系，才能降低误差概率。

前边说过，政教合一、道统与法统合一，也即权力与信仰一元化的政治生态，就像只给你戴了一块表似的，错了你也认了。一个人习惯了权力与信仰的一元化，就如你习惯了一个计时器。如今人治之外有了法治，又像手表之外有了手机，虽然多了计时的参照与调校，但也多了复杂与麻烦，对不对？法治建设在中国之所以步履维艰，就因为我们要学会用法律来校正权力，用法治来矫治人治。

一个社会最可怕的局面，莫过于道德与信仰不分，政治又与道德不分，在政治、道德、宗教诸方面，只有一个立法者和权威，那个国家走向专制主义就是不可避免的了。

——阿克顿勋爵

现代社会是个发育越来越复杂的生物系统，离开法治无法治理。传统的中国社会，则是个结构与功能都相对简单的力学系统。一个农民进城去参观化工厂，对密如蛛网般的管道头都晕了，这就如当年农民出身的军代表去接管“十里洋场”的大上海一样；譬如1949年10月6日，一个营的士兵包围了上海证券市场并取缔了它。然后，是24家证券公司被查封；然后，是跨国银行、商行被驱逐；然后，是一场场群众运动替代了资本运作。28年后军代表领导市长、厂长、校长的“三支两军”时代，也是如此。前边说过，消灭社会分工与市场交易的学大庆、学大寨、学解放军过程，更加简化了原本也不发育的社会结构，最终简化为全国都是“班排连营”，简化为一个红司令率领八亿子弟兵——这种对于社会几千年越发育越复杂的否定，实在是对人类进化史的亵渎。

全民皆兵的军营化管理，就是试图把汪洋大海的社会生活装进一个秩序井然的小瓶子里。对于暴力失序的深戒恐惧，使得维稳防乱成了历朝历代的治理要务。其中最浅显理由，就是中国不能乱，因而，维稳也就有了最大的合理性与合法性。因而，你发现对于摆脱控制的恐惧，历史上由来已久，绝不仅始于今日。康有为早就发现了自由与秩序两者之间，在中国历史上的极不平衡："治一统之世以静，镇止民心，使少知寡欲而不乱；治竞长之世以动，务使民心发扬，争新竞智而后百事皆举，故国强。"

如今，维权与维稳每日每时仍在掰手腕，仍在博弈中难以取得动态平衡。用维稳与维权这两个概念来阐发康有为的见解，就是：秩序压倒了自由，导致了民贫国弱，而自由竞争的创新，才能民富国强。可见，自由与秩序之间如何平衡，成了中国政治的核心技术。

然而这个核心技术，却不是谁的专利与秘笈，而是人类政治发展史的经验积累；这个宝库的库门是洞开的，我们唾手可得，取经取来成熟的法治成果，逐步取代人治就可以了。也就是说，法治的高科技也不复杂，复杂的只是引进、安装、调试、试车、投产的过程罢了。

你知道追求人治，成本貌似低廉，实际上却很昂贵。而法治的成本表面上看似昂贵，实际上却是低廉的。也就是说，法治是俭约的，人治则是靡费的。法治为什么俭约？因为法治的本质是制约权力，能够最大限度地降低其肇事率，也就相应地降低了道德成本、制度成本等社会成本。人治之所以靡费，是因为得不到制约的权力肇事率比较高，社会的道德成本、制度成本就会居高不下。

激起了民愤的肇事

就举厦门公交车纵火案犯陈水总的例子说吧。假设法制健全，陈水总就不难得到社保救助，也许仅需几千元、几万元的救助，就不至于使他泄愤而报复社会；而一旦社保救助不到位，被他拿来当成丧心病狂地泄愤的理由时，原本几千元、几万元能够解决的问题，被他烧出了几千万、一个亿也填不平的花钱窟窿。试想，四十余人死亡，几十人烧伤，仅抚恤金、赔偿金、医疗费、植皮、整容、康复费用，能不是个天量数字吗？至于这类案件给社会心理造成的重创，更无法用金钱计量。

国内每年由于道德溃败，法纪松弛和报复社会等社会性灾害，所造成生命与财富的损失浪费，肯定要大大超出每年抗御自然灾害的投入。一个成人因泄愤去挥刀砍杀成群无辜幼儿的罪案，其社会成本肯定不会低于一场洪水与一桩矿难。罪案本身谋财害命不说，因罪案多发导致的侦办费、诉讼费与监狱扩建管理费的陡增，能不构成昂贵的经济成本？冤案、积案增多引发的上访 PK 截访，能不构成昂贵的社会成本？贫富分化、分配不公或反社会犯罪，能不构成防暴、维稳、治安的巨额投入？近年来司空见惯的安检、路检、安保、演习等等，能不构成沉重的社会成本？这类成本哪个国家都得支付，但国内肯定支付更多。一有公共活动就有密集安保，成本高不高你一眼就能看出。

我国人口密度低于日本，汽车保有量与日本相同，国内的交通死亡率却是日本的 17 倍。出行率高达 60% 的日本、美国，事故率却很低；出行率尚不足 10% 的中国，事故率却很高。全世界 90% 的车祸，发生在汽车保有量只占 10% 的不发达国家，而汽车保有量占 90% 的发达国家，只占车祸总量的 10%。为什么不发达国家车祸多而发达国家车祸少呢？换言之，为什么每天都有中国人大量死伤呢？是中国人低智、低能、低效到了丧失趋利避害的本能吗？不是。归根结底，还是我们引进汽车这些技术文明非常迅捷，而引进与之匹配的法治管理文明却步履蹒跚。

早年抢银行和枪战随处可见的美国“狂野的西部”，虽然人们也不依靠警察与法官来解决争端，但仍有两个法条是被普遍认可、严格恪守的：一是绝不能在一个人的背后向他开枪；二是不能侮辱女性。而中国社会一旦发生失序，恐怕是没有什么底线的。你不难设想，一旦国内像西部牛仔那样人人持枪，杨佳式的、陈水总式的“自我执法”或滥杀无辜，必将遍地开花。加上中国人擅长三十六计，背后开枪甚至当面握手、背后开枪的，反倒会被尊崇为个中高手吧？

历史上治乱相循的周期律，是由于中国人始终在原始、低级、暴虐的游戏规则里打滚。政治权力的频频更迭，不但没有提升或转换这些低级游戏规则，反倒被提炼成统治术、权术之类法术，藏入了历史遗产的弹药库。中国人不去追寻一个可选择、可替换、可问责、可弹劾、可监督的法治体系，反倒熟门熟路地沿袭“官逼民反，造反夺权”的历史传统，就是因为背后的弹药库里，尽是这些刀枪剑戟、斧钺钩叉的玩意儿。

我老家地处中国最缺水的黄土高原腹地。渴急了的鸟儿落到挑水人的桶沿上抢水喝，过去我见过。野狐、野兔窜到牛羊的水槽边、草料边抢吃抢喝，过去我也见过。但这仍比不上如今我见过的可怕：食草动物会变成食肉动物。如今三西（定西、河西、西海固）旱区的有些牧民，在最干旱的春季不得不给羊缝个马甲穿上。为什么？因为渴急了的羊竟然会相互撕咬，靠舔血解渴，可怕不？生态恶化到逼迫动物习性变异，食草动物的羊变成了食肉动物的狼，不令人惊悚吗？

就谋生方式与食物结构而言，守土重迁的农耕民族，更像是懦弱温驯的食草动物。然而生性平和的中国人却周期性地突变成以暴抗暴、以暴易暴的食肉动物，爆发暴君与暴民之间，暴政与暴动之间的恶性互动。有着两千年周期性羊变狼习惯的中国人，对于非暴力和平变革的室外美景也很向往，也会朝着明亮的玻璃窗上撞去，但就容易忘记了自己，是刚刚从暴力恐怖的黑烟道里钻出来的。

正如当年投身革命的红卫兵一样，一代代热血青年总是深信不疑，革命是社会变革与进步唯一通道，唯一选择，唯一那一扇门。人们曾深信革命是鲤鱼冒死跳龙门的壮举，可以毕其功于一役地解决所有社会问题，因而，为革命抛头颅洒热血也值得，也在所不惜。道理似乎也是如此。假设革命的全部必要性、合理性与合法性，都是建立在不砸碎不摧毁旧的国家机器，就无法重筑起一个崭新的社会；都是建立在只有砸烂一个旧世界，才能建设一个红彤彤的新世界的幼稚构想上，那么，哪怕风险再大、代价再高，革命也值得冒险一搏，不是吗？

然而如前所述，革命本身不是政治文明，也不是制度建设，革命只是“七通一平”的推土机，只能推倒铲平。古今中外，发人深省的共同特征是，凡是革命，都可以用一两个领袖的名字作标签。譬如，从陈胜吴广到洪秀全、杨秀清是如此，从罗伯斯庇尔到列宁、斯大林也是如此。但要问古今中外的和平变革，你就很难用一两个人名来命名了。从英国的光荣革命到日本的明治维新，从中国的洋务运动到如今的改革开放，都很难用一两个人的名字做标签。为什么？因为革命容易建设难，革命可以是少数人的大胆妄为，建设却需要全社会经年累月地添砖加瓦。

总之，用摧枯拉朽的暴力实现革命性飞跃的历史尝试，在中国历史上已经屡屡败北了；而点滴积累、迂缓演进的温和改良，在如今的中国则步步成功。因而，选择风暴式革命还是选择费边式变革？时隔百年，劫后重逢的渐进主义与激进主义，又一次激烈交锋了。

反腐败其实并不难

> 要让权力在公开透明的环境中运行，使人民能够更为充分和有效地进行监督，这也是把权力涂上防腐剂，只能为公，不能私用。
>
> ——李克强

“腐败在现代化最剧烈的阶段最为盛行。腐败是衡量一个政体是否缺少有效制度的一个尺度”（亨廷顿语）。反腐败在国内，眼下众望所归也众目睽睽，但也举步维艰。为什么？因为“权大法小、官贵民贱”的深厚传统，阻碍了“法律面前人人平等”的落实。“王子犯法与庶民同罪”，就是中国人梦想的“法律面前人人平等”，但却常常屈从于“官职拿来折罪、乌纱帽用来抵刑”的陋习。譬如，官员重罪轻判甚至有罪不判，仅以党籍、行政处分作结的事儿，总也不绝如缕，仅我所知道的案例，就不止三个五个。

你知道盗窃罪仅500元就可以立案了，3万元就算数额特别巨大了；最严重的盗窃罪，也是可以判处死刑的。而与盗窃罪同属财产侵占犯罪的贪污受贿罪，量刑却常常显得轻飘飘的。身份不同、待遇不同的官民不平权，首先表现在官员受审，可以不必穿囚服上；最先使用人道的毒针注射死刑，也是从高官开始的。

你翻看法治报刊时不难发现，同罪不同刑罚的判例，从头版到末版都有：比如原海南东方市委书记戚火贵，受贿近两百万，12 年前伏法了。而与他职级相同的海南文昌市委书记谢明中，受贿近两千万，5 年前却免死了。

为什么会有“官职拿来折罪、乌纱帽用来抵刑”的陋习？因为存在“权大法小、官贵民贱”的官民不平权传统。比如戚火贵伏法前，就在认罪书里恳求政府能放他一条生路：“罚我回老家当个农民”——你知道许多贪官犯案后，都会把回家种田，做回农民当成了甘愿受罚——难道当农民是个罪与罚的角色吗？仅此一点，你也可以看到官贵民贱的习惯偏见有多么深厚；也可以看到，国内反腐败的最大障碍，在于打破有亲有疏、有内有外、有薄有厚、有严有宽的陋习，不枉不纵地把“法律面前人人平等”贯彻到底。

前边说过，尽早出台官员财产申报的“阳光法案”，在国内已是众望所归也势在必行了。中国业已加入了《联合国反腐公约》，该公约明确规定“各缔约国应当考虑根据本国法律对有关公职人员确立有效的财产申报制度”，中国理应予以落实。“阳光法案”，早已是世界各国普遍采用的最基本的反腐手段之一，已在九十多个国家实施了，中国不应当落在后面，不是吗？

阳光是最好的杀菌剂。

——英谚

之所以说反腐败其实并不难，是因为反腐败是人类“把权力关进笼子里”（习近平语）“给权力涂上防腐剂”（李克强语）的斗争；人类制约权力的斗争经验，既久远又广泛并且也很成熟，不但有一系列相关的国际法律与国际组织可供指引，也有发达国家的成功经验可供借鉴。在这个领域，“拿来主义”绝对是个不错的选择。为什么？因为艾杰顿早就发现，“对他人的仿效多于他们自己的发明”，是人类进步的捷径。

譬如议会民主制度的原创地英国国会，经常上演反腐的大戏，就值得中国人免费观摩取经——用不着公费出国，不必浪费纳税人的钱，只要抽空看看电视新闻，就能西天取经，学到反腐倡廉的成功经验。

其实，英国的反腐大戏也很老套，上演几百年了，我们并不陌生。开场戏叫做信息公开，落实民众的知情权；也即通过信息公开曝光真相，保障民意能够自由表达。我们举 2009 年 5 月发生的案子为例，先是《英国每日电讯》捅出丑闻，发起舆论监督，说有议员假报销，虚领了补助。然而案情始发，我们自己已经开始自惭形秽了：用假发票做假账虚领补助的事儿，在国内既久远又广泛，几乎只算稀松平常的小事，够得上大惊小怪么？报销掺水算什么？假发票一直当街吆喝着叫卖呢。“不做假账”，作为朱镕基为国家会计学院的唯一题词，不是反证出做假账并不罕见吗？再说了，国内的记者里就常有以身作则领取什么封口费、报道奖励、劳务费、版面费的，谁敢说只有官员才有“报销门”呢？总之，“报销门”在国内几乎遍地开花，几乎法不治众，离开法治能够解决吗？

披露真相要靠舆论监督，新闻自由与言论自由，则是舆论监督的前提条件。我们接着往下看，看英国这一场反腐大戏怎么演下去。议员“报销门”东窗事发，能不能得到惩处以儆效尤，需要“公意永远以公共利益为依归”（亚里士多德语），需要作为最高权力机构的公意机构议会，对于民意舆论做出应急响应。作为英国政治中心的这几处地方，我去过多次，知道泰晤士河岸边经典的哥特式建筑国会，既高过白金汉宫，更高过唐宁街 10 号的民居式小屋。也就是说，代议制的国会在英国权力至上，反腐的重头戏必须在国会上演。

“报销门”事发时，正值英国大选在即，因而，这个丑闻令英国两大党流失了 1/4 选民。于是，反对党领袖克雷格叫板执政的工党，说光道歉不够，作弊的官员辞职也不够，议长必须下台。媒体、社团与政党的后盾是汹汹民愤，直指见利忘义的各党议员：

“我们想知道的是，你们在这一问题上道德何在？”“这些议员一直要求英国民众遵守法律，但他们却将我们的法律当成了‘尿壶’。我们需要对议院进行一次消毒，但伦敦警察为何迟迟没有采取行动？”

由此可见，独立的媒体，独立的民间社团，都是反腐败必不可少的力量。而民主选举与民主监督，则是保障问责权、究责权、弹劾权、罢免权、更换权的基本制度保障。没有这些基本权利的保障，或者真相得不到揭露，或者揭露了真相也得不到惩处，或者得到了惩处也无法惩前毖后，对不对？国内经常发生投诉无门，上访无果的事儿，真相或被掩盖，被揭露出来或也得不到查处，或查处来查处去的又没了下文。舆论放了空炮，民意被压抑成民愤，最终狂泻成为群体性事件，不都是维权与维稳冲突的诱因吗？

恰恰因为事物的力量总是倾向于摧毁平等的，所以，立法的力量就应该总是倾向于维持平等。……稳定的国家是以法律面前人人平等为基础的。
——亚里士多德

官民不平权的传统，在中国源远流长。《战国策》就记载有民怒与官怒的天壤之别，你不妨领教一下：你知道中国专制制度的原创祖师爷秦王，当年是怎么嘲笑民愤的吗？他问唐雎说，你知道民愤（布衣之怒）是什么样子？他又自问自答：不过是光头赤脚地磕头而已（“布衣之怒，亦免冠徒跣，以头抢地尔”）！秦王又问，天子之怒是什么样子？他也自问自答：“伏尸百万，血流千里”！乖乖，官怒与民怒的区别这么大，有权跟没权之间有天壤之别，不从法律制度上改革，还有什么出路呢？

说回到“报销门”。同为国王，秦王不拿民愤当回事儿，英国女王却很闹心。她“担心丑闻会带来一系列长久的伤害”，她说她“知道民众对此类事件深为憎恶”，她督促赶快解决问题。秦王跟女王相隔两千年，拿来相比没道理。唯一的道理，是要限制王权。13 世纪的大宪章运动，把王权限制在国会之下。从此，在秦王那里算个屁的民愤，在女王这里就很闹心，不是吗？

接下来，反腐样板戏演到司法独立这一幕了。伦敦警察局已联合检察部门成立了特别小组，开始评估对违法议员的起诉。前边说到国内“官职可以折罪，乌纱帽拿来抵刑”的事儿，在司法独立，法律面前人人平等的制度下，完全可以得到杜绝。但司法独立，需要警察、法官非党非派、政治中立才能办得到。党派利益凌驾于公众利益之上，就做不到法律面前官民平权。司法独立的实质，是任何人不能自判自案。为什么办案需要摆脱党派干扰？因为只有不效忠任何政党，才能只效忠法律，才能秉公执法。因此，只有法官政治中立，才能不袒护党派私利，不听从首长旨意，只依据法律办案。这道理好懂，但学起来也不容易。

假如权力集中在少数人手里……没有诚实的司法机构听取他的投诉，没有独立的媒体为他代言，没有具有公信力的政党代表他的观点，没有自由公平的选举可以让他来选择自己的领导人……人民就缺少按自己意志改变生活的机会。

——巴拉克·奥巴马

“报销门”的反腐收场戏怎么演呢？只能演成问责到人，补漏到法。这个案子的结局，就是当事议员辞职，担责的议长引咎辞职，制度也得到了修补。时任首相布朗的表态，更是着眼于制度补漏：“议院不能像某些绅士俱乐部一样，由成员自行制定规则并自律遵守。如果议院继续自行制定守则和规定，无论他们如何公正，公众都总会质疑透明度和标准，那是公众应有的权利。今后议院需要更加开放，需要更多监督。”

BBC 议会频道已开办十多年，常年全天候播放议会新闻。但凡重要的议政活动，一般都要直播，尤其是唇枪舌剑的议员辩论、质询高官，更受观众欢迎。在英国，任何人想知道议会在干什么，打开电视就可以了；如果想亲临现场旁听，通常你只要通过安检就能进入，无须申请批准，也无须任何证件。在美国，也有一个类似的国会频道（C-SPAN）。这些频道在直播议会活动时，都秉持着极苛刻的专业精神：那些看起来呆板的直播画面、简单的机位变换、不加进任何第三方解说和点评，都是为了直观地呈现议会现场的原生态、真实性。在这些细节背后，传达的是媒体独立、自主的地位与客观、中立的立场。

英国上演的这出反腐戏，观摩的中国人应该能看出点门道了。戏码的要诀是什么呢？是反腐“需要更加开放，需要更多监督”，不能关起门来，自己制定游戏规则自己掌控；舆论监督也好，“老虎苍蝇一起打”也好，预防与惩处并重也好，党内民主也好，都需要用“阳光法案”来“约束和规范权力运行和政府行为”（李克强语），不是吗？

如前所述，人治总是倾向于官民不平权的，只有法治才能保障法律面前人人平等，也才能使得反腐败不再举步维艰。为什么？因为“法律乃是公意的行为”，“我就称之为共和国，因为唯有这里，才是公共利益在统治”（卢梭语）。谁都知道，儒家传统上也讲“重民、利民、惠民、恤民”与“爱民如子、民为邦本”等，但却都是建立在官民不平权上的执政理念上的。为什么这些民本主义的治理观念，最终都沦为工具性的权术与统治术？就因为它没有法律层面上人际平等的制度去配合。官员自我合理化、自我合法化的同时，必然携带了“权大法小、官贵民贱”的潜意识，也必然矮化民众为“老百姓”。“法律面前人人平等”的含义是真理面前人人平等，权力面前人人平等，规则面前人人平等，这应当成为我国政治改革的目标之一。

从分享公产权益入手，制约公权力

如果一个社会的经济发展成果不能真正分流到大众手中，那么它在道义上将是不得人心的，而且是有风险的，因为它注定要威胁社会稳定。

——亚当·斯密

前边说过，从毛泽东务虚的“拼政治”转向邓小平务实的“拼经济”，是从经济基础入手推动上层建筑变革的治本之策。因而，重启政治改革，也应当从继续推进产权改革入手去约束公共权力。势在必行的土地确权与国企股份全民分享，我认为是政治改革的首要任务。

我国一再期望摘掉非市场经济国家的帽子，跻身市场经济国家，不是吗？一路走来的改革蓝图也是如此：1993 年提出建立市场经济体制，2003 年提出突破体制性障碍，完善市场经济体制；我们从来没有认为不完全市场就是我们的目标，也不会认为改革改成半市场就可以了，对不对？但如今市场化改革分明抛锚在半市场上，全民公产的产权改革也抛锚在半路上，不是吗？

政府、事业单位与国企三位一体，这个政经一体的体制基本未变。因此，政治体制与经济体制仍未分离，市场仍未取代权力成为配置资源的主角，也因此，市场资源与财富仍旧围绕着权力轴心运转，行政审批制度仍旧是腐败的源头，不是吗？也就是说，资源与财富的权力配置方式没有变，是因为旧的集权体制扎根于旧的产权垄断的经济基础没有变。最明显的没有变，就是政府对于土地的全盘垄断没有变，对于国企公产的全盘垄断没有变。

这些个没有变，又都是因为“权力揽市场”的制度框架难以改变。对于既得利益集团来说，左手握有行政特权，右手独占市场资源，脚踩两条船地左右逢源，“一个萝卜两头切，两头都是他得”——这样一条特权独占、食利自肥的食物链，谁会轻易放弃？因而，虽然体制改革大有进展，但这些体制性障碍仍旧坚冰难破。由于政治体制与经济体制是密不可分的，是政经一体的，因此，离开政治改革，产权改革将寸步难行。也因此，继续打破一大二公的营运体制，必须同时打破集权与特权的管理体制。也可以说，土地确权与国企股份的全民分享，看似经济改革，实际是政治改革，是要从分享公产，明晰产权入手去制约公共权力。

权力不能私有，财产不能公有，否则人类就进入灾难之门。

——约翰·洛克

政改方案曾经神医遍地，药方满天。其中，有搭建空中楼阁的，有修补裱糊的，有零敲碎打的，有釜底抽薪的，也不乏火上浇油的，甚至还有把助燃剂当成灭火剂的，把炸弹当成拆弹工具的；但就是缺少实事实干、贴地而行的。“政治上最不道德的，就是去干一件力所不能及的事”（拿破仑语）。然而，通过明晰产权去“还地于民、还公产于民”，恰恰是个现实可行的力所能及之举，完全可以成为政治改革的突破口。

高房价，如今已成为人人喊打的过街老鼠。高房价的实质，其实是民众从政府手下高价赎买自己的居住权。高地价的实质，则是企业从政府手下高价赎买自己的经营权。因而，高房价、高地价的实质，是政府、事业单位与国企三位一体的食利者联盟，在联手攫掠社会财富。为什么会发生食利者联盟大规模盘剥民生的情况？因为存在着“普天之下，莫非王土；率土之滨，莫非王臣”的土地全盘垄断。

为什么土地确权应当成为政治改革的任务？因为明摆着的，谁能成为全国唯一的地主坐地食租的话，谁就会稳坐无人能够企及的市场首富宝座。如今政府已经成为唯一的地主，土地已经成为现有政经体制的核心资源与核心利益。土地资源一统天下的垄断，显然是政府权力过于集中的根基。从发生学上，“一切财产权与政府权力都起源于地权”（斯密语）。为什么土地确权与国企股份全民分享需要政治体制的改革？因为公众之所以纳税来供养国家，无非是需要它保障自己的地权与财产权的。而一旦政府成了唯一的地主之后，生活在这片土地上的农民与市民，不全都成了租佃农与租住户了吗？

原本应当属于全民公产或私产的地权与财产权，被上世纪中叶那一场铲除私有化的政治运动夺到了政府手里，变成了土地的全盘国有与国企的一统天下。洛克把人的财产权看作生命权、自由权的依托，将生命权、自由选择权归入了广义的财产权之中，将这三项基本人权视为不可分割的整体。侵犯了财产权，也就等于侵犯了人的生命权和自由权。因而，要说“来自政府权力的过界侵犯，构成对中国社会与经济的最大威胁”（周其仁语）的话，那么，土地的全盘公有，与“主导产权、控制命脉、垄断资源、占领上游、支配关键、掌握要素”的国企公产的独占独享，一同构成了对于全民财产权、人身自由权的最大威胁。正因为悬剑临头，我们才不得不从财产权的维权开始，去解除公权力越界侵权的威胁。

你知道土地全盘国有的同时，人民公社制度也把集体所有制土地变成了预备役的国有土地。什么叫预备役国有土地？就是集体土地的权益不完整状态、弱权状态与被侵权状态。只要把国有土地与集体土地拿过来两相对比一下，你就不难发现，国有土地是权益要件齐全的，是全权的；而集体土地则是权益要件残缺的，是半权的。政府对集体土地设计出权益缺陷，保持着终极产权。

政府法规设置出种种限制，从土地权属的独占性、排他性、衍生性上，刻意模糊与削弱集体土地的占有权、使用权、处分权、收益权、转让权、抵押权等等一系列权益。这种刻意制造的农地权益的种种缺陷，使得集体土地一直处于不完整的、弱势的、被侵权的状态，也就不折不扣地处于国有土地的储备、补充状态啦，不是吗？

因而，全面推进土地确权，才能还地于民。否则，对于农民来说，他们就依旧是个佃农，靠租种预备役国有土地生存。农民的权利在本质上，跟历朝历代的佃农也没啥大的区别。土地确权对于市民来说，也必不可少。为什么？因为私有房产并没有相应的土地权属保障，每逢城镇旧房改造，你发现你的房产你做不了主。谁做主呢？或拆，或搬，或征收，全都是政府替你做主的。为什么政府能替你的私房做主？因为你房子坐落在政府拥有终极产权的土地上。房子是你买的，地皮却是你租的，你能不乖乖地给地主腾出地皮吗？因而，只有当每个市民为你的私有房产维权时，你才倏地恍然大悟：哦，原来如此，这下子我明白了！原来只要土地是公有的，土地上的任何房产都不可能是真正私有的。

没有民主宪政的情况下，如果把金融的权力都掌握在政府手里，那么专制的权力对整个资源的掠夺会达到空前的地步。

——陈志武

再看政府、事业单位与国企三位一体对于全民公产的垄断。从水、电、油、气、电信、金融、保险、教育、医疗乃至资源、能源、原材料、交通等几乎所有基础产业，顶端至通讯、科技、网络、文化、新闻等寡头垄断领域，凡是坐堂收费与强迫交易的，几乎都是政府、事业单位与国企在特权独占与食利自肥。倘若拿一个最简单的问题，去问那些时常翻新的收费窗口的话，答案也应该再简单不过了：满世界哪有坐堂收钱的企业，也能自称是企业呢？

当收费站成为印钞机之后

企业是仿真体，市场就是近似值。国内这些依靠自然垄断、行政垄断、行业垄断的三重垄断机构，靠政府让渡的变相收税特权与变相收费特权高踞于市场食物链的顶端。这些垄断机构的生存，只遵循强迫交易法则而从不遵循市场竞争法则；它们越来越高的成本、价格，全都转移为民生越来越高的生活支付，因而，它们的暴利，其实是市场的抽血唧筒。

为了袒护其特殊利益，官员们可以护短护犊子，对上可以敷衍，对下也可以忽悠。过去有微服私访，现在有巡视暗访，都是对于干部欺上瞒下的防范与补救措施。但国内不仅侵权与职务犯罪居高不下，弄权致富，弄权劫富甚至灭富的案例也比比皆是。总之，这个机关、事业单位与国企三位一体的连体人，依赖扩权争利而自我膨胀，自我袒护，把自己的特殊利益建立在公共利益之上，徒耗了纳税人供养不说，还导致社会上投机、贪腐、奢靡风气久盛不衰。民怨升腾，“革命”话语重新浮出水面，有什么奇怪吗？

为什么国企公产的股份化应当成为政治改革的任务？因为物权是政治权力的核心，当国企的超大超强使得政府成为最大最强的资本家之后，你就根本无法把又大又强的权力关进笼子里了。重启政改，从哪儿改起？还得从紧迫的还财于民、让利于民改起，而不是泛泛空谈。还原国企是全民公产的本来面目，就要把国企产权还给全民，把原本属于公产的国企股份还给13亿人民。这项迫在眉睫的改革的实质，就是让全民当自己财产的主人。

追溯国企资产的源头，既源于原先的全民私产被剥夺归了大堆，也源于六十余年来全民劳动的日积月累。前苏联、东欧转型时，各国都遵从了起点平等原则，实现了全民持股，“证券私有化”成为重启私有化的启动方式。虽曾有过股权过于分散、有价无市、入市前投机等弊病，但毕竟公平分配了公产，了断了历史悬案。但在中国，全民所有财产一波三折，最后暧昧地变成了国有资产。

在历经了“承包”“租赁”“内部持股”“管理层收购”等巧取豪夺之后，国企变成了与民众私产对应的政府资产，变成了仅几千万有内部人身份者才能受益的少数人的饭碗，这怎么行？

打破独食、独享体制，就应当把国企公产平分给全民。这个平分并不是全民分钱，也就不是权宜之计，而是物归原主的还财于民——把原本属于全民的资产还给全民。怎么还？有很多国际经验可以借鉴。遵从起点公平原则，实现全民持股或持有基金。可操作性有多种选择：陈志武有个设立国民权益基金，每年给13亿人分红的方案，陈清泰有个国资转入社保基金的方案，张维迎则有个股份转让或半卖半送的方案。难度都不在技术性上，难在需要重拾起20世纪80年代启动改革的初衷与魄力来。也就是说，难在观念上要正本清源，体制上要拨乱反正，利益上要割肉补疮。因而，最难之处，在于政府要拿出女娲补天的勇气，割舍得下既得利益，彻底告别一大二公的旧产权制度，去补上市场化的巨大产权制度缺口。舍不得孩子套不住狼，能否还地于民、还公产于民，不仅是考验政府能否真正“权为民所用，情为民所系，利为民所谋”，更是决定我国能否摘掉非市场经济国家的帽子，跻身市场经济国家的鲤鱼跳龙门之举！

再说了，唯有交还出手中的核心资源与核心利益，才能改变地方政府的食租自利，改变其不守本分、不务正业、向市场扩权争利的倾向。前边说到，政治改革之所以难以重启，不是受累于意识形态的牵制，而是受累于既得利益的牵制。而还地于民，还公产于民，恰恰能确保政府割舍出既得利益，真正退出市场，不当球员只当裁判，只提供公共产品、公共服务与公平裁判，履行自己的本职。舍此之途，变“权力配置要素”为“市场配置要素”的转型就无法完成，权力资本化的弊害也无法根除。所以说，政治体制改革从还地于民、还公产于民入手，是个事半功倍的突破口。

让政治色谱宽广一些

现在，有右的东西影响我们，也有“左”的东西影响我们，但根深蒂固的还是“左”的东西。有些理论家、政治家，拿大帽子吓唬人的，不是右，而是“左”。中国要警惕右，但主要是防止“左”。

——邓小平

开车时方向盘在左（左軚）靠右行，是欧美大陆国家的习惯。中国早先进口车少，路更少，开车不分左右，直至1944年才确立起左軚右行的交规。习惯了国内的左軚右行，如今到了右軚左行的英联邦国家或日本，我都不大敢开车。但是，每天往来于深港两地的香港或深圳司机，不论车子的方向盘是左軚还是右軚，开车都得来个“一国两制”的顺滑转换：在深圳靠右行，当右派，一出口岸进入香港就得变成左派，靠左行。习惯了转换后，你感觉左軚右行与右軚左行两者之间，并没有什么左比右好或右比左好的高下优劣之分；只要你小心翼翼，循规蹈矩，不违反交规，左軚右行或右軚左行都不会肇事或翻车，不是吗？

中国变革的车子开在历史的隧道里，左、右剐蹭一下甚至碰过壁，试过错，恰恰都成了校正方向的参照系。刘少奇曾说过，“执行政策就像开飞机，左一下右一下地来”。所以，一个文明社会对于激进言论与保守言论的宽容，是不可或缺的。为什么？

因为中国社会需要借助左右校正的修正仪，才能把车子保持在安全的正确轨道上。而不像新手那样手潮，像他们贴在车屁股上的自嘲："起步熄火，上坡倒滑，受惊急刹"——说实话，20世纪80年代起步的政治体制改革之所以熄火，就是因为受惊后急刹车，导致上坡路上发生了倒滑的。

宽容比自由更重要。

——胡适

这就说到正题啦。既然一个文明社会需要宽容激进言论与保守言论，以作为校正左右偏颇的修正仪，那么，说到"激进"，必得先给我说的激进"正名"并"正身"才行；不但要厘清概念，限定范畴，还要"验明正身"——验明"激进"到底是指什么。显然，我说的"激进"不是指激进思想或激进言论，而是指已经碰过壁、翻过车的"文革"式"底层动员，造反夺权"行动。也如毛泽东1972年说的，"'左'派是一些什么人？就是火烧英国代办处的那些人；是要今天打倒这个，明天打倒那个的那些人。"

之所以要区分开激进思想与激进行动，是因为思想与言论激进，引发的只是交锋与辩驳，而激进行动却会引发派性冲突与暴力对抗。就如大街上屡见不鲜的人际争拗一样，动口与动手之间的区别可就大了。之所以把"激进"限定在"底层动员，造反夺权"的行动上，就是不能泛泛而谈，既不能拿"激进"当作跳出周期律的撑杆，也不能拿"激进"当作一根长杆子横扫过去，一竿子打翻一船人：不能打翻历史，更不能否定真正的社会革命。

会思想的人不会行动，会行动的人不会思想。

——伍德罗·威尔逊

必须为"激进"验明正身，是因为"历史是一个画廊，其中鲜少原创，多是摹本"（托克维尔语），但旧剧本也会改编出修订新版的。譬如打着为民请命的旗号，临摹"文革"的唱红打黑行动，头顶鲜红光环却跳回陈旧周期的所谓"重庆模式"，不就是一出新编历史剧吗？这类新编历史剧，虽已被点上了顿号，但仍未被历史画上句号。接过"革命"旗号掉头走上回头路的唱红打黑行动，像是历史画廊里"形左实右"的摹本，也像是一辆打着左灯向右拐弯的肇事车。形左实右，声东击西的"激进"像个面具，像个替身，不“验明正身”怎么行？

按照常态，称激进为左派，称保守为右派，是个国际通用的政治色谱。然而中国却有例外。6年前，我写过《中国一大怪：僵化保守封左派》一文，认为左派与右派在中国几乎被弄拧了，颠倒了：抹黑改革，复辟“文革”，主张走回僵化保守老路上的人，抢先抢过大红旗高举过头顶，又抢过红帽子戴在自己头上，就像那些抗议日本的游行中穿军装，举毛泽东像，再现一片红海洋一样。而否定“文革”，主张深化改革的人，反倒被戴上右派、老右的帽子，似乎灰溜溜地抬不起头来。这个左比右好，左是忠诚的，革命的，受保护的，右是叛逆的，反革命的，该打倒的——这个宁左勿右的顽症，这个被激进病灶弄得七颠八倒的政治色谱，不是中国社会的一大怪诞吗？

问题并不在我们是不是会作为极端主义者，而在于我们会作为哪种极端主义者。我们是做恨的极端主义者，还是爱的极端主义者？我们是做保存非正义的极端主义者，还是扩展正义的极端主义者？

——马丁·路德·金

眼下这个僵化保守封左派的中国一大怪，时不时地还冲上街头了：为“文革”护短的左派，置中共关于建国以来的《历史决议》于不顾，理直气壮在大街上扇“老右”的耳光，扇完了还啥事儿没有；颟顸自大的狭隘民族主义者，打着红得发紫的爱国主义大旗在大街上砸车打人，当场也没人敢劝敢拦。而否定“文革”、力倡改革的人被戴上“西奴、走狗、汉奸、卖国贼”的帽子，被追打甚至威胁追杀。这种被“文革”毒化的政治空气，比PM2.5的毒害严重得多。

不仅毛泽东承认“文革”是“全面内战”，邓小平曾一再强调，“‘文化大革命’就是内战”。革命为什么会升级为内战？因为中国没有“斗争可以不诉诸暴力而展开”（马丁·路德·金语）的传统。“文革”从大鸣大放大字报大辩论开始，文斗发展成武斗，口水战升级为棍棒、刀枪直至各地都有军队开枪。于是，内争、内讧便成为内斗、内战。这种难以弥合的派性，深入家庭可致夫妻反目、父子成仇，蔓延全国可致街垒交火，尸横遍地。直至“三支两军”（支左、支工、支农；军管、军训）持续多年，也无法根除派性冲突。以致邓小平1973年恢复工作后，不得不从消除派性冲突入手铁腕整顿："所有闹派性的人一律调走，一个兵都不留，一个干部都不留，统统不留。"

对派性冲突的深戒恐惧，无疑是邓小平肃清"文革"遗毒时取缔"四大"（大鸣大放大字报大辩论）的原因，甚至也是他力主"不争论"的深层原因。稳定压倒一切，也就是秩序压倒一切。当冲突失序的威胁上升时，秩序压倒自由，必然成为一种两害相权取其轻的选择。前边说的宁在太平日子里做牛做马，也不在暴力乱世里做人的选择，就是这样一个无奈选择，即秩序压倒自由的选择。

秩序压倒自由，显然不是个双赢状态。双赢状态是"又有集中又有民主，又有纪律又有自由，又有统一意志，又有个人心情舒畅、生动活泼，那样一种政治局面。"然而正如前边所说，离开法治所能提供的自由、宽容、和解、妥协的均衡环境，那种非左即右、非敌即友的派别分歧与冲突是难以根除的。

我还是坚持精英选举，不能一人一票。一人一票的大民主，也许是未来的目标，当前我觉得火候不到，在中国肯定会乱的。我希望高层是被精英选举出来的，把人民利益放在第一位，又受到人民的监督，推动改革，引导中国。

——柳传志

左派、右派之分，最早起源于法国"三级会议"和"国民会议"代表的坐席之分。演化来演化去，演化出了什么中间偏右、极右，什么极左、中间偏左。譬如西方媒体普遍秉持中立又偏于批评政府的立场，就叫做中间偏左。无论是"文革"中的红得发紫、又紫得发黑，或如台湾地区的什么浅绿、深绿、浅蓝、深蓝，政治色谱万变不离其宗，保守派偏右，激进派偏左——这个举世公认的左、右天堑，从来都没有被彻底颠倒过，更没有被颠倒成国内这种改革者被打成右派，僵化保守者自封左派的匪夷所思样子。

左比右好，宁左勿右的鲜红蘑菇，只能繁殖在激进主义历史的狗尿苔上。左派右派被弄得满拧，在中国打了颠倒，其实是始自反右的1957年。提意见批评政府，主张兴利除弊、革故鼎新的人，被打成保守、倒退的右派（反动派、反革命派），成为当年打黑的对象；而歌功颂德、拒不改革的保守者则自封为左派（革命派），成了当年唱红的主角。及至“文革”，则把这个颠倒推上了荒诞不经的巅峰——“革命左派”干的全是忠君效命之类向封建主义倒退、复辟的事儿；而靠残存的自由、民主、人权意识质疑或婉拒复辟倒退的人，反倒都被打成了反革命右派。我们早已路经过一连串“革命”的哈哈镜了，历史也早已露出它的丑陋原形了。一旦戳穿了左派“超越阶段、急于求成”的假象之后，你发现“文革”就是一头“形左实右”的封建主义纸老虎！

这种被激进主义残毒弄得七颠八倒的政治生态，一度在国内制造出了特色独创的诡异政治生态。什么政治生态？就是动辄打着左灯向右转，或打着右灯向左转，叫人左右为难，无所适从。这种类似交通规则上的左軑右行或右軑左行的两手交替，导致政治领域明规则暧昧不明，潜规则反倒大行其道，不是个政治生态上的怪异奇观吗？

激进与保守总是相对而言的；判断激进与保守，还要看划分左派、右派的坐标系是什么。譬如当年，在国粹主义者辜鸿铭先生眼里，打倒孔家店的新文化运动“崇洋媚外”，十足激进；按照他的观念，批林批孔与评法批儒就万分激进了，不是吗？然而，在信守民主、自由、人权底线的顾准眼里，“文革”就是复旧，就是复辟封建主义，不是吗？

因而，改掉“左比右好，宁左勿右”的左撇子打左满舵习惯，就要“祛除巫魅”（韦伯语），摘掉从“反右”至“文革”多年浸染出来的历史有色眼镜，以平常心、宽容心、公允心看待并保护公民政治见解的广谱性，把被看颠倒了的政治色谱，校正回常态的、国际通用的政治色谱上来。

社会变革历来没有直通车

> 改革开放就是回归人类文明的共同大道。回归历史，回归常识，回归人类共同价值！想离开这个东西另搞一套，搞出来是什么结果，我们过去的历史已经完全证明了。
>
> ——朱厚泽

次贷危机 5 年前蔓延为全球金融危机时，美国政府曾注资 2700 亿美元参股九大银行。对此救市举措，时任财长保尔森的解释是无奈的："这是我们从来都不愿意采取的行动，但又是目前不得不采取的行动"——为了保住市场自由，不得不强力干预市场，这种先予后取的政策，我把它称之为"曲线救市"。

政体与政策领域，类似的妥协、让步与曲线迂回现象多了去了，譬如英国与日本的君主立宪政体就是。谁能设想，女王制不但没有成为障碍，反而成为英国式代议制比美国式议会民主更替纳税人省钱，竞选党派和领袖也更少硝烟味的助益？谁能设想，"尊王复古"，把天皇推上权力之巅，能够开启明治新政？就如文艺复兴打着复古的旗子，反倒告别了中世纪一样。战后保留天皇制，成为日本人喝下战败苦酒转而民主变革的谈判条件。尽管保留了女王、天皇的外壳，但谁也不能否认英国、日本仍是民主国家，对不对？然而，你可别小看了这个外壳，它对于文化古国有着低成本高收益的政治价值：女王、天皇都堪称是本国国家统一、政治稳定、民族团结与历史延续的“定海神针”，他们的人格魅力，也令轮替的政党领袖们不可望其项背。女王与天皇，分别都是品行高洁、不孚民望的饱学之士。皇族的优雅举止与教养，也是全国人民的心仪榜样，绝非国内某些“小混混”明星可比。

由此可见，英国、日本这类君主立宪的政体，完全可以承载成熟的民主政治，相反，名称上强调“人民”，强调“民主主义”，强调“共和”的政体，也可以没有民主政治。由此也可见，天底下这些看似南辕北辙的事儿，多了去了。

清末的君主立宪与内阁制尝试，被反满革命追赶上来取代了。其实，革命与共和的互为替代，也不是清末才有。从发生学上，中国的革命，发轫于驱逐暴君的“汤武革命”。中国的共和，则发轫于国无长君之后填补权力真空的“周召共和”——可见革命与共和的交替互换，在中国也有历史源代码。清帝逊位的代价，就是联省自治，国家分裂。前边说过，此后重建统一国家的努力，要靠代价惨重的内战来铺路。中国历史之不幸，早已被梁启超的“革命会招致国家分裂、外敌入侵和领袖独裁”的预言不幸言中了，也被梁漱溟的“阶级斗争不但不能创造中国，反而会破坏原有和谐”的预言不幸言中了。

对于中国想要生吞活剥美国的政体，我一直难以认同，为什么？因为人家是个新建的国家，而中国是个千年古国的“旧邦新造”（孙中山语）。两千年政治、经济、文化的历史习惯，不能蒸发，不能砸碎，只能改造。有英国、日本两个君主立宪的成功改造样本摆在哪里，我们怎能视而不见？历史传统的母体，可以拿来化腐朽为神奇，譬如外墙涂刷上君主立宪的晦暗色调，也不妨碍城内可以筑牢民主法治的坚固实体，不是吗？中国本来是可以走英国、日本君主立宪的道路，可惜人有千算，天只一算。晚清摊上个满族皇帝，不为汉人臣服。满族皇帝被反满革命驱赶回了老家，中国没有了众望所归的德高望重之君能为历史所用，不也可惜吗？中国从此步入了内战的血海，不是中华民族之大不幸吗？

由此可见，与中国人习惯的直线性思维不同，欲取先予的“曲线政治”，不失为退让、迂回、妥协的政治策略。“将欲弱之，必固强之”，这个路径与目标看似相悖实则相容的“曲线政治”的概念，不也符合中国人折衷调和的中庸之道吗？所谓条条大路通罗马，不也是这个更多菜单、更多选择的拼盘思维吗？

我们在天堂的阳光下审视我们的观念，在地球的阴暗中去应用它们。

——阿克顿勋爵

说到“曲线救国”，你可能会联想到蒋介石。蒋氏父子相继主政的路径，大体还是循规蹈矩于孙中山关于“军人专政－干部训政－民主宪政”三步走的总设计的。军人专政、干部训政与民主宪政看似南辕北辙，也的确有悖于民主宪政，但历史已经证明，它们也是可以抄近道或循曲线抵达罗马的。蒋经国中风坐上轮椅后，生命的紧迫感促使他加大了“民主救台湾”的力度。他一反其父厉行的“一个主义，一个政党，一个领袖”，开放了党禁、报禁。众所周知，蒋经国这一承前启后、继往开来的壮举，既开启了国民党12年后丢失政权之门，也开启了国民党20年后重掌政权之门。

如今对于蒋经国历史地位的评价，已经不在他的父亲之下了。用他自己当年的话说，“我们的原则是实现民主，……但是在亚洲，一党专政是唯一的统治办法”，“不错，我是一个专权者，但我保证用专权结束专权”。你不得不承认，用“乾纲独断，雷厉风行”的手段实现政治体制转轨，可能是社会成本较低的变革路径；尤其是在经历了皇冠和平落地后百姓血流成河的内战历史之后，我相信每个中国人都会有所悔悟了。

我国政治、经济、文化的历史习惯是什么？在我看来，政治权力的一元化（天无二日，国无二君），经济方式的一元化（小农经济），文化教化的一元化（罢黜百家，独尊儒术）造成的政法一体化、政经一体化、政教一体化、政文一体化，也即法律、经济、信仰、教育、文化都被政权严管严控，依靠少数官僚精英自我合理化的、自我合法化的压制性地治理文盲大众的“超稳定结构”（金观涛语），两千年来形成了无法抗拒的巨大历史惯性，支配着中国人的政治生活。试想一下，近代以来，这个要从外战败绩与内战泥沼中摆脱出来，要追求富国强兵的国家，怎能不诉诸强势政党与强势政府呢？怎能不推崇俾斯麦式的铁腕人物呢？

回眸近代以来的政改实验，我们这个“追欧揖美，旧邦新造”（孙中山语）的“亚洲第一个共和国”，除旧布新的决心不可谓不大，大面积移植的品种也不可谓不多。比如说，比三权分立还多两权的五权五院制，我们也不是没有设立过；总统制、内阁制、国会制、议员制，我们也不是没有尝试过；普选制、票决制，我们不是没有实行过；地方自治、联省自治乃至联邦制，我们不是没有尝试过；留学博士、硕士为主的“海归”部长内阁，我们不是没有组建过；军队国家化与公务员非党派化，我们不是没有追求过；新闻立法与司法独立，我们也不是没体验过；两党谈判与两党合作，我们不是没有亲历过；两党争斗升级为内战，我们也不是没有惨历过；地方武装割据与“国中建国”，我们不是没有见识过；党内派别公开化，我们也不是没有介入过；两派文斗发展成武斗，我们不是没有参与过；“毕其功于一役”的激进革命，我们也不是没有投身过……

总之，无数志士仁人贡献的七十二计，我们都不是没采纳与试验过。盘点历史，譬如湖南数省的新宪政运动，陈炯明的闽南26县护法区，晏阳初、陶行知的乡村建设运动，梁漱溟的山东邹平实验，新桂系的广西民团建设，蒋经国的赣南新政，唐绍仪的中山模范县等等，都曾留下了不可磨灭的进步脚印。然而问题来了：为什么前人八仙过海、各显神通的那么多努力，最终几乎都事倍功半了？为什么一场“追欧揖美，旧邦新造”的革命，中途又复归了愤世嫉俗、闭关锁国的革命前境况呢？一句话，为什么四海翻腾、五洲震荡的一部中国近现代历史，最终还是曲径通幽地回到了回炉补课的今天呢？

借用旧房改造的例子，前边我说过，“旧邦新造”可以有不同的菜单选择。但其实，“习惯是人类生活的伟大向导”（休谟语），所谓选择，往往是无可选择后的萧规曹随，是被历史的导游领回了熟悉的房间。我们曾说过领袖缔造了国家，也说过领袖设计了改革，但我们也知道，这么说不符合历史真相，也不符合邓小平坦承改革是“摸着石头过河”的，不是预先设计好了才干的，对不对？

走过20多年弯路后，中国在1978年回到起点重新出发。经过新一轮的原始积累和发展，……但请勿忘记：近一个半世纪的时间里，资本原始积累在中国曾轮回两度，从经济学的角度观察，社会成本显然是重复支出的。

——章立凡

胡适曾说，“我不反对有为，但我反对盲目的有为；我赞成建设，但我反对害民的建设。”他的历史智慧，就是反对中国人对于社会施加过量的推力。社会怎么运转？“天行有道，不为尧存，不为桀亡”，不可谓不是答案。但“天只一算，人有千算”，志比天高的中国人总想加快发展。我满耳听到的焦灼呼声，几乎都在冀望高层大刀阔斧地有所动作；似乎动作起来最重要，怎么动作，朝哪个方向动作反倒不重要了，这怎么行？

轻举妄动为什么要不得？因为如前所述，历史的废纸篓里，被我们撕掉的算草纸已经太多了，不提也罢。直白了说吧，中国人革命革得翻天覆地一百年了，刚刚消停下来，过上了三十几年自然而然的日子，是不是应该耐着性子等一等，等待社会运转的自我推力，能够开垦出一个你始料未及的进步？为什么有理由等待？因为今日中国早已不是“一沟绝望的死水”，绝不应当“让给丑恶来开垦，看他造出个什么世界”（闻一多语）。

上海人自嘲其家庭是“丈母娘领导下的老婆负责制”，大批男人光荣入伍，加入“伙头军”。进菜场，下厨房的“买、汏、烧”，方言接近“马、大、嫂”，我在上海就是个“马（买）大（汏）嫂（烧）”。菜场的喧嚣能代表生机盎然的市场，不仅能打破你书房的沉寂，更能让你感知中国社会是怎么运转的。怎么运转的呢？谁都知道，这个社会不会按照什么设计方案运转，也不会按照什么历史规律运转，它的自然而然的运转，不过是在反复证明着“我们每天所需的食物和饮料，不是出自屠户、酒家或面包师的恩惠，而是出自他们自私自利的打算。……世上的人，辛辛苦苦，忙忙碌碌，为的到底是什么？……追逐个人利益的结果，使他经常地增进社会利益，其效果要比他真的想要增进社会的利益时更好”（斯密语）。

毫无疑问，与其让人类的精力停滞腐朽，还不如任其用于追求财富。正因为人类的心智是粗俗的，因此他们自然需要粗俗的刺激，既然如此，我们又何妨让他们去追求粗俗之物。

——约翰·穆勒

前边说过，中国人免于匮乏、免于恐惧的本能，开启了中国这 37 年的进步之门——签下生死状的小岗村民，当年也不过是出于人的求生本能罢了。可见，正是“中国人民基于自由的创造”，产生出上下互动的正能量，才有了今天脱贫致富的巨大成就，对不对？因而，不能把这些成就全都归功于领导有方，是不是？

中国曾是一片小生产的汪洋大海，前 30 年又认为“小生产是经常地、每日每时地、自发地和大批地产生着资本主义和资产阶级的”（列宁语），因而拼命打压。一旦不再打干部的“走资派”，也不再割群众的“资本主义尾巴”后，你发现被压制的穷汉翻身的本能，会火山般喷发出来。总之，正是亿万“要吃粮”的农民，为盖房子娶媳妇而进城赚钱的农民工，下海淘金的冒险家们（包括走投无路的下岗者、离婚者、两劳释放者在内），与勇气与魄力十足的政治家一道，也与精明强干的官员一道，共同创造了今天令人刮目的一片繁荣，不是吗？要说这个社会到底是怎么运转的，答案不就在这里吗？

和平转型已不可逆转

> 必须考虑生命的本质是动态的这一事实，变革是不可避免的，除非这种转变是在一种和平变革方式下发生，否则，这种转变就必然会以暴力方式发生。
>
> ——约翰·福斯特·杜勒斯

来而不往非礼也，本书也属于"刺激—反应"往来互动的产物。之所以与读者讨论如何跳出泥足深陷的历史周期律，是我先被"重启革命"刺激到了，才有了讨论重启政治改革的反应，不是吗？然而谁都知道，中国社会的一些慢性病，是带有遗传基因的，下猛药疗效甚微，动手术还会危及生命。

说到治病，你知道一条有趣的格言，说感冒了可以选择治愈，也可以选择自愈："感冒了，不去看大夫，那得半个月才好；而看大夫，只要15天"——看来，选择治愈还不如选择自愈呢。国内患了感冒动辄吊瓶子，西方医生则连药都不轻易开，只是嘱咐你多喝水、多睡觉。斯密强调社会有自我改进的天然功能，他说，"自然的智慧，比政府驱使或公共的行动更有效率。"你看书旁他的这个比喻，就是主张人生病了，治愈不如自愈。

> 人间虽有疾病，有庸医，但人身上总有一种莫名其妙的力量，可以突破一切难关，恢复原有的健康。
>
> ——亚当·斯密

对于任何一个疾患在身的社会而言，民主与革命，都属于治病的处方。俞可平说"民主是个好东西"是指它有益身心健康。

有人说民主是个防错、纠错的工具，也算说对了。我认为，更准确的说法是这样的："因为人性是邪恶的，所以，民主是必需的；因为人性是善良的，所以，民主是可能的。"为什么这个说法更准确？因为人类除了理性，就是错误。中国人理性不足，试错、犯错不少，更需要民主这个防错、纠错工具。譬如当下，中国人最有可能重犯的错误，就是再一次误入暴力革命。而民主呢，恰恰是个能够拆除革命引信的工具。中国人最讲实用，民主这东西能够避免暴力革命，如此实用，能不是个好东西吗？

说民主能避免革命的不是我，是米塞斯。他认为民主是内战、革命和暴动的灭火剂，"它可以保证在不使用暴力的前提下使政府符合被统治者的意愿"，"民主宪政使政府的更迭得以平稳、无摩擦、不用武力以及不流血地加以完成"。米塞斯对于民主的这个社会镇静剂功能的肯定，不是逻辑推论，而是史实认证："一旦经济的和平发展进程被内部斗争所打断，持久的经济发展和繁荣便无法保障。假如英国再次发生玫瑰战争，现代化的英国会在短短几年内跌入最可怕的深渊"，"1789 年的法国大革命消耗了巨大的社会财富，付出了血的代价，现代经济再也承受不了如此之大的社会震荡"。说到革命的代价，你也知道，最能背书米塞斯这些话的，其实是中国。我们当年没走进共和却跌进了革命，虚掷的生命、资源和机遇无法估量。由此，我敢断定民主是革命的灭火器，它专司此职：拆除引爆革命的雷管。

作为始作俑者，为什么革命反倒早早在西方销声匿迹了？作为拜师学艺者，为什么中国人反倒被暴烈革命摧残得近乎休克？个中原因，也很简单：自从西方有了民主这个工具后，革命的引信都被拆掉啦。我们中国人以前两手空空，没有这个拆弹工具，只能眼睁睁看着药捻子燃尽，坐等社会冲突的火药桶爆炸。这么好用的工具，一向急功近利的中国人却总也握不到手中，为什么？因为我们怕。怕什么？怕它不但不是灭火剂，反倒是助燃剂；怕它不但不能拆卸引信，反倒会引爆动乱。

革命与民主，本来是有你没我的一对冤家，却被中国人误读、误判地看走了眼。要不是看走了眼，怎么会有人不怕革命怕民主呢？民主与革命，原本并不难分辨：“革命无疑是天下最有权威的东西。革命是一部分居民用刀枪大炮，即用非常有权威的手段强迫另一部分居民接受其意志的动作”（恩格斯语）。权威、强迫、刀枪大炮，就是革命的同义词。而“民主乃是人类有史以来发现的唯一的和平变革的方法”（哈耶克语），因而，避免权威、避免强迫、避免刀枪大炮就是民主的同义词。也可以这么说，革命是人类不得不喝下的罚酒，那民主就是人类有智慧有尊严的敬酒。敬酒不喝喝罚酒，无疑是中国人不堪回首的往事。

“人类之所以是人类，人类比动物高明，就是因为人类具有理智的思维。为什么他们在政治上放弃了自己的理智，反而相信晦暗不明的感觉和冲动呢？”（米塞斯语）前边说过，要民主不要革命，是人类在寻求更高明、更便捷的工具来解决争端。因而，在这个意义上，告别了暴力革命的英、美、日，显得比曾跌进暴力革命的法、俄要高明；已与革命做了彻底切割的前苏联与东欧，又比那几个还在鼓吹革命的国家高明。

我国的改革也是在告别革命。但藕断丝连，走在半途中的变革既没有彻底斩断革命，又没有大力引进民主，就像车子半路上发生了故障似的。原本是对于革命拨乱反正的改革，怎么能半途而废地听任革命卷土重来呢，对不对？其实，上书、请愿，是民主不是革命，游行、示威，也是民主不是革命。那些总想重燃革命烽火的人，心里其实明镜儿似的，知道革命的雷管，只能靠革命对象自己去点燃。怎么点？好点，只需拒绝民主，把和平变革束之高阁就可以啦。

清末贵族的自负蠢行，就是拒绝共和，招致了革命；敬酒不吃，最终吃了罚酒，做出了低智商的选择。米塞斯警告说：“革命是一种无奈。他们只有一个选择：要么服从，要么摧毁国家机器。……暴力反抗是打破少数人压迫大多数人这一局面的最后手段。”

由此可见，都是治病的处方，也都是纠错的工具，民主显然比革命质优价廉。但米塞斯不解：为什么人们会愚蠢到宁弃民主而取革命呢？对此，我的解答是：人们迷信治愈，不信自愈，因而迷信猛药，迷信手术，不相信社会自有其内在推力。也可以理解为，人们只信人定胜天，不相信天定胜人，不相信社会有自我康复能力；还可以理解为，人们只相信英雄创造历史，不相信群众才是真正的英雄。

显然，拆除引爆革命的雷管，不是个单项工程，不可能一蹴而就。前边说的产业化、城镇化、市场化过程，能使过剩人口转化为人力资本。而专业化、技能化、职业化过程，能够壮大“持久性投资，持久性经营；持久性收入，持久性消费”（弗里德曼语）的稳定的工薪阶层与中产阶层。个人与家庭财产的积累，也能化解穷汉乍富的短期行为，稳定社会的心理预期。公权力能够小心翼翼地依法行政，大众也就能够养成循规蹈矩的守法习惯。随着官民良性互动的妥协与默契增多，民主也会逐渐变成稀松平常的生活习惯的，不是吗？

其实，拿民主作为拆弹工具，一点儿也不复杂，西方已有成熟的技术：“表达权、选举权前所未有地扩大，社团法、工会、农会法的实行，减富济贫的公平税法，司法独立与司法公正，养老、医疗、失业等社会保险和社会救济的普及，政府的分权与制衡”（米塞斯语）等等。所有这些，都需要一点一点地推进，一点一点地落实，难度也不在技术上，在于既得利益的坚固链条横亘在半道上，改革的车子一旦超载，挂不上挡也提不起速来。

但值得欣慰的是，中国现代化转型的车子，三十余年来毕竟已经出发很远了，无法逆转了。大家看到既得利益集团会阻遏改革，没错；但捍卫既得利益的本义，就是不愿失去它，也就是不接受开倒车，对不对？更何况，中国社会早已形成了更宽泛的既得利益链条，这些食物链上本能地护食的每个环节，都会阻止社会开倒车的，不是吗？譬如，手中有地的农民不会放弃，进城多年的农民工不会返乡，蓝领、白领会力保自己的职业与薪酬，“五子登科”的企业主与中产阶层，也会力保他们的房子、车子、金子、孩子、女子等。总之，得而复失的二遍苦、二茬罪谁都不愿重受，因而，曾经庆幸“资本主义复辟”的中国人，能允许“革命”再卷土重来地“复辟”吗？

如今，姓社姓资的那些过时的意识形态，早已绊不住车轮了：在知识精英与技术官僚那里，社会转型的方向并不是问题，方法才是问题。而在普罗大众那里，随着市场自由、迁徙自由、择业自由、信息自由的扩展，随着财产权、人身权、话语权的日渐明晰，随着依法维权的自觉意识、技术手段与社团、社区行动的提升，私权利的扩张与公权力的被约束，也已经不可逆转了。“人人有饭吃，人人能讲话”，这个任仲夷对于和谐的“和”的拆字解释，已成为包括弱势群体在内的社会共识。总之，拒绝匮乏、拒绝恐惧的新习惯，已日渐取代了中国人以往诚惶诚恐的旧习惯。民众对于特权侵犯人权，官权侵犯民权的容忍度越来越低，维权的自主性则越来越高。

对于贪腐的容忍度，是提高了还是降低了？

改革开放三十余年的经济高增长，是在一个权威主义的秩序与稳定之下实现的，这已是不争的事实。1988年，萧功秦、张炳九、吴稼祥等学者重拾当年丁文江、蒋延黻的权威主义主张，提出把新权威主义作为我国现代化转型的过渡路径与谋略，一时广受瞩目。我们几个同学，也曾把吴、张延请至中央党校作讲座，以求告别直线思维，寻获一点曲线智慧。从可操作的政治变革角度，目标与路径，理念与操作之间，看似相悖的东西实际上可以殊途同归。也就是说，大权独揽，乾纲独断，是我们从来就不喜欢的，但却可以是目前不得不容忍的。权力与信仰的一元化，不是我们的终极目标，但却可以是最终告别它的手段。自由主义天性不喜欢权威主义，但却可以接受它作为变革的过渡工具。

新权威主义当年之所以风靡一时，在于大家相信了亨廷顿的一个基本判断："传统社会是高度稳定的，现代社会也是高度稳定的，唯有从传统变革为现代的过渡社会是高度不稳定的"，"必须先有权威，然后才能对它加以限制。……你必须首先使政府能控制被统治者，其次还需迫使政府能自我控制"。所有这些道理，说白了也就一句话：为了稳定，我们不得不诉诸权威主义。

千万别轻易摧毁一种暴力。因为当它不具有压迫的性质时，它是可以用来制衡压迫的。
——阿克顿勋爵

"将欲弱之，必固强之"。新权威主义的合理性，在于一个"新"字。假若一个"负责任的大国"不能服膺世界政治文明体系，不与更强大的国际新权威合作，那么，也就意味着新权威不能与时俱进，有可能滑落为旧权威。然而，多年来积少成多的成果，已经可以打消我们对于新权威不能与时俱进的担忧了。为什么？因为随着"有恒产则有恒心"的群体日益壮大，即便从维护既得利益出发，即便"救亡再一次压倒启蒙"（李泽厚语），中国人也不可能穿新鞋、走老路了。

"你能想到的，往往是错的，你能学到的，都是表面的"（郎咸平语）。你认为汽车是厂家制造出来的，造汽车的丰田章男却说汽车是道路创造出来的。汽车要求道路的匹配，不亚于火车要求路轨的匹配。路不配车，再好的车也会出故障。譬如，我记得我国"南粮北运，北煤南运"的大货车，1979 年起更换成了从日本进口的三菱、日野的生猛样子：车头超高，车厢超长，一副虎虎生威的新面貌。然而进口车很快发生了大梁开裂，并向日本商家成功索赔了——其实谁都明白，货车严重超载后还要在崎岖不平的砂石公路上猛烈颠簸，是因为大梁的抗疲劳设计不符合中国的路况。也就是说，车是好车，路太差了。

我举这个“麻袋上绣花——底子太差”的例子，是想说明，引进了好东西，还需打造好国内的环境才能生效，不是吗？国内第一条高速公路（京石高速），是在大梁开裂索赔后10年的1989年才建成通车的。也可以说，车太快了路会跟不上的，环境不达标也会误了好东西的。引进核心技术再加上国内的配套改革，不是中国和平转型之道吗？

对于我国这样一个极能磨秃人的梦想，磨尽人的耐心的国度，政治转型虽然更加迟滞、艰涩与迂缓，但总会在细节中前进的。尤其是当我们饱尝过内战的烈酒、内斗的苦酒、人道伤害的血酒后，不得不拿出十二万分的耐心，忍住摧枯拉朽的革命欲火，一点一滴地品尝迂缓变革的醇酒了，不是吗？

家中失火了，瞎子不识路，跛子跑不动，怎么逃离险境呢？最好的办法还是互助：瞎子背起跛子跑，瞎子跑得快，靠跛子给他指路。

——《国语读本》

改革难，不能成为不改革的理由。中国人有“将军不如拱卒”一说，而我在此，则把三十六计，走为上计，理解为走个不停为上计。也就是说，我们不得不对制度演进“以蜗牛般的速度缓行”保持耐心。走个不停之所以能成为上计，是因为我们已经在走个不停中走出很远了：假如民主是指民意自由表达的话，那么，如今网络表达早已海阔天空了，汹汹民意也早已有了洪水猛兽般的不可抗拒的力量了。假如民主是指选票的话，那么，用脚投票，用眼投票，用耳投票，用嘴投票，用心投票，都已不再困难了，我们离用手投票只有一步之遥了。假如民主是指公开性的话，那么，推特与微信等，已经前所未有地把私人晒台变成了公共晒台。假如民主是指参与的话，那么，新一代人的政治与社会参与，已经不可抗拒地顺滑与便捷了。假如民主是指批评、问责、弹劾的话，那么，“千夫所指，无疾而终”的人和事已经越来越多了。假如民主是指权利的话，由财产权到人身权再到话语权的得寸进尺，如今也已变得不可逆转了。假如民主是指选择的话，那么，从消费选择到投资选择，从团体归属选择再到政策、政党选择，中国人面前的菜单将会越来越多。假如民主是指纠错的话，那么，任何重蹈历史覆辙的错误选择，都将被新一代人所扬弃，不是吗？

正如本书开篇所说，政治与社会变革不能是红公子那样的极限运动，不能“一头扎向屎坑”，但也离不开一把屎一把尿的艰辛育儿，问题是，我们能够为孩子们提供安全且健康的营养奶吗？

后记：多余的话

我们“50后”一代人，都是先“拼政治”，后“拼经济”的。之所以用了一个“拼”字，是说打拼过火了就容易打破底线：拼政治，容易拼成唯权是夺，把自己打拼成了权力动物；拼经济，又容易拼成唯利是图，把自己打拼成了金钱动物。权力动物与金钱动物，都是说自己打破了人性底线，跌入了弱肉强食的动物性生存法则，不可悲吗？

康德曾经推演过“德福一致”（人的德性跟福利成正比：有德之人有福，无德之人无福）的古老哲学命题；但无须推演你也知道，一旦野蛮的生存法则把中国人颠倒成“德福悖反”（有德者无福，无德者有福），情况就大为不妙了：社会的潜规则一旦变成了道德越低，获利越多，甚至变成了广东话说的“杀人放火金腰带，修桥补路无尸骸”，中国人的麻烦不就大了吗？

我老爹是陕北的老红军，我也有40年党龄了，曾长期做宣传教育工作。当年我在组织上还没入党时，在思想上已经先入了党，从小写文章都是言必称“我党、我们党”的。而临死也不愿“以叛徒冒充烈士”的中共总书记瞿秋白就是不愿当“政治动物”的。他说“自己本是个有‘绅士意识’的平和文人，……根本上我不是一个政治动物，不想‘治国平天下’，也不想做‘杀人放火’的党的领袖”。他说自己被撕裂为“二元人物”，不是说出了“绅士”与“政治动物”的分野吗？

显然，“绅士”是指政治家应有高于常人的道德，而“政治动物”，则指从政者的德行跌入常人之下，堕落得跌破了人性底线。

普京曾总结苏共历史说：“我们在近70年的时间里走入了一条死胡同，偏离了人类的康庄大道。无论承认这一点有多么痛苦，经济意识的理想化扭曲了最基础的财产关系，导致我国远远落后于发达国家。忘记过去，就意味着没有良心，但要想回到过去，就意味着没有脑袋。”普京所说的理想化扭曲了财产关系，导致了国家落后的教训，我在评述中国经济的前三本书（《谁都逃不掉的中国经济大泡沫》《谁都逃不掉的经济大滞胀》与《大避险》）里，也有涉及；但都囿于经济话语的框架，难以说透经济背后的政治。国内已持续多年的经济的非理性繁荣，也或多或少地遮蔽了深层次的病灶。然而，你只要为经济病兆把脉，顺藤摸瓜总能摸到政治和社会思潮上面。我一直认为，要用政治经济学而不是单纯的经济学，才能观照中国问题。出水才见两腿泥；当遇上“重庆事件”“钓鱼岛事件”后，你分明看见历史的胎盘仍在分泌着激进，激进仍有可能把中国推到治乱安危的悬崖边上。

退休后的我，倍感“世俗利益是你的后妈，而真理是你的亲妈。你最终还得回到你亲妈的怀里”（奥勒留语）；作为一名老党员，我很想从经济动物、政治动物做回到一个绅士，也像是想回到亲妈的怀抱。我发现，那些能够把晚辈异化为经济动物的负能量，其实出自一些曾经把父辈异化为政治动物的潜规则；也就是说，清除父辈曾经深受其害的那些野蛮生存法则，也是在为孩子们降解体内的残毒。

所以说，这本反省激进的书，仍是我在反省自己：“当我年轻时我梦想改变世界；当我成熟后，我发现我不能改变世界，我将目光缩短，决定只改变我的国家；当我进入暮年，我发现我不能改变国家，我的最后愿望仅仅是改变一下家庭，但这也不可能。当行将就木，我突然意识到：如果一开始我仅仅去改变自己，我可能改变家庭、国家甚至世界。”（威斯敏斯特教堂碑文）由此可见，也不仅是50后，50之前之后的各代亲们，都应从反省、改变自己开始。

并不多余的话留在最后：作为他们的粉丝，久仰的学界达人江平、萧功秦、章立凡、徐贲、解玺璋等老师对于这本拙作的称许与提掖，令我感动；作为这本书的助产士，东方出版社的李治华编辑和相关领导们更是功不可没。在此，我只能以自勉自励来酬答各位的勉励啦，谢谢哦！

2013年6月18日 上海